"十三五"普通高等教育本科部委级规划教材

★ 东华大学研究生核心课程（教材）建设经费资助

纺织服装行业国际优秀案例集

赵晓康 ［加］包铭心 ◎ 主　编

费章凤　张科静 ◎ 副主编

中国纺织出版社

国家一级出版社
全国百佳图书出版单位

内 容 提 要

本书遴选了世界第二大商业案例库——加拿大毅伟商学院案例库中18个纺织服装企业的经典案例，以企业由小到大、由区域到全国再到国际的成长轨迹作为主线，内容涵盖了经济学、市场营销学、电子商务与物流管理、企业伦理、创业学、战略管理（商业模式理论）、人力资源管理、品牌管理、创新管理、会计学和财务管理、国际商务等课程的相关内容，深入详细地描述了ZARA、巴宝莉、彪马等国际知名品牌和一些后起之秀的成长演变以及所经历的各种重大机遇和挑战，引人深思。本书可以作为各大专院校经济管理类本科生或者研究生的案例教学用书，亦可作为企业内岗位培训的案例教材。

图书在版编目（CIP）数据

纺织服装行业国际优秀案例集 / 赵晓康，（加）包铭心主编 . --北京：中国纺织出版社，2018.8

"十三五"普通高等教育本科部委级规划教材

ISBN 978-7-5180-5228-8

Ⅰ. ①纺… Ⅱ. ①赵… ②包… Ⅲ. ①纺织工业—产业发展—案例—高等学校—教材 ②服装工业—产业发展—案例—高等学校—教材 Ⅳ. ①F416.8

中国版本图书馆CIP数据核字（2018）第158727号

策划编辑：陈 芳　　责任校对：寇晨晨　　责任印制：储志伟

中国纺织出版社出版发行
地址：北京市朝阳区百子湾东里A407号楼　邮政编码：100124
销售电话：010—67004422　传真：010—87155801
http://www.c-textilep.com
E-mail: faxing@c-textilep.com
中国纺织出版社天猫旗舰店
官方微博 http://weibo.com/2119887771
北京玺诚印务有限公司印刷　各地新华书店经销
2018年8月第1版第1次印刷
开本：787×1092　1/16　印张：17.5
字数：274千字　定价：49.80元

凡购本书，如有缺页、倒页、脱页，由本社图书营销中心调换

高等院校"十三五"部委级规划教材经济管理类编委会

主　任：
倪阳生：中国纺织服装教育学会会长
赵　宏：天津工业大学副校长、教授、博导
郑伟良：中国纺织出版社社长
赵晓康：东华大学旭日工商管理学院教授、博导

编　委（按姓氏笔画排序）：
王进富：西安工程大学副校长、教授
石　涛：山西大学经济与工商管理学院副院长、教授、博导
朱春红：天津工业大学经济管理学院院长、教授、硕导
刘晓喆：西安工程大学研究生院院长、副研究员
李志军：中央财经大学新传播研究中心联合主任、副教授
吴中元：天津工业大学教授
张科静：东华大学旭日工商管理学院副院长、教授、硕导
张健东：大连工业大学管理学院院长、教授、硕导
林文伟：东华大学旭日工商管理学院党委书记、副研究员
胡保亮：杭州电子科技大学管理学院工商管理系主任、教授、硕导
胡剑锋：浙江理工大学发展规划处处长、高教研究所所长、教授、博导
赵志泉：中原工学院经济管理学院院长、教授、硕导
赵洪珊：北京服装学院商学院院长、教授

赵晓康：东华大学旭日工商管理学院教授、博导

徐寅峰：东华大学旭日工商管理学院院长、教授、博导

夏火松：武汉纺织大学管理学院教授、博导，湖北省人文社科基地主任

席　阳：北京服装学院教务处处长、副教授

程　华：浙江理工大学经济管理学院院长、教授、博导

谢　平：北京服装学院时尚传播学院副院长（主持工作）、副教授、硕导

蔡为民：天津工业大学经济管理学院党委书记、教授、硕导

前言

案例教学作为国内外一流商学院通行的教学手段之一，自美国哈佛商学院率先应用于商学教育并随之在全球范围内迅速推广以来，历久不衰。案例教学质量和案例写作水平也已经成为国内外重要认证机构检验商学院教育质量水平的重要标准之一。在目前慕课、微课等大量免费在线课程不断冲击高校传统课堂教学的形势下，案例教学更是以其互动性、开放性、参与性等特征显现出较强的不可替代性。我国案例教学以当年美国商务部和中国经贸委在大连理工大学共同举办的中美合作MBA项目为肇始，经各方人士的不懈努力，目前也取得了全国性的共识和积极推广。各高校撰写的中国企业案例总量已经与世界知名案例库缩小了差距。

然而，与数量上的逐步接近不同的是，国内案例教学和写作无论在案例设计还是具体实施方面都还存在着很大的差距。把案例教学看作是"举例说明"或者"分组争论"，把案例写作当作是"歌功颂德"或者"精彩叙事"的，还大有人在。因此，在入门的初期，原汁原味地"拿来主义"有助于在实践中逐步体味案例教学的真谛，便于在后续消化吸收中提升进步。这也就是我们编写这本案例集的初衷。

当今世界高校中，美国的哈佛商学院、加拿大毅伟商学院、欧洲工商管理学院（INSEAD）、美国弗吉尼亚大学达顿商学院、美国麻省理工斯隆商学院、美国西北大学凯洛格商学院等十几家国外高校以及我国的中欧商学院、清华大学经管学院等都建有自己的案例库，其中加拿大毅伟商学院案例库因最早与中国高校开展深入合作，并且收录有2200多个亚洲国家商业案例而在国内高校蜚声遐迩。但是综观所有案例数据库，几乎看不到以纺织服装行业作为检索选项的。纺织服装行业作为人类发展至今最为古老而连续的行业之一，理应有许多值得研究总结的规律。而改革开放后，我国纺织服装业的众多从业者殚精竭虑，迅速使我国成为世界上最大的纺织服装生产大国和出口国，并努力稳定保持纺织服装产品出口的增长，为我国外汇储备、国际收支平衡、人民币汇率稳定和解决社会就业等贡献巨大。学习和借鉴国内外纺织服装企业成功或失败的案例，也是为了我国纺织服装行业今后更好地实现可持续发展。

本案例集收录的18个优秀经典案例得到了加拿大毅伟商学院出版社的授权。在加方著名国际商务教授包铭心（Paul W. Beamish）的帮助下，我们专门节选了该案例库中与纺织服装行业相关的优秀经典案例，按照企业由小到大、由国内到国外成长发展的时间脉络加以编排，期望能够反映出纺织服装企业发展中一些带有共性的规律，一是能够为我国纺织服装企业提供有益的借鉴，二是为我国纺织服装类高校的商学教育提供参考的素材，三是希望能够对其他相关行业的同仁起到一定的启迪作用。这本案例集将许多国际时装巨头和后起之秀的成长轨迹进行了手术刀式的解剖，多数材料都来自于国内外学者与企业家面对面的访谈和现场调研，可以说，对案例企业的一次完整的、全景式的揭秘，十分具有参考价值。

第一篇案例"枫树下的饰品店"讲的是一个初创者面临的市场降价竞争和退市选择的问题，涉及微观经济学、市场营销学、战略管理和创业学的相关内容。通过案例将用到盈亏平衡分析工具，学习弹性、经济利润、会计利润、机会成本、固定成本、可变成本、增量收益、增量成本等概念。

第二篇案例"创业者的困境"则叙述的是一家在天猫商城经营女装的电商小业主，面对天猫平台突然改变年费政策后的抉择难题。该案例适合于创业学、电商平台管理、战略管理等课程，建议学生参考（美）瓦拉西奇、（美）施耐德合著的《管理信息系统》第5版英文版（上海人民出版社、格致出版社，2015），学生将通过案例学会使用价值链和五力模型分析。

"百丽婚纱公司的危机"适合战略管理、创业学和国际商务课程的教学，内容反映了我国高速成长期的劳动密集型中小企业如何应对劳动力、原材料涨价和人民币升值带来的竞争压力问题，这几乎是我国中小型制造企业飞速发展中普遍遭遇的困境的缩影。竞争优势、环境变化、垂直整合、劳动力成本和知识产权侵占等将是该案例的重要主题。

"成长中的十棵树"描述的是加拿大一家以销售一件服装而在世界各地栽十棵树的社会企业所遭遇的需求激增,盈利与公益的矛盾以及如何利用社交媒体、如何进入国外市场等问题。商业模式、可持续发展、社交媒体和网络的利用、社会企业等是该案例涉及的主要话题。

"海思堡的招工难"与"金剑制衣厂"两个案例描述的是劳动密集型企业普遍遇到的招聘和激励问题,属于人力资源管理的范畴。"阿纳丹制造公司"与"美国服饰"两个案例则是涉及服装和服装零售企业的财务报表分析(比率分析、趋势分析),属于会计和财务管理的范畴。"中国嘉皇男装"与"东海岸生活方式(ECL)"主要剖析服装品牌的建立、营销预算有限情况下的区域市场拓展、多品牌区域市场扩张中的物流规划以及低成本战略如何转型为差异化战略等问题,属于市场营销管理的范畴。

第十一个案例"Quilts of Denmark 丹麦被"讲述的是技术含量不高的行业中,一家中小企业如何利用外部力量开放式创新,避免低价竞争的故事。第十二个案例"ZARA 在做什么生意?"和第十三个案例"巴宝莉的新挑战"则是具体剖析了行业领导者 ZARA 和巴宝莉赖以成功的商业模式,尤其是重点阐述了奢侈品行业的品牌形象、品牌定位、客户细分和目标客户群选择等问题。案例中的许多数据资料详细刻画了奢侈品行业和快时尚行业的发展演变,这对于正在努力打造自身品牌的我国优秀纺织服装企业来说,不啻是一个重要的学习榜样。

"绫致时装""彪马维持其在印度领导地位的挑战""香港 Koyo Jeans 的国际化""贝宁的'白金'""Suitsupply"五个案例都是关于服装或者纺织机械企业国际化的,所不同的是,"绫致时装""Suitsupply"是外国企业进入中国市场的故事,而"彪马维持其在印度领导地位的挑战"是外国企业进入印度市场的经历,"香港 Koyo Jeans 的国际化"是港资企业进入国际市场的尝试,"贝宁的'白金'"则讲的是我国国有企业的海外拓展。

赵晓康、费章凤、张科静等老师参与了本案例集的遴选。费章凤提供了每一案例后复习思考题的翻译和校对,张科静翻译了"创业者的困境"和"东海岸生活方式(ECL)"两个案例的教学笔记。研究生姜杰、孙晶、陆晚亭、王芳翻译了其余的案例教学笔记。赵晓康对全书文稿进行了最后的审核校对。由于案例正文部分由加拿大毅伟商学院出版社委托专人翻译，并有版权协议保护，未经对方授权不可进行随意改动，所以有许多不符合中文表达习惯的地方，只要不影响读者的理解，我们依然保留了原文。文责自负，敬请谅解。

最后，特别感谢东华大学研究生部领导对本案例集出版给予的资金支持，也非常感谢中国纺织出版社工商管理分社刘箴言社长、陈芳老师的鼓励和认真细致的编辑、审校。同时，也欢迎任课教师电邮 zxk@dhu.edu.cn 联系索取相关案例教学笔记。

赵晓康
2018 年 5 月 3 日于书斋

目　录

案例一　枫树下饰品店 / 1

案例二　创业者的困境：选择阿里巴巴、腾讯还是亚马逊作为电商平台 / 7

案例三　百丽婚纱公司的危机 / 29

案例四　成长中的十棵树（Tentree）：社会企业，社会化媒体和环境可持续发展 / 38

案例五　海思堡的招工难 / 54

案例六　金剑制衣厂：如何激励低效率工人 / 67

案例七　阿纳丹制造公司：财务报表分析 / 75

案例八　美国服饰：陷入债务危机？ / 83

案例九　中国嘉皇男装：在中国建设品牌 / 95

案例十　东海岸生活方式（EAST COAST LIFESTYLE）：区域服装品牌的扩张 /109

案例十一　Quilts of Denmark：进行开放式创新 / 122

案例十二　ZARA 在做什么生意？ / 140

案例十三　巴宝莉的新挑战 / 162

案例十四　绫致时装——面临中国市场新的激烈竞争 / 191

案例十五　彪马（PUMA）维持其在印度领导地位的挑战 / 216

案例十六　香港 KOYO JEANS 的国际化 / 228

案例十七　贝宁的"白金"：中国在贝宁棉花的投资 / 241

案例十八　SUITSUPPLY：扩张进入中国？/ 256

案例一

枫树下饰品店

2013年，在中国南部的广东，Ivon Ho已经在一个大型的国有企业工作了15年。作为公司里市场部门下的一名销售渠道管理的经理[①]，他的年薪大约是人民币240000元。[②] 在一家国有企业工作非常循规蹈矩，按部就班，而这与他个人的风格不相符。他喜欢挑战。在他的工余时间，他经常与一群喜欢到人迹罕至的山上探险的户外爱好者一起远足。然而，他需要钱来支付他的房贷和他儿子的学费。国企的工作是一个全职工作，他需要在每天8点上班，下午7点左右才能到家。显然，他工作非常努力。然而，创业是Ho一直以来的梦想。他一直在等一个机会。

在一个夏日的午后，Ho下班回家，又去了离家很近的一条商业街买一些日常用品。他在一家提供外送服务餐厅的前门上看到了一张布告。这条街与一所有着12000多名学生的大学很近。大概有200米长，街边面积在10~40平方米的小商铺林立，大多数商店的面积在10~40平方米，主要销售食品、衣服、文具和一些饰品。其中有一家经济型酒店和两个便利店（图1-1）。这里离最近的购物中心有20分钟车程，因此这里的商业街非常繁忙，特别是在学生出来吃饭的午餐时间。这个外卖餐厅的经营者是一位大三学生。她经营这家店已经一年有余，收入可观，

---

* 本案例由Yuran Zeng和Jacob W. Hill撰写。此案例仅作为课堂讨论材料。作者无意阐明案例在管理场景中使用是否有效。为了保密，作者可能在案例中有意隐去了一些真实姓名或其他信息。

未经书面授权，禁止任何形式的复制、收藏或转载。本内容不属于任何复制版权组织授权范围。如需订购、复制或引用有关资料，请联系：Ivey Publishing, Ivey Business School, Western University, London, Ontario, Canada, N6G 0N1; phone (519) 661-3208; (e) cases@ivey.ca; www.iveycases.com。

版权@ 2014, Richard Ivey School of Business Foundation　　　版本：2014-09-22

① 他的主要责任是设计、建立和控制公司的市场渠道。
② CNY1=US$0.1609。

平均每月 25000 元利润。然而，由于九月就要成为大四学生了，她想花更多的时间用于论文写作。因此，她想把这家店转租给其他人。

图1-1　店铺街景

Ho 意识到这是一个极好的机会，他绝对不能错过。他立即与这家店的经营者进行了联系。在经过数轮的讨论后，他们签署了一个转租合同。转租费①是 58000 元。在 2013 年 6 月 15 日，他与房东签订了房屋租赁合同，租金是每月 3300 元，租到 2015 年 6 月 14 日。他认为自己曾经是一名销售渠道经理的背景有助于他更好地运营一家饰品商店。他认为成功运营这家饰品店的关键是有优质的商品和可靠的购买渠道。

合同一经签署，他便想要尽快开始营业。否则，他没有收入却需要每天付出租金。但是，准备工作却超乎他的想象。第一步工作是找一位店铺装修设计师，把这个地方从一家提供送餐服务的餐厅改装为一家饰品店。有一天，当他试着从网上找一个设计公司时，他的电话响了，是他的好朋友 Bin 打来的。

"早上好，老兄，最近怎么样？"

"早上好。"

"这周末你有空去骑山地自行车吗？我们已经好几年没有骑过了！"（Bin 说的

---

① 在中国，向之前的承租方支付一笔转租费是非常常见的，用于购买店铺的无形资产。

"好几年"其实是夸张地指"好几周")

"对不起，我正在计划开一家店，有很多要做的工作，我这周末恐怕是不能去骑车了。"

"噢，一个商店！恭喜你！"

"还没有开，其实，我正在为店铺装修找一个设计师。"

"你的店铺有多大？"

"只有15平方米。"

"小事一桩。"Bin笑道，"知道吗？我来替你装修设计。而且是免费的，这将作为给你新店铺的一份礼物。"

"好吧，我都不知道说什么好了。"他知道如果他请别人来设计，将要花费4000元。

"你应该说，'谢谢'。"

"好的，哥们儿，谢谢你。"

通常设计师需要不到一个礼拜的时间来完成设计图。这是一个很小的店铺，只有15平方米的一块地方，这可以让设计变得更简单一些。但是六月到十月期间是内部装修的高峰期，这使得Bin非常忙。十天过去了，Ho还在等着设计图完成。又一个十天过去了，还是没有一丝一毫的进展。因为是免费的，他认为不便催促Bin。7月15日，Bin给他送来一份草图的复印件。最后，施工开始了，并且持续了一个月，花费了25000元。

在接下来的日子里，Ho非常忙碌。他从批发中心进购商品，在网络上投放广告，并购买了一台500元的收银机。看上去好像一切都准备好了。但是Ho忽略了一些会影响整个进程的"琐碎"的细节——他以为使用收银机很容易，但其实他不知道如何使用。他花了几天时间来研究这台机器，最后终于可以按商品码打印出收银条了。

2013年9月16日，是美好的一天。三个月的准备之后，店铺向消费者开放了。Ho感到他开始了自己梦想的旅程。商店被命名为"枫树下饰品店"，出售双肩包、耳饰、围巾、项链以及毛绒动物玩具。在这条商业街上，有3~4家商店在出售相似的商品。但是"枫树下饰品店"最特别的是它的产品具有民族风格，而这是很难在其他商店里找到的。另外一个优势就是它的内部装修质量比它的竞争者们要好得多（图1-2）。因此，对相似的产品，"枫树下饰品店"也收取了稍高的价格，大约高于平均水平15%，这创造了50%的毛利①。鉴于这只是一个小店铺，Ho决定只请一个全职销售人员，负责店铺的日常运营，每周有2天的休息时间。他也需要请一些兼职人员周末工作②。Ho每月付给全职员工Flower Chan2000元的固定薪水，以及销售收入的3%作为佣金。他从大学里请来两个学生做兼职工作，并给他们每小时10元以及销售收入的3%作为佣金。店铺营业时间是上午11点到晚上9点。

图1-2　商品陈列和室内装饰

第一天是具有重大意义的一天，日销售收入达到了人民币1200元。但是第二天就没那么幸运了，并且一天不如一天。平均来看，日销售额为人民币600元，入不敷出。当Ho收到了第一个月的水电费单时，他看到的是一个比预计高得多的数字——人民币150元。他知道是时候该看看店铺的经营状况了。

一天，Ho做了店铺的例行检查，看到了Chan担忧的脸色。

"出什么事了？哪儿不对吗？"Ho问道。

"你知道的，我们的店和其他店铺相比更为特殊和有吸引力。我们每天确实有大量的参观者，他们中大多数都是大学生。他们喜欢我们的风格，但只有一少部分购买我们的商品。"

"为什么呢？"

---

①此处的毛利指销售收入减去采购成本。
②该店全年工作360天，包括52个周末。

"他们要求打折。他们说他们可以在其他商店以更低的价格购买到同样的商品。"

见 Ho 没有答腔，Chan 继续说道："你注意到附近的街头摊位①了吗？（图 1-3）有很多这样的摊位，而且离我们只需要几分钟的步程。他们的产品跟我们的很相似，但是价格却比我们低 20%~40%。他们卖出了我们两倍的数量！"

图1-3 路边摊

"我们不是在争夺低端市场。"Ho 不同意 Chan 的看法。

然而两个兼职员工给出了同样的反馈，他们还补充道："学生们喜欢花样翻新，但他们的预算很紧张。所以他们喜欢用同样的钱获得更多的东西。"

但是 Ho 对自己商店的市场定位很自信。他认为，只要他维持高价，商店是可以吸引高端客户的，从而保证较高的毛利率。

因为 Ho 没有业务合作伙伴，他不得不自己做采购。他工作日照常工作，不得不牺牲自己的周末补货。他从家里开车到批发中心要花一个小时，返回又需要一个小时。搜寻和挑选商品是一个耗费时间的工作，Ho 往往用三个小时或是更多的时间在批发中心寻找商品和与批发商讨价还价，这使得他没有时间陪他的家人吃午饭。即使在平日，与家人吃过晚饭后，他也不得不赶去他的店里核查日常销售。通常情况下，他在店里每天与 Chan 谈话，计划如何增加收入，大约要花一个小时。经过几个月的运作，Ho 感到筋疲力尽。他需要找到他的办公、店铺经营和家庭生活之间的平衡。同时，他开始回忆过去在一家软件公司做兼职工作的时候，

---

① 街头小摊在这里是一种灰色的业务，商品分摊在地上销售。没有固定摊位，所有待售物品都摆在人行道上，很容易从一个地方移到另一个地方。摊位的主人不支付任何租金和税。

那时他可以获得每小时 200 元人民币的外快①。那份工作是相当灵活的，他可以在网上做。

在另一个疲惫的一天结束时，Ho 回家了。此时已经是晚上 10 点了，他的家人都睡了。他溜进了他儿子的房间，看着他的睡脸。他只有 3 岁，需要父亲陪伴他更多的时间。但是"枫树下饰品"是他另一个孩子，同样需要他的关心。"经营这家商店值得吗？我是不是应该关闭它呢？"Ho 问自己。但有一个内心的声音告诉他，总会有出路。

案例习题

1. Ho 是否应该接受他朋友的免费设计？

2. 如果公司持续经营，两年之后收益如何？（假设每年能够营业 360 天，两年共计 720 天）

3. Ho 是否该接受 Chan 降价 20% 的建议？

4. 对 Ho 来说，短期关店是否是个明智选择？

5. 就保本而言，在两年的运营中平均每天的收入需要达到多少？（基于第 2 个问题的假设）

6. 对于 Ho 来说，继续兼职软件工程师，而不是运营公司，将会是一个很好的选择？

7. 你能否提出一些建议帮助 Ho 更好地发展他的事业？

---

① 与此同时，他担任国有企业的全职员工。

案例二

创业者的困境：
选择阿里巴巴、腾讯还是亚马逊作为电商平台

概要

2011年10月10日，天猫商城（天猫），这个由中国最大的电子商务公司阿里巴巴集团控股有限公司（阿里巴巴集团）经营的企业对消费者的电子商务模式（Business to Customer, B2C）的网上购物平台，出人意料地颁布了其新的政策，其中包括显著增加天猫商店的年度服务费用和保证金。这些变化使得每个拥有天猫商标（TM）的商家所缴纳的保证金从每年1万元[①]增加到每年10万元或15万元。[②] 所有商家必须在2011年底前交清保证金全款。

这一突如其来的变化给天猫上的一家女装店铺——Karz天猫出了难题。作为Karz经营者之一的陈先生，原计划扩大Karz在天猫的市场，但这个新政策让他一下子陷入了困境。他发现他们的店铺很难在资金紧张和时间限制的夹缝中求生。他应该如何应对？在暗藏失败因素的风险下，持续在天猫商城经营是明智的行为

---

* 本案例由杨玉坤、裘新在苏宁教授、方钰麟教授以及杨海滨教授的指导下编写。此案例仅作为课堂讨论的材料。作者无意阐明案例是否有效地应对了一个管理情景。为了保密，作者可能在案例中有意隐去了一些真实姓名或其他信息。

未经书面授权，Richard Ivey School of Business Foundation 禁止任何形式的复制、收藏或转载。本内容不属于任何复制版权组织授权范围。如需订购、复制或引用有关资料，请联系：Ivey Publishing, Ivey Business School, Western University, London, Ontario, Canada, N6G 0N1; (t) 519.661.3208; (e) cases@ivey.ca; www.iveycases.com.

版权@ 2015, Richard Ivey School of Business Foundation　　版本：2015-07-15

① 所有的货币金额都是人民币（元），除非另有指明。7月15日，人民币的汇率是1人民币=0.161090美元。
② "2012年天猫商家更新和规则调整公告," bbs.taobao.com, 2011/10/10, http://bbs.taobao.com/catalog/thread/508895-254386408.htm，由精通中英文的案例作者于2015年7日22访问。

吗？或者 Karz 应该撤出这一中国访问量最大的 B2C 在线零售网站以免遭费用显著增加的影响？如果撤出天猫，在国内诸多电商平台中，如阿里巴巴旗下的淘宝网、腾讯集团的 QQ 商城和亚马逊下面的卓越亚马逊，陈先生应该选择其中的哪一个以重启他们的在线业务？

Karz

Karz 天猫由深圳市亚美胜电子商务有限公司的三个创始人陈先生、刘先生和黄小姐（参考文后附录）于 2011 年 7 月创办。Karz 的主营业务是销售亚美胜公司制造的品牌女装（图 2-1），其销售的商品大致分为五类：大衣、裙子、上装、裤子以及饰品。新品通常在周一和周四上架。Karz 天猫共有六名客服人员[①]：三名售前咨询员，两名售后服务员和一名零售咨询员。除了 Karz 天猫这家店铺外，亚美胜公司也在阿里巴巴网站[②]上经营了另一家批发韩版风格衣服的店铺。

Karz 天猫的诞生起源于一众创始人与电子商务的不解之缘。在联合创办亚美胜公司之前，创始人之一的陈先生就经营过几年的 B2C 网站。同时，他也是暨南大学电子商务社团的创始人之一。而另一位创始人黄小姐则有着在淘宝上经营网店的经历。基于他们的兴趣和工作经验，这几位创办人决定选择他们最熟悉的产业形式——电子商务来开展他们的业务。

然而，最主要的问题是他们该选择从事哪一方面的商业经营。到底是从事珠宝、食品还是家居业？对服装和时尚有着敏锐嗅觉的黄小姐在整个团队最终确定经营方向中起到关键作用。因为她对潮流趋势的洞察力以及对服装的时尚品位可以为 Karz 在挑选服装风格时起到建设性的指导作用。因此，女性时装最终成为 Karz 的目标市场。

除了确定商业经营的方向，创始人还需要思考的问题就是选择哪一家 B2C 网站平台来经营自己的在线店铺。天猫很快便成为他们的第一选择。因为天猫不仅

---

①客服人员好似一个客户支持代理，通过一个类似于 MSN messenger 的名为阿里旺旺的即时通信应用程序为顾客解答疑问并且提供相关的促销信息。

②阿里巴巴集团是一家中国著名的投资控股公司，而阿里巴巴网站这个在线 B2B 市场旨在集团范围内匹配全球的买家和卖家。

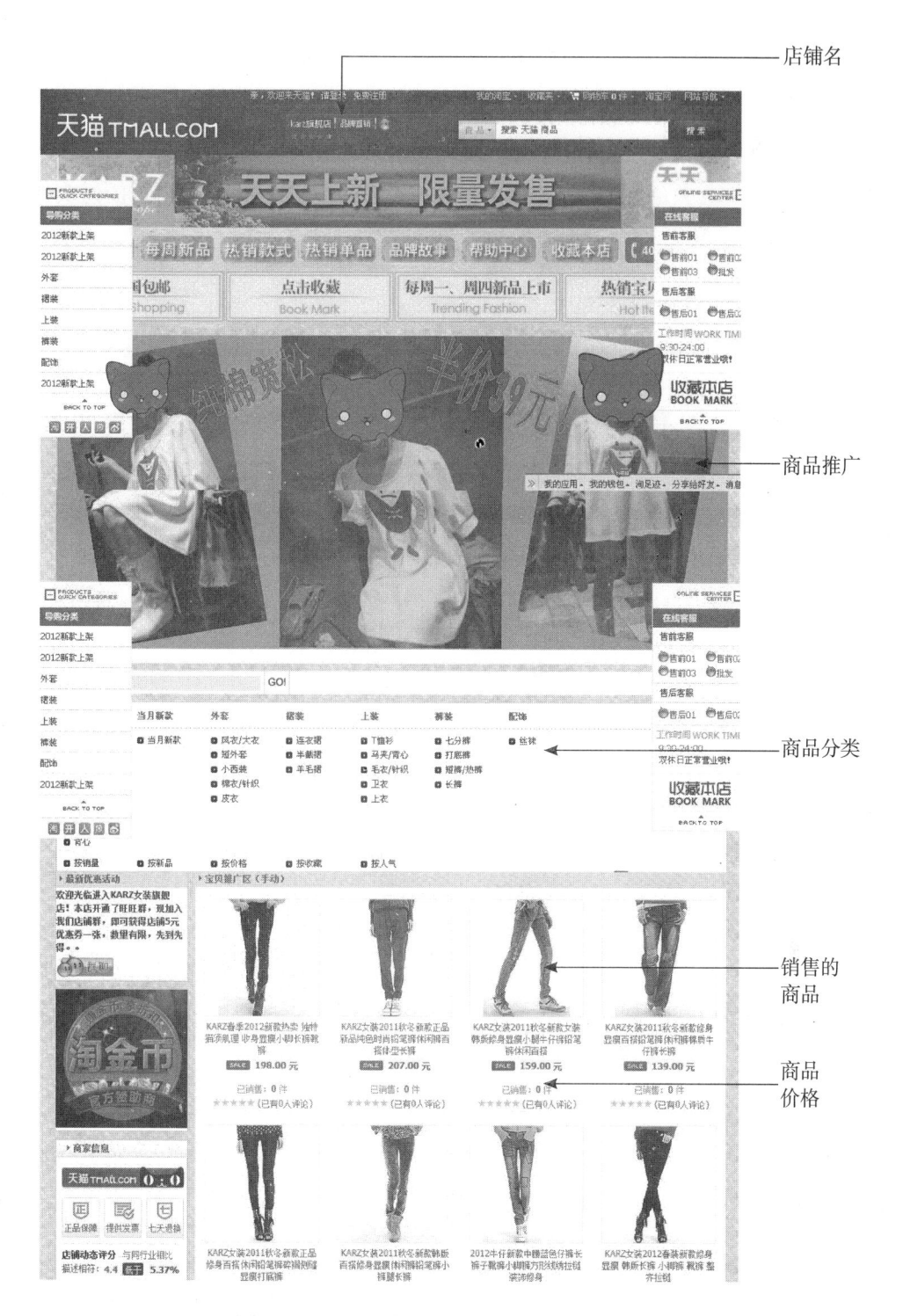

案例二　创业者的困境：选择阿里巴巴、腾讯还是亚马逊作为电商平台

图2-1　Karz天猫的用户界面

仅是中国B2C在线平台提供商的市场领军者,更拥有着无数潜在的客户。[①]陈先生指出:"只要人们谈到网络购物,必然会提到天猫。"据统计,天猫享有1.1046亿客流量(每月访客[②])(表2-1),这在中国所有的B2C网络平台中是绝无仅有的。陈先生坚信巨大的浏览量正是经营网店的最大优势,这一优势是任何实体店都无法比拟的。

表2-1 2011年中国十大电商平台

排名	电商平台	月覆盖用户 (单位:百万)	类型
1	天猫	110.46	百货公司
2	京东商城	44.46	百货公司
3	当当网	31.31	百货公司
4	亚马逊中国	29.81	百货公司
5	凡客诚品	27.22	服装
6	QQ商城	15.78	百货公司
7	苏宁易购	13.03	百货公司
8	一号店	12.52	百货公司
9	梦芭莎	12.46	服装
10	唯品会	8.12	服装

数据来源:"2011年中国十大电商平台,"中国互联网观察,2012年4月2日,www.chinainternetwatch.com/1426/top-10-b2c-websites-in-2011/,accessed July 23, 2015。

除此之外,作为一个成熟的B2C网络平台,天猫能全方位地提供各种各样的技术支持和服务支持。Karz完全可以以低廉的价格充分享有这些服务。如果Karz选择自主开发一个独立网站来经营网店,这将毫无疑问地耗费Karz一笔巨大的投资费。

截止到2011年11月,Karz的日成交额高达8000元,产品单价达到80元。根据天猫的分类标准,Karz的营业额使其从初级店铺晋升到中级店铺。[③]

[①]《2011年中国服装网络购物行业研究报告》,艾瑞咨询,2012年2月7日,www.iresearchchina.com/reports/3968.html,于2015年7月22日访问。

[②]这些数据是在天猫有自己的域名之前收集的,因此淘宝网和天猫共享相同的流量记录。

[③]店铺的交易评价分三种:差评、中评和好评。

Karz 的管理团队

当谈到在天猫上经营 B2C 商业的初步计划时，陈先生回忆道：

我们短期的目标侧重于在一年内规范并稳固我们的公司业务，并精简操作流程，这样我们才可以外包一些技术性的任务。我们必须找到一种能盈利的经营模式来实现公司的稳定发展。我们的终极目标仍旧是经营实体店，但我们还有很长的路要走。另外，如果 Karz 未来发展得好，我们会考虑扩展经营领域，比如把箱包和鞋子也包括进来。

从最初的构想到实际经营产业，这条道路总是艰难的。然而 Karz 的创始人以他们孜孜不倦的热情和不屈不挠的毅力不断地追求着他们的目标。尤其是创始人刘先生，他始终对 Karz 的未来充满热情和乐观。陈先生说："有时候我们因为只接到非常少的订单觉得非常沮丧。但刘先生的热情鼓舞了我们，所以我们才能够全身心地投入工作，克服种种难题，不断改变现状。"

陈先生还认为，持续的培训能改善 Karz 管理人员的思考方式，能在他们作决定时提供更加透彻和全面的思维方式。他说道："我会自己安下心来思考如何把事情做得更好，以及每一个可能发生的结果，而非迅速地作出一个决定。然而，我的一些同龄朋友喜欢在思考过后立刻付诸行动，这不可避免地会导致许多问题发生。"

作为一个在 B2C 行业的活跃角色，Karz 的管理团队认为他们拥有绝大部分竞争对手所不具备的独特优势。据陈先生说，他们的团队成员拥有的专业的、深入的互联网和信息技术知识，主要获益于他们的自身兴趣和正规的大学教育，这是许多小企业所缺乏的。得益于这些坚实的知识基础，他们可以比竞争对手学得更快，更能利用新的资源。例如，对于真正需要什么样的工具和服务，他们具有敏锐的洞察力。他们也有能力想出如何使用、测试和评估这些工具和服务。这些人才和知识储备让他们能够充分利用天猫商城的资源并实现利益最大化。

然而，缺乏对服装行业的认识使他们无法准确捕捉市场趋势，尤其是在线上网店的起步阶段。有时，他们认为某些风格会很受欢迎，并试图大量生产，但结果却是销量惨淡。所有用来推广服装的费用，包括雇用临时员工，如编辑、摄影师和模特的费用，最后都变成了沉没成本。

天猫

淘宝商城（后改名天猫）是中国最受欢迎的 B2C 在线平台之一，它致力于促进中小电子商务企业的发展。并且一直对中小企业的服务进行不断改进。天猫的历史可以追溯到 2006 年 5 月，阿里巴巴集团宣布成立一个淘宝网的新的 B2C 模块。[1] 淘宝网是中国最受欢迎的个人对个人（Customer to Customer，C2C）电子商务模式的网上购物终端。淘宝商城由阿里巴巴的一款值得信赖的、成功的在线支付系统——支付宝提供支持。2008 年 4 月，淘宝网推出测试版，经过两年的成功试运行，淘宝网更名为天猫，从此这一电商平台开启了快速成长的大门。

作为淘宝 B2C 业务的一个组成部分，天猫逐渐成为阿里巴巴集团的主要子公司。在 2011 年，阿里巴巴集团将淘宝网分拆为三个独立的公司：淘宝网、天猫和一淘网。[2] 与淘宝形成鲜明反差的是，天猫只允许授权的公司进驻它的平台。所以在天猫上展开业务前，店主不得不提供如营业执照、税务登记信息、公司营业额等有关信息。他们也必须与天猫签署几个严格的政策协议。例如，一项政策规定，消费者可在七天内无条件退货。另一项政策规定，天猫卖家如果有任何违规行为，将从其店铺保证金[3] 里扣除至少 10000 元的罚款。除此之外，销售假冒或走私商品会导致店铺被强行关闭，并且没收所有保证金，店主还需要向顾客支付五倍于商品价格的赔偿金（表 2-2）。

截至 2011 年，天猫平台有超过 5 万家的注册公司和 7 万多个注册品牌。[4] 其中大约有 12000 家在卖女装。一些大的跨国品牌提供 24 小时服务，例如，优衣库、杰克琼斯、戴尔、诺基亚和帮宝适。

---

[1]《2006 年中国网络购物行业发展报告》，艾瑞咨询，2009 年 11 月 5 日，www.iresearchchina.com/reports/3734.html，于 2015 年 7 月 23 日访问。

[2]《阿里巴巴，中国最大的零售网站》，BBC 商业新闻，www.bbc.com/news/business-13788109，于 2015 年 7 月 23 日访问。

[3] 现金存款被用作提前赔偿。

[4] "了解天猫，" Tmall.com，www.tmall.com/go/chn/mall/zhaoshang_produce.php，由案例作者于 2015 年 3 月 31 日访问。

表2-2　不同平台入驻要求 (从karz的角度)

入驻要求	天猫	淘宝网	QQ商城	亚马逊中国
大陆企业营业执照	√	/	√	√
税务登记证	√	/	√	√
企业注册资本	>100 000	/	>100 000	/
商标注册证或者商标受理通知书	√	/	√	√
财付通公司的授权书	√	/	/	/
三个月试运行	√	/	/	/
优秀的并有经验的团队	√	/	√	/
规则与协议	天猫操作规章/消费者保障协议/7天退换货/假一赔三	淘宝的操作规则	QQ商城操作规则/消费者保障协议/7天退换货/假一赔三	/
正规发票	√	/	√	√
保证金	10 000 (100,000)	/	20 000	/
平台使用服务年费（简称年费）	6 000 (60 000)	/	6 000	/
费率	5%	5%	5%	10%
入驻审核费用	/	/	90	/

所有货币均为人民币（元）除非另有说明。截至7月15日，汇率为1元 = US$0.161090。括号中的数据代表淘宝网宣布新的政策后新的要求。

注　1. "试运行"意味着新进入者必须在三个月的试运行中达到某一额度的营业额，一般是每月4000元。只有合格者才能继续在淘宝网营业。

　　2. 支付宝是天猫第三方交易系统，为卖家解决资本交易分配。

资料来源：案例作者制作。

为天猫卖家提供的在线服务

▶ 卖方服务中心

为了帮助商户经营他们的店铺,天猫提供了2000多种工具、服务和相关的整合资源。这些工具和服务可以在卖家服务中心(Seller Service Centre, SSC)找到,覆盖的功能包括企业基础设施、人力资源管理、成品物流管理、营销与销售、客户服务管理。SSC聚集了所有淘宝自主开发以及其他电子商务企业和个人开发的工具和服务。这使淘宝成为商户、软件开发商和专业服务供应商之间的中介平台。

SSC的工具可以被商户订阅并单独使用,但这背后涉及了很多人员。例如,商店装修服务会涉及专业设计人员,以根据店老板的要求来设计主题风格。

SSC上大多数的工具和服务与店铺的构建是有关的,包括产品在店铺的布局、交易处理和产品运送。例如,淘宝旺铺,它是在SSC使用中最广泛使用的基础工具之一,主要提供定制和设计美化店铺的增值服务。为了满足店铺商家对于前端的管理,它提供了多方面的基本功能,例如定义独特的促销活动,在主页上显示精细和高清的商品图像等。同时,淘宝旺铺也帮助店主简化和加速了他们的日常运作。如果店主不订阅这个工具,他们的店铺可能会显得平淡无奇,甚至略显杂乱(图2-2)。这可能会给消费者留下一个管理不称职的印象,从而导致客户流失。

SSC也提供了若干辅助商品运输的工具。譬如天猫独家推出的货到付款(Cash on Delivery, COD)作为天猫顾客额外的付款方式,这种付款方式会在顾客下单后寄出商品,在商品交付到顾客手里时支付全款。

▶ 招聘中心

淘宝提供了一个基于网络的类似于虚拟招聘会的招募中心,可以24小时为B2C商户找到其所需要的如模特、客服、摄影师等合适的雇员。淘宝大学是一所在线虚拟公开学校,可通过视频、文章和虚拟教室提供在线课程,旨在为上述雇员提供全方面的电子商务培训。

自定义模块(编辑) →

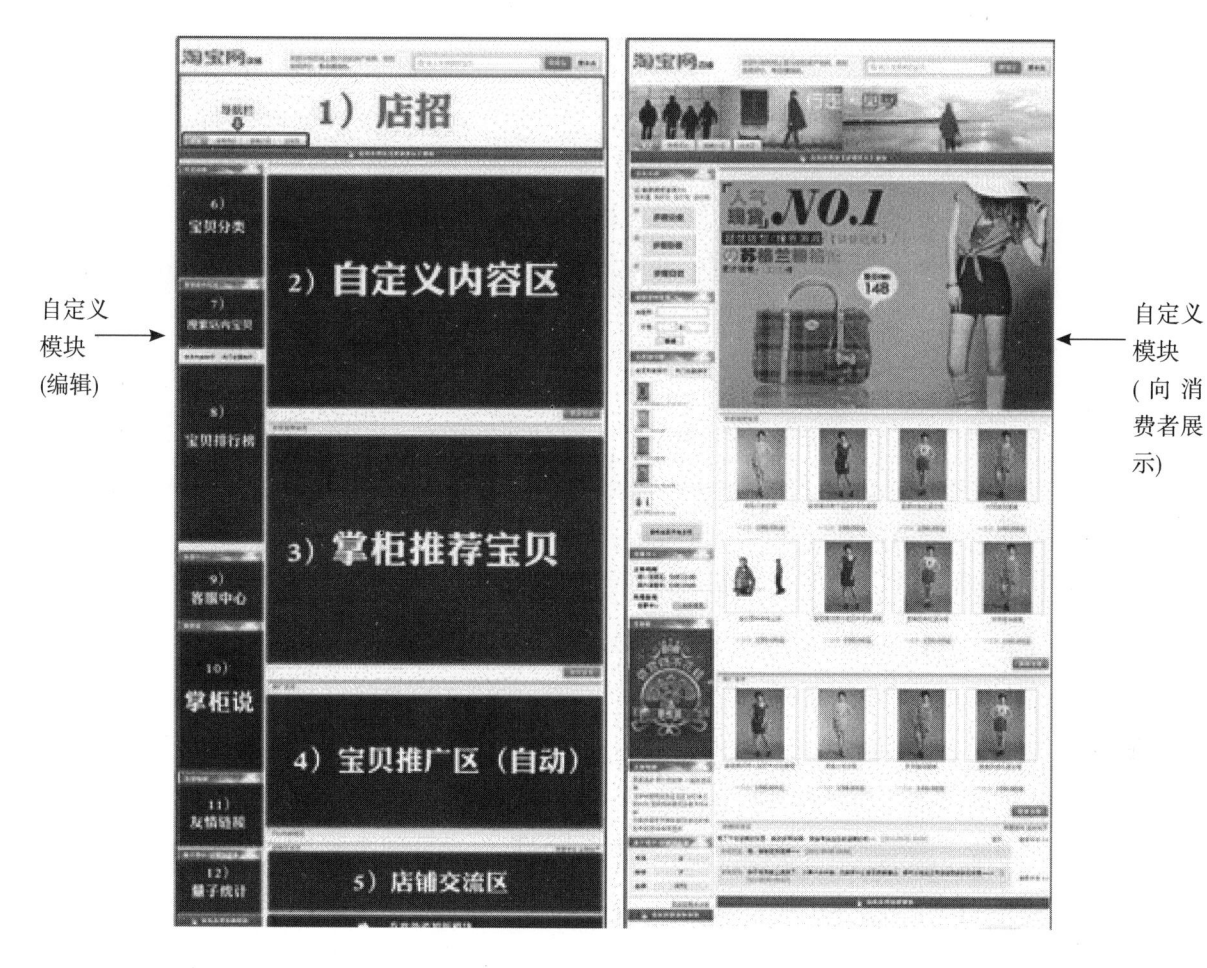

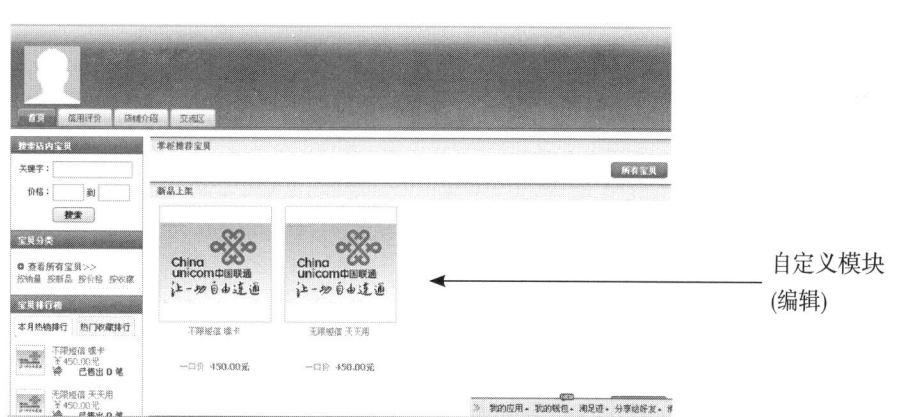

1) 店招
2) 自定义内容区
3) 掌柜推荐宝贝
4) 宝贝推广区（自动）
5) 店铺交流区

← 自定义模块(向消费者展示)

← 自定义模块(编辑)

图2-2　店铺装修操作界面

来源：案例作者制作。

▶ 营销导航渠道

营销导航渠道是另一个独立的在线中心，仅用于营销服务，它将营销活动分为以淘宝电商平台为基础的活动和类别推广活动两大类。

以平台为基础的活动涵盖了所有平台上参与的店铺。在特殊节假日经常出现的基于平台的营销活动包括：半价，包邮，返现和幸运抽奖。客户将享有相同的优惠，如折扣和包邮，可以从单个订单中累积交易金额，以作为交易总额的一部分来获取折扣。例如，如果产生了一笔合计 500 元的交易，将会有 50 元现金返回到消费者的账户。因此，可以在特殊节假日选择不同的平台促销活动相结合来吸引消费者。淘宝对于卖家参与这些活动的规定是不同的：一些活动允许所有淘宝和天猫商铺参与，而一些活动则规定参与的天猫店铺信用值需要在 4.6 分以上。[1] 不同活动的收费方式也不同，如每次点击收取 0.05 元或者竞价购买服务。

为了更好地为大型营销活动做准备，淘宝通常提前发布广告。宣传主要有三大途径：淘宝网、其他网络媒体和线下媒体。淘宝网通常在其门户网站的主页上贴出大型图片横幅，在搜索引擎中设置偏好并向所有注册用户发送邮件。在其他在线媒体推广活动的时候，淘宝网会提前半个月在中国的主要门户网站、视频网站和社交网站上投放广告。在推动线下活动的时候，淘宝网通常在地铁站的电子屏幕、公交车站的广告板、建筑上的液晶显示屏等媒介上发布广告。类别推广活动是为特定类别的产品而设计的，如秋季女装。这种类型的活动只可在淘宝网上投入使用。

▶ 售后服务

天猫为售后管理提供了多项服务，如顾客给店铺和每次购物的评分。系统自动将评价的分数转换成店铺的总信誉值，其中描述相符、服务态度、物流服务三项构成店的总信誉值。各网店和商品在搜索中的显示顺序是按照信誉值的高低来排列的。

7 天无理由退换货是最重要的一项售后服务条款。当买家对商品的质量不满意，卖家也愿意承担责任时，买家可在交易成功后的 7 天内要求退换货。天猫官方会对争议问题作出评估，并将金额从卖家的现金账户中退还给买家，同时，买家如有需要，天猫官方也会帮助监督卖家完成整个换货过程。

---

[1] 收集的数据通过案例作者在 2011 年天猫店铺类型筛选得到。数据可能会随时间而改变。

所有上述的工具和服务的基础功能都是免费的，但也有一部分高级功能需要收取网店经营者每月 1 万元至 5 万元不等的费用。部分费用由交易成功的百分比决定。例如，其中一项赤兔名品客服绩效管理系统，用于记录各个客服人员的销售收入情况，这项服务收费为每月 100 元起。[①]

karz 在天猫服务中的应用

陈先生发现，天猫所提供的所有工具和服务中，关于公司基础设施、市场与销售、售后的工具和服务对促进 Karz 开展 B2C 模式的业务尤为重要。陈先生说道："一些大公司并不像 Karz 这样的小公司把这种基础设施看得很重要，因为他们已经开发了系统的方法和一体化的软件用于商业管理。"

2011 年光棍节期间（11 月 11 日，由阿里巴巴首创），淘宝零售市场上充满了各种各样的商品促销。Karz 在这次营销活动中抓住机会推出一条新款长裤。很快，Karz 的销量直线上升。Karz 使用了一种名为"淘金币"的营销工具。淘金币是一种淘宝虚拟货币，买家可以在付款时用淘金币抵扣一定量的现金。例如，Karz 的一条原价为 78 元的时尚红裙（货号 7008），用 34 元和 1000 枚金币即可购买。买家可以通过几种方法获得金币，如连续几天登录淘宝并点击主页上的"领金币"按钮，或者每次交易完成后都能免费获得金币。

陈先生表示，除了天猫上的服务以外，由第三方电子商务专业人士提供的电子商务工具和服务也有助于公司作出正确的决策。例如，有些工具能够让 Karz 知悉最近被频繁搜索的女装关键词。这样一种基于有效的数据分析的个性化顾问服务使得 Karz 能够保持生意走上轨道。相反，传统的产业分析报告并不能经常满足公司的独特需求。

Karz 认为 7 天退换货政策是一项重要的售后服务。从某种程度上看，7 天退换服务就像一个缓冲装置，为买卖双方都提供了保障。从卖方的角度来看，如果因为自己的疏忽导致发错货品，他们可以通过补发一个替代的产品给客户以弥补

[①] "赤兔名品客服绩效管理," fuwu.taobao.com, http://fuwu.taobao.com/ser/detail.htm?service_code=appstore-21937，由精通中英文的案例作者于 2015 年 5 月 30 日访问。

过失，从而避免从顾客那里得到尴尬的信用评分。从消费者的角度来看，7天退换货是一个很值得信赖的承诺。当消费者对类似的商品而要从中选择最好的店铺购物时，他们会把店铺是否具有7天退货政策作为最重要的考虑因素之一。陈先生评论说："如果你去实体店购物的话，在产品没有质量问题的情况下，没有任何解释就要求退换货是一件很难的事情，更不要说你可能不会费心去要求退换货物。但是在淘宝，7天退换货政策缓解了这两种障碍。"

天猫也为新店主提供人力资源管理的帮助，尤其是在其业务初始阶段的人员培训方面。Karz的三位合伙人偶尔会收到来自天猫的邮件，这些邮件主要包括为新手提供的淘宝大学远程授课的链接和远程学习的课程。陈先生回忆道："在正式进驻天猫之前，我们充分利用了淘宝大学的培训服务，认真学习在线视频里讲解的内容。"

然而，即使天猫提供了涵盖广泛的服务，但是有一些陈先生曾寄予厚望的工具，在实际应用中却不能实现。陈先生指出库存管理并不支持一些具体功能：

"所有工具的功能都是有用的，但是在一个个试过以后，我们尚未找到能够分析和总结我们所需的详尽数据的功能。例如，如果我们想知道本月初售出了多少件001号黑色的货物和大小为XL的货物该怎么做？由于之前我们没有做过这样详细的分析，所以导致堆积了大量库存。我们的当务之急是找到一个合适的分析软件。"

最终，陈先生利用微软SQL软件并且亲自编写自定义查询语句。他把分析好的数据精心排序并发给制造商。

天猫有很多工具来帮助店家分发包裹。由于在高峰时期，即使24小时工作，店家也很难在高峰期完成配送工作，Karz因而订购了一个叫快车调度的软件来帮助他们更有效地分发货物和处理订单。为了完善这个功能，陈先生买了一台打印机24小时不停打印交货清单。同时，他们用快车调度的软件来记录所有订单信息，并存入系统，接着把订单信息和交货清单匹配，并保存在缓冲器。当派送货物时，他们只需要点击一个按钮，就可以将交货清单打印出来，然后按照顺序检索库存。

除了上述这些工具和资源可以在天猫上获得，天猫商城还提供个性化服务，如货到付款。陈先生解释说："有许多消费者认为在线付款比现金支付麻烦很多，所以他们更愿意使用货到付款。然而，当前中国市场上的各大快递公司没有被授权可以给任何个人卖家提供货到付款的服务。"

陈先生说，天猫的订单追踪服务很有效，但是还是有一点不完美。陈先生回忆起 2011 年双十一促销活动的事情，Karz 收到了一个顾客的退货要求，原因是货物没有按时寄到。经过进一步调查，陈先生发现快递公司应该负全部责任，由于快递公司人手不足并且工作量大，导致货物在仓库堆积。最后，Karz 险遭信用损失。

考虑到库存危机，天猫努力建立起自己的配送中心。然而，许多网上店家认为这一举措是在浪费资源。Karz 的经理们正在试着找到稳定的线下供应商。陈先生说："很少有卖家愿意在网上寻找供应商。你可以试想一下，你和几千家网店卖一样的衣服，用一样的产品描述，一样的风格，一样的官方海报，你如何在这几千家里脱颖而出呢？"

天猫的新政策

当 Karz 正在摸索道路时，天猫突然宣布了 2012 年关于天猫销售和合同续签规则。它明确规定了所有天猫的商家每年都需要向天猫支付 3 万元到 6 万元作为使用天猫工具和服务的年服务费。天猫的店家还需要根据商标类型或者店铺类型支付 5 万元、10 万元或者 15 万元作为保证金（提前用于作为赔偿）。全额付款要在 2011 年 11 月 26 日之前结清，只有交齐保证金之后才能续签合同。[1]

在天猫新规则发布之前，只要 Karz 年营业额度超过 12 万元，天猫就会退回其交纳的 6000 元的年服务费。[2] 但是现在他们不再享受这种优待了。这一惊人的变化显示了天猫打击假货和走私货的信念，以及给顾客提供优质产品与服务的决心。这个新政策也让许多中小型店家受到了打击。这些中小店家猜测天猫试图摆脱他们，而他们从天猫刚开始发展时就一直在给予支持。[3] 陈先生解释道："那些能付得起这么多钱的店主也许并不会花那么多的精力去经营他们的店铺，而那些

---

[1]《2012 天猫店家更新和调整公告》，bbs.taobao.com，2011 年 10 月 10 日，http://bbs.taobao.com/catalog/thread/508895-254386408.htm，由精通中英文的案例作者于 2015 年 7 月 22 日访问。
[2] 年服务费是电商平台抽取每笔交易成功的订单的利润。天猫根据不同店家不同商品抽取不同额度的服务费。
[3] 陈丽，"阿里巴巴发布的新规定为了遏制小商家的恶意销售"，TechInAsia.com，2011 年 10 月 11 日，https://www.techinasia.com/tmall-new-rules/，案例作者于 2015 年 7 月 23 日访问。

支付不起的人则可能全心全力去经营店铺，即便他们的启动资金不足。这项政策很可能会使卖家中为数一半的人感到吃力。"

如果 Karz 继续在天猫经营业务，它就会面临资金周转不灵和现有资产严重下降的问题。陈先生对这一情况进行了详细的描述："如果我们将相同数目的资金注入到淘宝市场店铺的线上和线下的营销活动中，我们会获得巨大的收益。"

现在有个很明显的趋势，就是天猫和淘宝网在业务上重合的部分会越来越少。Karz 的管理层选择在天猫上开店铺的原因是天猫和淘宝相比有更多的优势，例如，在淘宝搜索结果中天猫的店家可以在搜索结果中享有更靠前的排名。如果这种把天猫和淘宝区分开来的趋势继续下去的话，Karz 以前在天猫上可以享受到的特权就会越来越少。

新政策带来的巨大压力推动管理层思考是继续使用天猫还是选择其他的电商平台，如淘宝网、QQ 商店或者亚马逊。但是无论他们选择哪个电商平台，他们都需要在天猫发布这一新政策前的三个月内找到下家。

可选择的电商平台

▶ 淘宝网

淘宝网是阿里巴巴集团在 2003 年 5 月 10 日投资 4.5 亿元人民币成立的。2006 年，淘宝网成为中国最大的在线零售商，超过成交金额为 169 亿元的沃尔玛（中国）。[①] 截至 2010 年年底，淘宝网拥有 3.7 亿注册用户和 8 亿件在线商品，日浏览量超过 5 亿人次。[②]2011 年，有超过 1096 家商铺[③]在淘宝网上销售女装。根据艾瑞咨询集团发布的报告显示，2011 年中国 C2C 电子商务交易量达到 5944.5 亿元人

[①]简洋,"淘宝说他们 2006 年的客流量是 30 百万人次是沃尔玛的 2 倍",2007 年 1 月 18 日,http://net.chinabyte.com/385/3046385.shtml, 案例作者于 2015 年 3 月 21 日访问。

[②]"淘宝揭示了 2010 年在线购物的趋势", news.alibaba.com, 2011 年 1 月 6 日, http://news.alibaba.com/article/detail/alibaba/100433518-1-taobao-reveals-online-sho%20pping-trends.html, 案例作者于 2015 年 7 月 23 日引用。

[③]数据是由作者通过观察淘宝市场收集的。

民币，其中淘宝的交易量占了95.1%，之后是拍拍和易趣网。① 中国互联网咨询公司发布的2011年中国网上消费者报告显示99.2%的受访者在被问到网购时，主动提到了天猫和淘宝网。②

任何持有借记卡的个人都可以在淘宝网上注册店铺账号进行线上交易业务，并且不需要支付注册费用。2011年10月12日，仅在天猫发布新政策的两天后，淘宝网发布了一条通告，即它将提供一个便捷的功能，使天猫中小企业卖家仅需点击按钮即可搬迁到淘宝网。所有的历史交易记录和信用记录都将被保留。③

虽然淘宝网和天猫之间共享着大多数的工具和服务（表2-3），但是两者之间还是有一些显著的差别。例如，淘宝网不像天猫那样提供搜索时优先显示的规则。淘宝网对于推荐的产品有非常有限的名额，但是天猫商城可以设置每一个产品为推荐产品。天猫的销售量计算方法是从商品开始销售时进行计算，但是淘宝网仅显示一个月内的销售量。对于消费者来说，销量是衡量不同店家相同产品质量好坏的主要方法，并且在搜索商品时，销量是对搜索结果进行排序的一个重要指标。除此之外，用户可以通过导航栏上一个按钮，很容易地从淘宝网切换到天猫，但是他们不能用同样的方式从天猫切换到淘宝网。

表2-3 天猫/淘宝市场平台的工具和服务

价值链模型因素	组成因素	工具数量	淘宝市场/天猫的服务	
			有效性	成本
支持活动	企业基础设施	综合管理	370		
		全面管理	21	√	□
		战略规划		√	○/□

---

① 李和冯的研究中心"中国线上零售"，www.funggroup.com/eng/knowledge/research/china_dis_issue98.pdf，于2015年7月23日引用。
② "中国互联网咨询公司发布2011年中国网上购物者报告"，Tech.sina.com.cn, http://tech.sina.com.cn/z/2011consumer/，案例作者于2015年7月23日访问。
③ 文爱，"天猫回应攻击"，Tech.sina.com.cn, 2011年10月12日，http://tech.sina.com.cn/i/2011-10-12/02476165453.shtml，于2015年3月31日由案例作者引用。

续表

价值链模型因素	组成因素	工具数量	淘宝市场/天猫的服务 有效性	淘宝市场/天猫的服务 成本
支持活动	人力资源管理 招聘		√	○(公开前需要批准)
	人力资源管理 培训		√	○/□
	人力资源管理 发展	34	√	□
	研究开发 研究与开发		√	
	研究开发 产品及工艺改进		√	
	采购 原材料采购		√	○（需要通过特定表现评估）
	采购 供应商		√	
	采购 机器采购		√	○/□
主要活动	出库物流 仓储			
	出库物流 产成品分配商品流通	60	√	
	营销与销售 广告	180	√	□
	营销与销售 产成品分配商品流通	60	√	○/□
	营销与销售 促销	176	√	
	营销与销售 定价			
	营销与销售 渠道关系	61		
	服务 送修服务		√	○

○免费　□付费

注　所有工具为客户提供两个选择：支付特定费用或免费使用一些基本功能。
来源：案例作者制作。

尽管如此，淘宝网还是有它独特的吸引消费者的方法。2010年2月，淘宝网投入4亿元人民币用于推广中小卖家扶植计划——对全网一钻以下信誉的卖家，免费开放"旺铺扶植版"服务，无须再交任何费用。同年，淘宝网又开启了一个叫"每日特色"的免费服务，这个服务的目的是帮助中小型店铺快速扩大他们的交易量和网页浏览量。①2011年10月，淘宝网再次激活了它的中小卖家扶植计划。大约60%的在线工具可以免费使用1个月。同时淘宝网也为3017个中小型店家提供了免费工具。②陈先生认为淘宝网的这些举措很有吸引力，从一个经营层的角度来看，淘宝网对于天猫卖家来说是一个很熟悉的平台，正如陈先生所说：对于考虑转换电商平台的中小店家来说，淘宝网的这些举措对他们都很有吸引力。淘宝网和天猫与其他电商平台相比，它们两个有很多相似的规定、功能和操作系统。如果中小店家将店铺从天猫转移到淘宝网，他们可以节省很多精力。

▶ QQ商城

陈先生也考虑了其他电商平台。淘宝的主要竞争对手之一是QQ商城。在2010年VIPQQ官方商城升级为QQ商城之前，VIPQQ官方商城属于腾讯集团（中国最大的、使用频率最高的网络服务门户）开发的著名电子商务平台——拍拍网的组成部分。QQ商城上有200多个品牌、580多家店铺主营女装。③

依托于腾讯QQ超过7.417亿的庞大用户群以及3亿活跃用户的优势资源，可以看出QQ商城具备良好的发展基础。④每个QQ用户都会浏览到在腾讯平台上播放的广告。2011年，QQ商城的日浏览量在1578万人次左右。⑤根据中国互联网咨询公司2011年出版的中国在线购物平台报告显示，当调查消费者经常使用哪家在线购物平台时，5.8%的被调查者提到了QQ商城。⑥

为了转移到QQ商城，Karz需要满足一定的进驻要求并交纳和进驻天猫一样的保证金（见上文表2-2）。QQ商城作为网店店家和第三方服务提供者的中间人，不停地努力给电子商家带来更好的服务。除了基本的操作功能，QQ商城还提供了

---

① "淘宝给旺铺投资4亿元人民币"，Tech.sina.com.cn，2010年2月21日，http://tech.sina.com.cn/i/2010-02-21/17143867371.shtml，于2015年3月31被案例作者引用。
② "网上购物发展报告发布：淘宝服装市场的营业额达50亿元人民币"，rmzxb.com.cn，2011年11月4日，www.rmzxb.com.cn/jrmzxbwsj/kj/itdt/2011/11/04/240279.shtml，案例作者于2015年3月21日访问。
③ QQ商城的数据是由案例作者在2011年收集的。
④ "腾讯拍拍"，ITfeedz，www.itfeed.com/site/18.html，案例作者于2015年3月20日访问。
⑤ "淘宝1—11月份中国B2C上衣市场"，Chinaknowledge.com，www.chinaknowledge.com/newswires/NewsDetail.aspx?type=1&NewsID=46622，案例作者于2015年7月23日访问。
⑥ "中国互联网咨询公司发布2011年中国网上购物者报告"，Tech.sina.com.cn，http://tech.sina.com.cn/z/2011consumer/，案例作者于2015年7月23日访问。

大约30种关于店铺的基础设施、出厂物流、市场推广和销售，还有客户服务管理的工具。除此之外，QQ商城还计划在2011年12月时启动拍拍开放平台，帮助第三方开发者来设计和改进他们自己的软件（表2-4）。

表2-4 QQ商城平台的工具和服务

价值链模型因素	组成因素	工具数量	服务 有效性	服务 成本
支持活动	企业基础建设	综合管理	4		
		全面管理		√	□
		战略规划		√	□
	人力资源管理	招聘			
		培训		√	○
		发展	2		
	研究开发	研究与开发		√	
		产品及工艺改进		√	
	采购	原材料采购			
		供应商			
		机器采购		√	
主要活动	出库物流	仓储			
		产成品分配	5		
	营销与销售	广告	5	√	□(公开前需要批准)
		促销	13		
		定价			
		渠道关系			
	服务	送修服务		√	○

○免费　□付费

注　所有工具为客户提供两个选择：支付特定费用或免费使用一些基本功能。

来源：案例作者制作。

从陈先生的角度来看，QQ商城对于电子商务卖家充满了吸引力，尤其是当用户登录 QQ 和在线时会收到自动弹出的广告窗口。

2011 年 10 月 13 日，天猫刚刚发布新政策之后，QQ 商城就抓住机会发布了它 2012 年合作伙伴招募计划，并且保证在 2012 年前为已注册的商家提供更有价值的市场资源。除此之外，QQ 商城将加速审批新加盟的商家。QQ 商城还将根据店家的销售情况和服务情况，为他们发放奖金。QQ 商城还将研发更多的关于货物、订单和库存的管理工具，并且使这些工具可以在不同平台上进行操作。[①]

▶ 亚马逊中国

亚马逊中国也是一个很好的选择。亚马逊中国起源于卓越网，卓越网创立于 1998 年，是一个提供 IT 信息和软件下载服务的网站，并于 2000 年转型成为 B2C 电子商务网站。2004 年，亚马逊买下了卓越网并改名为亚马逊中国。亚马逊中国逐渐成为最大的在线商店，2011 年平均每月的访问量达到 2981 万人次。[②] 根据中国咨询公司发布的 2011 年中国在线购物报告显示，19.2% 的受访者提到了亚马逊中国。[③]2011 年 7 月，亚马逊进入中国。由于亚马逊的成功，使其吸引了许多国际品牌。2011 年，亚马逊中国有 102 家商店[④]销售女装。许多中国的潜在卖家都希望在亚马逊这个全球化的平台上销售自己的产品。中国买家也希望在亚马逊中国上买到高质量的海外产品。

与天猫相似，亚马逊中国保证在他们网站上销售的所有产品都是正品。任何在亚马逊上开网店的商家都需要提供关于正品保障的相关文件。亚马逊中国和天猫的不同点在于，在亚马逊中国上的所有商家在销售产品时都需要提供发票，并且他们只有两种物流方式：一种是由第三方物流公司提供的；另一种是由亚马逊中国公司自己配送的并且需要店家支付物流费用和仓储费。亚马逊中国不需要支付任何保证金或者年费（见上文表 2-2）。

亚马逊中国为电子商务提供了许多有用的功能，如上传商品信息的界面、管理仓库和分发货物（表 2-5）。亚马逊中国希望给予卖家一种简捷的用户体验。亚

[①] "腾讯吸引投资和提供价值几百万的市场资源"，腾讯技术，2011 年 10 月 14 日，http://tech.qq.com/a/20111014/000219.htm，案例作者于 2015 年 5 月 30 日访问。

[②] "淘宝 1—11 月份中国 B2C 上衣市场"，Chinaknowledge.com，www.chinaknowledge.com/newswires/NewsDetail.aspx?type=1&NewsID=46322，案例作者于 2015 年 7 月 23 日访问。

[③] "中国互联网咨询公司发布 2011 年中国网上购物者报告"，Tech.sina.com.cn，http://tech.sina.com.cn/z/2011consumer/，案例作者于 2015 年 7 月 23 日访问。

[④] 亚马逊的数据是由案例作者自己收集的。

马逊中国也为小店铺或者品牌提供免费的市场宣传活动。

表2-5 亚马逊中国平台的工具和服务

价值链模型因素	组成因素	工具数量	服务	
			有效性	成本
支持活动	企业基础设施	综合管理		
		全面管理		
		战略规划		
	人力资源管理	招聘		
		培训	√	○
		发展		
	研究开发	研究与开发		
		产品及工艺改进		
	采购	原材料采购		
		供应商		
		机器采购		
主要活动	出库物流	仓储	√	□
		产成品分配	√	□
	营销与销售	广告	√	○
		促销	√	○
		定价	√	○/□
		渠道关系		
	服务	送修服务		

○免费 □付费

注 所有工具为客户提供两个选择：支付特定费用或免费使用一些基本功能。

来源：案例作者制作。

亚马逊中国全球的核心竞争力是国际物流，并且亚马逊在这一点上也表现得很好。亚马逊天津运营中心配备条码扫描系统，通过使用这一系统，从接受订单到发货只需要 2 个小时。①

2011 年 10 月 27 日，亚马逊在中国最大的网络服务商同时也是中国 B2C 领域最具规模的昆山运营中心开始投入使用。之后，亚马逊又在中国开拓了 10 个地区运维中心，总覆盖范围有 40 万平方米。②

陈先生有一些他自己的担心，他指出：亚马逊中国与淘宝和 QQ 商城有本质上的区别：亚马逊中国聚集了国内外著名品牌，这使得亚马逊中国就像一个百货公司。而淘宝和 QQ 商城更像一个大规模超级市场。亚马逊中国将这些品牌店铺进行整合，使他们从战略上和运营上成为公司的一部分。像 Karz 这样的小公司，在这样国际化的电商平台上很难占有一席之地。

选择哪个电商平台？

像上述所说的那样，每个电商平台都有自己的优势吸引着 Karz 的管理团队，但同时，这些平台也有一些缺点困扰着 Karz 的管理团队。对于 Karz 这样一个在 B2C 电商平台上典型的中小企业的例子，天猫的新政策对它来说是一个挑战。随着截止日期的到来，Karz 的管理团队需要尽快作出一个决定。

案例习题

1. 从网上商店的价值链来看，天猫参与了哪种活动？
2. 就天猫所提供的服务而言，哪一种服务对 Karz 来说最重要？天猫所提供的服务有效吗？
3. 天猫的新政策给 Karz 带来哪些挑战？
4. 除了天猫之外，其它电子商务平台能提供哪些服务？你是如何比较不同平台所提供服务的差异化？

---

① "亚马逊天津运营中心：从下订单到发货只需 2 个小时"，enorth.com.cn，2012 年 5 月 17 日，http://news.enorth.com.cn/system/2012/05/17/009242125.shtml。

② "亚马逊昆山研发中心"，华侨国际商务城，http://english.hqcbd.com/2011-11/18/content_14121416.htm。

5. 你认为Karz如何选择合适的电子商务平台？
6. 如果你是Karz的经理，你会把Karz的业务转移到其它平台吗？

附录　Karz的管理团队

姓名	职责	工作类型
陈先生（Eric）	网上商店的管理和运作	兼职
刘先生（Wilson）	供应商管理及行政	全职
黄小姐（Becky）	供应商管理与协调业务发展	全职

陈先生（Eric）是深圳市亚美胜电子商务有限公司的创始人之一。在创办亚美胜公司之前，陈先生有过几年经营消费网站公司的经验。陈先生在Karz的主要职责是对商店在线的维护。例如，他负责选择最合适的信息技术服务或软件来处理日益增长的订单和决定是单独开发还是从现成的软件包里购买这项服务。他负责简化Karz的所有在线操作流程。

刘先生（Wilson）是亚美胜公司的另一个创始人。他的职责是供应商管理及行政，如协调已有的供应商，寻找新的合作伙伴。刘先生也负责公司管理。

黄小姐（Becky）是亚美胜公司的第三个创始人。她的主要职责和刘先生的职责一样。在加入这个团队之前，黄小姐从事的行业是旅游产业。她也有过管理淘宝网上店铺的经验。

案例三

百丽婚纱公司的危机

2014年2月7日，中国新年春节假期之后的第一个工作日，百丽婚纱公司的创始人兼总经理菲奥纳李来到她在中国苏州的工厂，准备开始为新的一年做好安排。工厂非常安静，没看到一个工人，但是却积压着大量的订单，李感到很沮丧。春节期间是婚纱业务的旺季，但是工人们全都回家过节了，到现在还没回来工作，按照以往的经验，至少还要一个星期工人们才会回来。

外面的人们还在放烟花来庆祝春节，而室内的李却没有这种快乐的心情。过去两年在运作和管理公司的过程中遇到了很多艰难险阻，已经使她感到筋疲力尽。前三年中，生产成本在快速提高，而订单却大幅减少，订单减少的原因有很多，包括招工困难，劳动力成本提高，原材料价格上涨，人民币相对美元已经升值（见下页图）。与2012年相比，2013年的销售量减少了36%，而利润则减少了50%（表3-1），据估算，2014年的情况会更糟糕。如果这种状况不能改变，公司的情况就无法好转，李不知道自己的公司以及行业中类似他们的其他企业还能不能生存下去，现在的状况很令人沮丧。

---

* Zhu Jiqing教授和Lu Yun在Paul W. Beamish教授的督导下写这个案例，仅仅是为了给课堂讨论提供材料。本文的作者并无意揭示在特定管理情境中处理方式的有效与否。为保密起见，作者隐去了部分名称和其他识别信息。

未经版权所有者允许，本材料禁止传播、影印、数字化或其他任何方式的复制．本材料的复制不包括任何已授权的具有复制权的组织。如需订购副本或申请获得复制许可，请联系地址 Ivey Publishing, Ivey Business School, Western University, London, Ontario, Canada, N6G 0N1；phone: (519) 661-3208；(e): cases@ivey.ca；www.iveycases.com.

版权 @ 2015, Richard Ivey School of Business Foundation　版本：2015-11-27

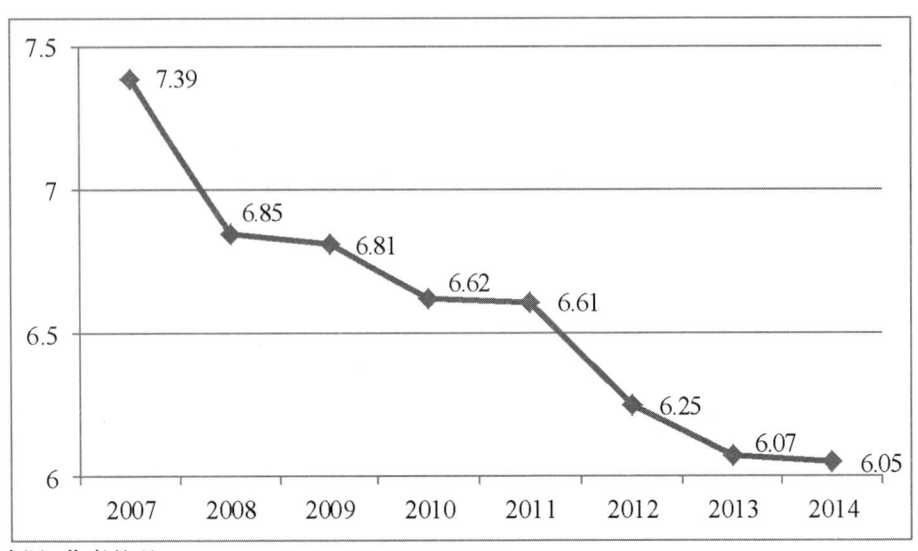

2007~2014年美元兑换人民币比率图

年份	2007	2008	2009	2010	2011	2012	2013	2014
比率	7.39	6.85	6.81	6.62	6.61	6.25	6.07	6.05

来源：作者整理。

表3-1　百丽婚纱公司的年销售量　　　　　　　　　　　　　　　单位：万元

年份（年）	2008（两个月）	2009	2010	2011	2012	2013	2014（一个月）
销量	9460	857760	1646700	2412000	1853280	1188000	89000

来源：公司资料。

公司历史

百丽婚纱公司成立于2008年10月，创始人是李和其他两个合伙人，李拥有公司67%的股份。公司位于江苏省苏州市的虎丘区，苏州地区囊括很多婚纱制造商的产业集群。百丽婚纱公司的业务主要包括婚纱礼服、裙子、新郎礼服、儿童婚礼服装和婚礼装饰品的设计、销售以及生产。百丽婚纱公司的产品出口到世界各地，公司主要的客户分布在美国、加拿大、欧洲和澳大利亚。

李是公司的主要创始人，她之前在一家公共服务机构工作。2007年，她被介绍给杰瑞·陈。杰瑞·陈是浙江人，在移民加拿大之后，他成为一名房产商，由于美国次贷危机的影响，陈的房地产生意惨淡。所以，他开始在业余时间在一个网站上在线售卖产品，包括婚礼礼服和裙子。陈负责在线推广、市场营销和出售，李负责在中国地区的生产，质量控制和物流。之后，陈换了工作，新工作让他平时都很忙，没有时间打理婚纱业务，订单大幅缩减，所以他于2008年退出了婚纱业务。

在与工厂和运输公司打交道的过程中，李慢慢了解到在线婚纱销售的业务模式，她决定放弃她现在的工作，从而在婚纱产业开始她自己的事业。因为她认识到国内和海外市场之间有很大的差价，存在很大的操作空间。外国的婚纱每件价格在几千美元，即便一件标价800元人民币[①]（美元不到200），在中国都有较高的利润。2008年10月，李创办了她自己的网上婚纱店，想要在两个月内开展起来。但是，因为她对于网络技术和网上营销不熟悉，她面临着两个选择，要么组织一个自己的技术团队，要么向外部供应商外包。自己组织一个技术团队要花很长时间，而且很难找到合适的技术人员。所以，她联系了一家擅长网站建设的公司，这家公司为她量身打造了一个在线营销平台，产品包括婚纱礼服、裙子、新郎礼服、花童礼服和婚礼装饰品，她的产品所使用的图片都来自外国网站，李解释说："传统的国外销售过程是这样的：首先，中国的工厂会生产出产品，然后通过销售公司卖给国外的进口商。就这样，产品最终以较高的价格售卖给消费者，而我们则打造了一个网站直接面对国外的消费者，将制造商与外国消费者直接联系起来，这就意味着利润只在制造商和我们之间分摊。"

开设工厂

由于李最初对在线促销和市场了解有限，事业初期进展得并不顺利，工厂每天只能接到几笔订单。

2008年，由于全球金融危机的到来，国际市场的需求急剧减小，传统运输企业的出口订单也严重缩减。尽管很多国际市场上消费者的购买力减少了，但仍然存在一定的需求。很多人在寻找价格更低的替代品，或者是花一些时间来寻找价值更好的更适合的产品。跨境在线商店则提供了这一群消费者所要寻找的替代品。

[①] 除非特别说明，本文出现所有的货币均为人民币计数。

与传统的对外贸易相比，跨境电商给消费者提供了一个巨大的信息数据库，更加定制化地满足客户的商业需求、客户的口碑评价以及多种多样的付款渠道。通过互联网，产品在中国制造出来之后直接被销售给零售商或者终端消费者。这种商业模式能显著地降低成本，提高效率，当传统的出口系统遇到困难时，这种新兴的电子商务模式则能抓住机会。

看到其他公司都业务红火，李有点着急。她去参观了一个朋友的公司，之后她认识到在线推广是她的弱项，为了增强公司在市场营销和市场推广方面的实力，她必须建立起自己的市场营销团队和技术团队。2008年年底，李聘用了一群网络技术专家，这些网络技术专家来自外部的网络公司，这群网络技术专家成了她在生意上的合作伙伴，专门负责公司的在线营销和市场推广。她将公司33%的股份转让给这些合作者，此外，为了扩大公司业务的覆盖面，百丽婚纱公司还丰富了公司产品的种类，同时在不同的销售网站进行运作，开发了使用不同语言的网站，来进行销售活动。在在线推广方面，百丽婚纱公司不仅关注于传统的谷歌搜索条，同时还将目标锁定在社交网站上，通过在推特、脸书等社交网站的社会媒体网络服务来提高品牌知名度。

由于对婚纱等婚庆用品的旺盛需求以及公司采取的有效在线推广，2009年年初，百丽婚纱公司在网上的订单数每天达到了30笔，而在2008年的时候，每天的订单数只有寥寥可数的两三笔，相比较有大幅增加。在不到半年内，公司每个月的营业额增加到了30万美元。李将她所有的订单外包给了一家叫欢乐时光的婚纱工厂，这家工厂规模相当小，只有十几个工人，这些工人都是亲戚关系，这家工厂每日的产量是10件裙子。因为相对于其他的婚纱工厂，欢乐时光工厂能够提供精细的、高质量的产品以及优质的服务，所以李几乎将她所有的订单都包给了这家工厂。除了李的订单，这家工厂还有其他三个客户，尽管工厂的生产能力比需要的要低，但是工厂仍然不打算扩大生产规模，因为他们害怕在需求淡季会没有订单给他们。

尽管工厂的生产规模远远低于需求，但是在2009年4月底，李还是给了欢乐时光工厂1000多笔订单。在这1000多笔订单中，有差不多500笔甚至无法进入到生产程序，因为工厂缺乏合格的生产员工。尽管已经被纳入生产计划之中，但是要裁剪一件婚纱至少需要七天，然后还需要大约五天的时间来物流运输。对于李来说，这就存在一个问题，因为外国的客户经常在婚礼日期临近才预定婚纱，他们不断催促物流，有些人甚至开始抱怨。另一个问题是工厂的生产规模有限，李试着想联系一些其他的婚纱工厂，但是这些工厂大部分都积压着大量的订单，而且他们的产品的质量和服务甚至比欢乐时光工厂的还要差。面对大量的订单，李每天要去欢乐时光工厂好几次催促工厂加快生产进程。有时候，她甚至需要一整天都待在工厂里面，不拿到她预定的衣服她就不肯离开，欢乐时光工厂的其他客户也会这样做，时刻监督着工厂的生产进程。2009年五一前一周，几家负责处理李的订单的工厂已经好几天连续工作，李计划是发出100多件产品，她想的是这样能够减轻订单的压力，让她在假期能够轻松一点点。但是，令她吃惊的是，在五一假期之后，客户投诉以及退货退款一个接一个来了。有些客户抱怨产品的质量问题，而其他的客户则是因为婚纱到得太晚，没有赶上婚礼，五一假期前的退货和退款率达到了40%。

面临着积压的几百件订单和高比率的退款，李认识到目前最大的问题是供应链的问题，如果她不能有自己的工厂，她就没有能力准时发货，就不能在原材料、工艺和质量方面满足客户的需求。即使这些工厂尽可能按时发出了产品，但是产品的质量却有问题，导致大量的投诉和退款。因此，2009年8月，李决定投资一家自己的工厂，工厂的位置就在苏州的虎丘区，李接管了一家工厂，购买了8台缝纫机器和其他一些设备，雇用了16名工人，投资金额大约是12万元人民币（大约为17600美元）。

产业特征

苏州是中国东部长江三角洲地区的主要城市之一。2014年年初，苏州市在册的人口数大约为650万，除此之外，还有300万外来打工者。苏州以其丝绸产品闻名，因为当地居民养蚕，苏州也被称为"丝绸之都"。苏州的虎丘区是婚纱供应商聚集的主要地区之一，这里的供应商占据着全国婚纱生产市场的70%的份额，经过30年的发展，虎丘区的婚纱市场拥有了超过2000家制造商和奥特莱斯。发展之初，这里只生产婚纱，但是后来逐渐开始出售多种多样的产品，比如旗袍（中国传统服饰）、晚礼服、头巾以及装饰品，几乎每家店都有自己的设计、裁剪和生产方面的专家和工厂。相关的产业比如说婚礼设备、婚礼摄影棚供应、婚纱材料和婚礼装饰品等也都聚集在这里，尽管虎丘区的婚纱产业在中国享有盛誉，但是它出名的主要是一些低端、低价的产品。

在虎丘区只有不到十家高端的婚纱店有自己的品牌，大部分的婚纱店都只是很小的工作坊，产品的质量和管理水平都比较低，所有这些小工厂都聚集在虎丘塔的周边。

婚纱制造行业是一个传统的、劳动力密集型的产业，像衣样制作、裁剪、缝纫和上色刺绣等程序几乎都是手工完成。在中国，多年以来廉价劳动力一直是一个很大的竞争优势，所以产品在国际市场中竞争力都很强，婚纱和其他类型的服装能达到40%的利润率，所以这些产品在出口方面也很有竞争力。根据一个"婚礼报道"的数据统计，在2011年，美国一件婚纱的平均价格是1166美元，而同一时期，苏州生产的一件婚纱通过线上商店在国际市场上出售的价格只有200~300美元，这样的价格对于外国的客户来说很有吸引力。

最近时期，很多新的付款方式也开始使用，包括第三方支付等，这样一来，国外的客户就能用本地的信用卡在网上进行支付，同时，跨境运输和物流也能有效地进入中国市场，国际物流公司有DHL、FedEx等。因此，跨境电商开始涌入婚纱市场，在虎丘附近聚集着很多外贸电商，他们大部分都比较低调，他们的年收入一般是100万~200万美元。通常，一家跨境电商会按照这样的程序进行贸易：首先，他们会将产品的特征、价格和图片上传到网站上，当接到来自海外的订单时，这些销售商就开始制造，一旦制造过程完成，物流公司就会接收产品运送到客户手上。运输过程大约需要五天，产品的图片一般是复制于外国品牌。客户如果能提供图片和大小就能根据自己的体型和颜色来量身定做服装，所以整个过程不需要最小订单数量。

生产成本的提高

全球金融危机不仅带来了更多的在线订单，还使美元贬值，人民币升值导致出口成本提高，削弱了中国出口产品在国际市场上的竞争力，生产低端产品的中小型公司受到严重的威胁。2011年年末，李开始感受到来自工厂运作方面的压力，即使是在需求旺季，工厂全线生产的情况下，公司的利润率相对前几年仍然在急剧下降，原因很多，包括劳动力短缺、劳动力成本上升、原材料价格过高、人民币升值压力等。工厂徘徊在盈利和亏损的边缘，在工厂2009年成立的时候，一名经验丰富的缝纫机工人每个月的价格是2500~3000元，手工工人的价格是1500~2000元人民币。此外，工厂也能在需要的时候从其他的渠道得到稳定的额外劳动力，但是，到2014年，需求旺季的时候，一个缝纫机工人的价格从基本的每月6000元上升到了每个月10000~12000元（表3-2）。

表3-2 婚纱产业熟练工人的平均工资比较　　　　　　　　　　　　　　单位：元／月

地区＼年份（年）	2008	2009	2010	2011	2012	2013
苏州	2500	3000	3800	4500	5000	6000
郑州	2000	2200	2500	2800	3000	3500
合肥	2000	2200	2400	2600	3000	3500

来源：公司估计。

随着中国中西部地区的经济不断加速发展，很多劳动密集型产业的工作，包括服装产业工作机会，都开始向这些地区转移。很多劳动者在毗邻的地区找工作，所以愿意从事服装制造工作的人越来越少。由于中国地区发展不平衡，中国东部地区发展程度高，但是中西部的农村地区仍然很贫穷，很多外来打工者都来自中西部地区，他们来到东部地区找工作，几乎一整年他们都在东部地区工作，通常只在春节假期才回到中西部地区的家乡。对于这个产业而言要快速地生产高质量产品的压力是很大的，很多年轻人不到万不得已是不愿意从事这行的，很多工人也搬离了大城市，因为在大城市的生活消费成本急剧上升了。在婚纱需求的旺季，尤其是在春节期间，由于很难雇用到工人，婚纱工厂面临着一个大难题：订单太多却没有工人，即使有一些人愿意在假期继续工作，他们期待能得到远远高于平时的工资，通常如果在假期继续工作，他们的工资将是平常的三倍。

为了缓解这个问题，尽管春节假期要在2014年2月7日才结束，但是所有的婚纱工厂都早就开始雇用更多的工人。尽管有一部分工人马上要返回工作，但是一般要到正月十五左右工厂才能恢复正常的生产。

然而，劳动力短缺还不是婚纱工厂面临的唯一问题，婚纱工厂的工人一般年纪都挺大，有自己的家庭，希望能兼顾工作与生活。在工作繁忙的时期，年纪较大的工人通常不太愿意连续工作。尽管如此，劳动力市场的供需不平衡情况仍然导致外来劳动力的价格持续上涨，在就业的过程中，薪水是最关键的因素。虎丘区就业信息委员会对薪水的数据统计是：操作缝纫机器的工人月收入大概是6000~8000元人民币（最低工资加上分红），裁剪工人工资大概为6000~7000元人民币。衣样设计师工资为6000~8000元人民币，技术含量较低的工人平均工资为每个月5000元人民币。但是，很多工厂主仍然抱怨越来越难找到稳定的劳动力。一旦感到不满意，工人就有可能换一份工作，因为很容易就能找到另一份工作。为了不耽误交货，工厂主可能就会对工人发火，过去，很容易就能使工人们加班工作，但是现在，工人们如果不愿意就可能不干。

工厂运营的难题

由于招工，劳动力价格高，管理困难等原因，李感到筋疲力尽。尽管春节假期才刚刚结束，但是李早已经开始她的招聘工人计划了，在虎丘区的大街小巷张贴招聘工人的海报。但不幸的是，高价的工资仍然没有吸引很多应聘者，工厂主们都希望找到愿意早点回来工作的工人，有的甚至在虎丘区的繁华的街道上摆起了招聘的桌子，然而，大部分工人都没有轻易地出卖自己的劳动力。

李陷入了困境，一方面，运营一家工厂的成本很高，即使是在旺季，工厂全面工作的时候，生产的利润也很低，但是在淡季的时候她又不能随便开除工人，因为这样做的话就会在下一年的旺季难以招聘到工人，虎丘区地方不大，如果她对工人待遇不好，消息会传得很快。另一方面，如果李关闭工厂，将产品生产部分外包出去，只集中精力在线上销售上，她又担心在旺季产品生产不及时以及产品的质量问题，因为她仍然对去年的投诉和退货事件心有余悸。李尤其关注产品的质量，她对工人们说，一场婚礼是一个女人人生中最重要的场合之一，所以新娘有权利穿上最美丽的婚纱。

李担心的另一个问题是侵犯版权的问题，她的网上婚纱店上所有的图片都是复制于国外有名的设计师网站。从2012年开始，很多国外有名的设计师都为保护自己的设计版权作出了努力，美国最大的婚纱连锁店起诉了中国很多婚纱网站，结果，这些被投诉的网站很多都被迫关闭了。李自己也一直受到过很多国外婚纱设计师的投诉，要求她停止在网站上使用他们的图片，她之前使用的20多个盈利情况较好的网站很多都被迫关闭了。在多数情况下，李在一个公司名称被关闭之后就重新使用另一个公司名来运作。更糟糕的是，一个第三方支付工具PayPal永久地关闭了她的账户，这就意味着她无法提取账户中的50万美元现金。

为了避免法律程序，李想过要建立自己的品牌，建立自己的设计师团队来设计服装，雇用自己的模特来拍产品图上传到网站上。但是，在简单计算过后，她意识到如果她这样做的话，每件产品的成本将会是180元人民币。从设计到衣样再到图片，而且这还不包括衣样本身的成本，一个网站需要大约2000件产品，意味着如果按照这种方式来建设网站将需要36万元人民币，这已经超出了李的承受范围。这个产业中一些大一点的公司和更富有的企业家确实会在产品设计和产品拍摄方面进行投资，但是事实证明相对于从国外品牌复制图片，这样做只会导致销售量更低。

李还想过将她的工厂迁往中国内陆，比如安徽省的合肥或者河南省的郑州，因为这些地区劳动力价格低，生产成本也就相对较低。但是，在这些地区，婚纱相关产业又不成熟，与一般的服装不同，婚纱是一种特殊服装，婚纱产品的购买率不会很高，所以不能进行批量生产，而是需要按照不同的风格、设计和大小来量身定做。至于织物、蕾丝、钻石等装饰品也只能低产量高频率地进行生产，与苏州虎丘区不同，河南省和安徽省没有成熟的婚纱产业集群，对原材料的购买造成了很大的困难。

李不知道该怎么解决这些问题，这几天工人们将陆续返工，她需要尽快地作出决策。

案例习题

1. Bally的商业模式与传统外贸企业的商业模式有何不同？为什么Bally在经营的最初几年里会迅速发展？

2. Bally面临的危机是什么？它是怎么发生的？

3. Bally如何应对这样的挑战，从而来解决这场危机呢？每一种可能选择的优点和缺点是什么？Bally应该做些什么呢？

4. 在2009年，菲奥娜·李决定购买这家工厂，这是一个垂直整合的例子。她应该纠正她当初的决定吗？

案例四

成长中的十棵树（Tentree）：
社会企业，社会化媒体和环境可持续发展

引言

2014年1月，十棵树（Tentree，TT）的Facebook页面[①]上展示了精心设计的社交内容，旨在授权个人创造社会的和环境的变化。成千上万个"赞"证明了Facebook用户在线社区页面访问量的持续增长。更重要的是，由于在Facebook平台上"赞"、评论和转载的虚拟属性，不断有好奇的访客频繁来访，一部分人会最终点击进入TT网站主页[②]的链接来了解公司的更多信息。网页经过设计，让用户能够快速并且清楚地理解TT的社会使命和公司通过"为卖出的每样产品种下十棵树"的承诺所创造的社会影响。用户之后可以决定通过购买TT公司众多"酷且有爱心"的产品中的一个来支持他们的事业。很多拥护者都是这么做的。他们的购买行为也有力地证明了TT公司"社会使命第一"的商业模式在持续增长的有爱心的消费者市场中创造了价值。

---

* 彼得·摩罗茨（Peter Moroz）、西蒙 C. 派克（Simon C.Parker）和罗伯特·甘步尔（Robert Gamble）教授们写这个案例，仅仅是为了给课堂讨论提供材料。本文的作者们并非意在揭示在特定管理情境中处理方式的有效与否。为保密起见，作者隐去了部分名称和其他识别信息。

未经版权所有者允许，本材料禁止传播、影印、数字化或其他任何方式的复制，如需订购副本或申请获得复制许可，请联系：Ivey Publishing, Ivey Business School, Western University, London, Ontario, Canada, N6A 3K7；phone(519)661-3208；(e)：cases@ivey.ca 或 www.iveycases.com。

版权 @ 2014, Richard Ivey School of Business Foundation　　版本：2014-04-02

① Tentree 的 Facebook 主页，www.facebook.com/tentree，案例作者于2014年3月11日访问。
② Tentree 主页，www.tentree.com/，案例作者于2014年3月11日访问。

自 2011 年中期全面启动以来，公司已经完成了两年的高速增长，出售符合环保趋势的"良心"服装品牌。然而，TT 并不是一个服装或者时尚公司——而是一个植树公司。公司的主要目标是在世界上能创造出最大的环境和社会影响的地方尽可能多地种树。对于成立这家公司的两位年轻企业家 Dave Luba 和 Kalen Emsley 来说，TT 代表了他们所能想到的有所作为的最佳方式，让人们走到户外并且保护环境。这种态度渗透到他们所做的每一件事情中，也是这个公司在社交媒体上日益受欢迎的驱动力。TT 的 Facebook 主页吸引到看法相似的人们来互动，发布图片，分享评论，最重要的是，跳转到 TT 的网站去购买他们的 T 恤、套头衫和毛衣。

尽管 TT 在线上有很高的曝光率，它还渗透到加拿大的各服装零售店中。这样的成长固然令人欢迎，但很快带来了一系列新的挑战。TT 的企业家们需要在与需求保持同步、进入美国可能还有澳大利亚①和欧洲市场，尽可能多种树以及保持他们的环保哲学等方面做出一些艰难的决定。他们的决定包括是否继续在北美保持有限的生产和纯粹的北美品牌，抑或为了更高的产量和更低的价格而冒着牺牲品牌的风险将生产外包。他们的顾虑还包括是否应扩大规模（容易给人以"商人"形象）还是应保护以及建立他们作为社会企业的名誉。TT 是时候决定它的关键成功要素并以之指导公司制定最能够定位于持续增长的战略了。

从树到 T 恤

企业的构思过程产生于创始人 Dave Luba 和 Kalen Emsley 于 2011 年 5 月在夏威夷瓦胡岛的时候。Luba 当时完成了一个里贾纳大学和夏威夷大学之间的学生交换项目，在 Facebook 上发布了一些岛上的照片。一位橄榄球友 Emsley 被夏威夷的美丽所吸引，发消息给 Luba，表达出他有多么喜欢这些照片，并想体验一下夏威夷的美丽。在 Facebook 上聊了一会儿后，Luba 邀请 Emsley 到岛上与他的一群朋

---

① 一时兴起，TT 已经在澳大利亚市场开设了网上销售。在很短的时间里，它已经获得了数个订单，所有这些都伴随着巨大的运输成本，这是他们事先没有考虑到的。这种情况促使他们紧急从澳大利亚退出，这项尝试也很快停止。

友们一起欣赏美景。Emsley 接受了邀请，四个小时之后上了飞机。

当他们在风景如画的山区小道上远足时，Luba 和 Emsley 边走边议论起应如何鼓励他人走到户外并保护环境的可持续、有意义的方式。他们通过谈论流行的品牌来打发时间，比如露露柠檬运动服饰和汤姆布鞋[①]。Luba 和 Emsley 钦佩汤姆布鞋对存在其商业模式中的社会事业和商业的结合，并设想做以环保为重点的商业。他们很快想出了将 T 恤与树结合在一起的想法。在想出一些名称和最初的商标设计后，他们备受鼓舞，充满活力，成竹在胸，收拾行李回到了加拿大。

回到加拿大之后，Luba 和 Emsley 迅速开始将商业构想落地实施。2011 年 9 月，两位企业家决定寻找当地的印刷商来生产 100 件带有最初设计的 TT 商标的 T 恤。他们同意如果 T 恤卖不出去，可以退货。Luba 善于与人打交道，并且是个销售天才。Emsley 最近刚从毅伟商学院（Ivey）毕业，之前在林木行业工作过，他了解种植 10 棵树要花多少钱。这部分成本成为为 T 恤定价的基础，并留出一部分可盈利的空间来维持社会使命方面的再投资。他们使用 Facebook 在他们的朋友网络中促销新产品，他们的 T 恤很快大卖。

通过这简单市场测试之后，Luba 和 Emsley 开始着手建立团队来帮助他们创办这个企业。Emsley 的兄弟 Derrick 也是毅伟商学院的毕业生，很快也被招募过来处理财务。他们的表兄弟 Stephen Emsley，一位谷歌认证的技术员和互联网营销专家，被招募过来重新设计网站。他们还招募了朋友 Lucas Howlett 来从事设计。整个团队由五名年龄在 23 岁以下的成员组成。他们的第一项任务就是寻找符合良心企业标准、对环境友好的美国供应商来为他们生产更多的 T 恤。第二项任务是制作网站的商业功能，并将其与他们的 Facebook 主页整合在一起。2011 年 11 月，TT 开始在新的网站上销售 T 恤。平均每周销售额为 300 加元[②]，Luba 和 Emsley 很快意识到他们需要找到一种方法来让人们知道他们是谁。几个本地零售商店很快同意经销他们的产品。

[①] 汤姆布鞋的商业模式是基于消费者每购买一双鞋，公司就捐献一双鞋给有需要的孩子。公司还基于相似的主张出售时尚太阳镜。

[②] 除非特别说明，所有货币金额都用加拿大元表示。

案例四 成长中的十棵树（Tentree）：社会企业，社会化媒体和环境可持续发展

服装行业

Luba 和 Emsley 不得不从头开始快速学习和了解服装行业。服装是一个高度竞争和动态变化的行业，已经在过去的十年里经历了巨大的变化。服装企业的成败取决于他们处理以下事情的能力：（1）对消费者偏好变化做出快速响应；（2）在低成本上进行竞争（通常基于外包给发展中国家）；（3）发展强势品牌认知；（4）在设计、面料和功能上进行创新。他们通过创造性的设计、新时尚趋势的创新、利基市场或现有服务未达标下的客户群体的识别、与社会形象的强烈联系能够建立差异化优势。由于服装行业的多样性，量大利薄和量少利厚的竞争优势可以在一系列大众和专业化市场并存。

在生产方面，向孟加拉国和中国等新兴经济体外包，将最终产品以 1 加元的低价出售给大零售商，使得北美生产商不得不将他们的一些服装制造过程外包出去以应对价格竞争[1]。更昂贵的是，北美制造的价格从 70 加元到 125 加元不等的外衣，被冠以高端品牌。为了生存，这些公司需要在日益细分的利基市场进行销售。北美服装行业的一些主要事实包括以下几点：

◆ 2004~2008 年，加拿大服装进口经历了持续增长。中国代表了进口增长的主要来源。在此期间，在中国的采购量从 20 亿加元增长到 42 亿加元。与此同时，加拿大失去了向美国出口的份额，从 2004 年的 2.2% 下降到 2008 年的 1%。

◆ 加拿大和美国在对产品定价日益敏感的市场进口渗透率上经历了显著的"挤出"效应。服装生产企业的整体数量在过去的十年内下降了，存活下来的企业积极探索并采用新设计的策略来利用影响力日益增加的全球价值链进行范式转移[2]。

在零售方面，趋势显示了，大规模整合导致全球市场上大而强的服装企业集

---

[1] 对采购订单的审查表明，西班牙连锁品牌 Mango 每年为孟加拉国工厂生产一件贴牌 T 恤支付 4.45 美元，然后在英国以 40~46 美元的价格出售。孟加拉国服装行业最低技能水平的工人的最低工资是 38 加元一个月。Sarah Morris，《在孟加拉国的瓦砾间，利润的价格》，路透社，2013 年 5 月 14 日，www.reuters.com/article/2013/05/14/us-bangladesh-collapse-prices-idUSBRE94D0EE20130514，案例作者于 2013 年 6 月 14 日访问。

[2] 服装产业概览，加拿大产业：www.ic.gc.ca/eic/site/026.nsf/eng/h_00070.html，案例作者于 2013 年 6 月 22 日访问。

中度高,参与到以下活动中:

◆ 扩大其全球采购能力,因此越来越多地直接向海外工厂采购产品,将北美服装供应商从供应链上去除。

◆ 建立全球品牌,这经常不包括北美服装供应商。

◆ 发展他们的自有品牌产品线而不是供应商控制的品牌,因此减少供应商的利润率以及供应商对零售商和消费者的重要性。

◆ 向小型服装企业施加了巨大的价格和绩效压力。

◆ 在零售市场空间的强制整合和垂直整合(例如,许多零售连锁店由规模较大的公司所控制)。

◆ 零售商拒绝承担库存风险和需求,相反,生产周期较短的制造商订货提前期较短,定制化服务更好,质量更高。

◆ 向供应商征收越来越多的扣款,不论未售出的商品是否退回供应商,都要求供应商支付一定比例的款项。

◆ 零售商和生产商/分销商之间的广告费用的分担(即联合广告)和其他折扣(如数量折扣或新店开张折扣)的谈判。

这些压力导致直观的结果,是中等规模的零售商采用了许多大型零售商实施的降价行为,而高度专业化服装公司利用更高价位的高端产品来获取市场份额。最近零售业的趋势是向快时尚发展(即时尚产品绕过了典型的一年两季的订货)给众多服装企业施加了巨大的压力,迫使企业越来越关注利润和降低成本。与此同时,抵制"血汗工厂"服装的趋势迫使许多零售商对他们的供应链施加严格的措施。这种趋势已经为热衷于获取主张可持续发展和环保的消费者的新公司开辟了一个细分市场。

十棵树的学习曲线

2012年1月,一位新的零售合作伙伴告诉TT团队当年春季将有展会,认定展会将带来一定的额外曝光度,TT勉强凑足了3000加元注册费(这对当时的公司来说是一大笔钱)并开始了进入服装供应链的努力。幸运的是,在到达展会之前，他们得知行业标准做法是使用木衣架，因此他们丢弃了塑料衣架，以避免尴尬。很快他们还吸取了其他的经验教训。例如，TT 基本的 10 英尺 × 10 英尺的展位与 Billabong 的展位相邻，Billabong 的展位是一个巨大的奇观，包括娱乐、剪绒地毯、食品、饮料、模特和令人印象深刻的公司商标的展示。相比之下，TT 的展示几乎没有这些亮点。此外，TT 团队很快就意识到了服装每年两季的循环。展会上的其他公司展示的都是长袖衣服、夹克和冬季装备，而 TT 带来的是紧身短背心装，并试图提前一个半月销售。他们后来发现，零售商下的订单是 4~6 个月后需要交付的，给供应商提供充足的时间来有效建立起生产运转。

TT 团队不断学习，最终明白了什么时候该销售，什么时候该交付，什么时候应该停止预定。对于展会的众多公司来说，显而易见，TT 的背景是在林业而不是服装行业。明知山有虎，偏向虎山行，团队泰然地面对缺点，坚持不懈地努力。最终，他们获得了一位被他们的信息和产品打动的零售商的订单，尽管团队为了节约成本，自己穿着衣服做展示，而不是雇用吸引人的模特。

团队还开始在市场销售方面加速。Luba 和 Emsley 做了大部分的早期销售，但很快意识到差旅成本过高，管理一个初创企业需要他们将注意力集中在更重要的任务上。TT 采纳了他们会展联系人的建议，在全国不同地区雇用了销售代表。为了尽可能多卖出产品，TT 设立了一个雄心勃勃的目标，到 2012 年夏天，要进入 100 家商店。产品目录被送到销售代表手中，他们可以向所在区域内的小零售商销售 4~8 周的时间。不幸的是，这个过程导致 TT 的订单生产变得规模更小，因此，更加昂贵。

在缺乏其他控制措施的情况下要进入 100 家零售商店的目标对于无差别的销售代表来说是有问题的。结果是 TT 的产品通过次优的销售渠道流动。举例来说，产品经常被摆放在不适合 TT 形象或者品牌的零售商店[①]。一些商店由于延迟付款或者下订单后跑路了而变得臭名昭著，因此 TT 产品很难预测其现金流。新的销售代表被很快地召集过来。

TT 团队还开始了解消费者行为：举例来说，纸标签的等级、重量等微小的细节往往与产品的质量相联系，因此 TT 转而使用厚一些的标签。团队还开始注意到

---

① 例如修鞋店。

服装行业的整体趋势，比如"极限冲浪（action surf）"①市场的式微。这种观察让他们注意到不应过度细分他们的品牌形象去适应一个特定的利基市场，而是应深化他们的品牌内涵。

关于供应链，TT团队很快认识到为零售和在线销售使用统一的仓库分销系统的价值，结果使公司采用了更精确匹配需求的整合方式来进行供货。之前，一次在线购买行为就会产生一份订单从美国运输到加拿大，代价相对昂贵。团队及时发现用一辆拖车跨越边境，并腾出仓库空间，有利可图来装运小型的在线销售订单和较大规模的大件运输所带来的价值。这些"进化的"信息系统和控制系统给公司带来更多的灵活性并且降低了与新产品线相关的风险。他们很快能够预测每个季节的产品需求，运转需要的产品的数量，销售得更快和更慢的产品，以及需要持有的现金的数量和时间。到2012年夏季，TT团队工作更加高效，降低了成本并围绕新产品线开展设计活动。这一场恶战取得了早期胜利，很快带来一系列新的机遇。

环保和社会事业

通过为售出的每件商品种10棵树，TT的双重目标是激发消费者用一种有良心的方式购买，并且鼓励人们享受和欣赏户外。后一个目标与一个著名的非营利组织加拿大野生动物协会（CWF）产生了共鸣②。加拿大野生动物协会在寻找向年轻受众传递信息的机会，他们认识到TT有办法达成这个目标。2012年6月，加拿大野生动物协会就促进双方信息互补向TT提出建议。双方的合作仿佛天作之合，因为加拿大野生动物保护协会的使命代表着与宣传、鼓舞和教育一系列保护野生动物和环境行为相似的价值。加拿大野生动物协会想要向以TT的顾客为代表的更年轻的受众营销自己；而TT则因与加拿大野生动物协会等相关组织合作而获得的合法性。对这两个组织来说，互惠的机会如此诱人，双方于2012年7月签署了一项协议。

---

① 举例来说，Billabong，Quicksilver和O'Neill。
② 参见加拿大野生动物协会网站，www.cwf-fcf.org/en/，了解协会的授权概况。

另一个与 WeForest（WF）的合作机会[1]是通过网络联系推进的。WF 的工作是在国际范围内通过热门的森林培育学（silvaculture）项目（例如，通过植树）来重塑环境。通过和 WF 一起合作，TT 能够参与到一系列广泛的全球项目中，提供超出单纯植树的效益。举例来说，双方合作开辟了与植树相联系的社会影响使命，促进食品安全以及陷入困境的社区的就业，恢复恶化的生态系统。就其本身而言，TT 则能够为其植树责任提供一个合法的、透明的、第三方参与的方式。他们也因此能够为顾客证明因他们购买而增加的社会效益。

除了以上方面的合作，团队还尝试保持他们产品的生产过程是环境友好的，与"血汗工厂"无关。TT 团队意识到将产品保留在北美生产能够带来声誉上的利益。然而，生态友好型产品和道德标准本身也是有成本的。对能够设计服装的公司的进一步研究让它们开始考虑与美国和墨西哥的其他制造商合作。所有这些设施使用绿色能源，能够回收聚酯、麻、黏胶、氨纶，可以将它们与经过认证的有机材料进行混合。不幸的是，使用这些优质的制造商与将生产过程外包到海外相比，会推动产品的价格上升。若将植树的成本考虑进去，会将价格提得更高。

更高的价格点并不会让 TT 团队担心他们的竞争定位，因为他们相信他们卖的不只是 T 恤。当时并没有其他直接竞争者传达与他们相似的价值主张，至少在服装界没有。由于 TT 首先是一家植树公司，团队感到他们没有"直接"竞争关系，因此高价格并不会导致直接的损害。但是即使其他公司决定要通过种树来帮助服装产品线上的销售竞争，TT 的创立者们将这样的回应当作是双赢的情况，因为种的树越多，环境越好。毕竟，种植更多的树是 TT 创立之初的根本目标。当考虑了所有因素之后，对于 TT 这样一个小公司来说北美是最佳的产地。由于北美的供应商要求的"最少限量"[2]较低，并且提供快速可靠的周转期。此外，TT 为自己的产品收取的溢价得到了重视 TT 的社会使命的消费者实在的支持。然而，TT 团队并不确定这样的支持会持续多久。

---

[1] 参见 WeForest 的网站，www.weforest.org/，了解协会的授权概况。
[2] 最少量指的是对于一个特定样式、颜色或种类衣服最少的订购数量。与海外生产商更高的最少量相比，更低的最少量能够使 TT 设计许多不同种类和颜色的产品，而装运的总数量较少。

深入龙穴

在2012年初春,加拿大广播公司的热门电视真人秀龙穴正在计划试镜,Luba和Emsley的许多亲友敦促TT团队参加真人秀的试镜。当时,TT团队已经收获了学习的好处:虽然时间很紧,但零售和线上销售还是急剧增加。团队最终认为在龙穴节目中亮相可能有助于提高他们的网站流量,促进其环保信息的传播,并获得一些急需的成长资本——所有这些都将有助于种更多的树。试镜进行得很顺利,他们也被邀请在节目上亮相。为了确保他们的曝光是正面的,他们致力于使自己的亮相更加成功,并投入时间来练习自己说话的音调和表达的信息。他们向银行家、金融家和当地企业家寻求帮助。团队在2012年4月给龙穴剧组留下了深刻印象,但是由于电视制作的冗长的录制和播放过程,他们不得不等待,直到那年秋天他们的节目播出。这为他们留出时间来更新网站,优化社交媒体工具,并确保他们有足够的产品以满足订单。当10月那集节目播出时,他们收到了全国范围内媒体铺天盖地的报道①。虽然他们认为自己的曝光会产生有利的结果,他们并没有预料到他们所达成的销售量的规模。不想失去这一曝光率上涨的势头,团队通过推出一个新的、改进和创新的社交媒体活动来进一步扩大他们的名声。

社交媒体

对于很多依靠互联网进行销售的新企业来说,将流量导入网站是一个主要的挑战。将流量转化为销售甚至更加困难。TT很早就意识到这方面的挑战,很快开发广泛的社交媒体工具,将流量导入商业网站。每个社交媒体工具都有特定的用途。YouTube是传播产品质量视频的有效途径,能够有效传播TT的信息。相反,

---

① TT是龙穴2012年"年度最佳音调"的亚军。

Twitter 更多直接用于推送新闻和带有网站链接的消息，而 Instagram 帮助 TT 测试之后将在网站上使用的视觉内容。每一种平台都有工具来追踪并向符合 TT 关键消费者画像的客户进行营销（即那些最有可能支持 TT 事业的人）。然而，在所有可获得的社交平台中，到目前为止最有效的是 Facebook。

2012 年 10 月，当 TT 开始为 Facebook 支付广告费时（与 TT 参与龙穴节目播放时间一致），一天花费 10 加元。6 个月之后，TT 平均每天的广告费为 1000~2000 加元，根据花费的金额，TT 在 Facebook 全世界的广告主中排名前 1%。正如创始人之一所说，这样的回应可以用"疯狂"来形容，尤其是考虑到其中一些公司在 Facebook 上做广告的规模、数量和品牌力度。但是有一件事情能够清楚地将 TT 与其所有的竞争者区别开来，那就是 TT 并不是使用传统的广告方式来销售有形的产品。

相反，TT 使用 Facebook 来分享信息，提供有吸引力的内容并建立社区。为了做到这点，TT 发布合适主题的内容（附有指向 TT 网站的链接），目标是让用户"点赞、分享或评论"。这样的行动有效地将那些用户的 Facebook 主页与他们成千上万的朋友的 Facebook 主页相连接。反过来，这也会促使这些朋友访问 TT 的 Facebook 主页。这些访问量提供了"优势排名"，TT 之后能够检查，以评估他们的内容是否热门。TT 的 Facebook 页面上展示的内容有三个来源：与 TT 的设计师创造的社会信息一致的内容，收到的用户关于产品和品牌的积极评价的信息，在网上发现的热门内容转载。所有这些内容都是量身定制，以适应 TT 的品牌内涵。为了达到最佳的导流效果，所需的内容是新鲜的、创新的和有意义的。在花费大量时间实验哪些措施有效和哪些措施无效，团队密切并且仔细观察情况，用可分享的、能够显著吸引"访问量"的帖子替换无效的帖子。内容更新的依据是感受和分析。他们自身作为 Facebook 的用户，TT 团队指导人们想要远离在过去几年内急剧增加的不断升级的广告[①]。通过让自己的首页充满交互性和趣味性，TT 能够促使用户坚持足够长的时间浏览来了解他们。Facebook 页面不包括任何推销商品的言辞。延伸开来，用户之后可能会足够好奇来点击 TT 的网站链接[②]，可能还会通过购买一件甚至多件产品来支持 TT 的事业。用户在 TT 的 Facebook 主页上的"赞"、

---

① 2007 年 11 月，Facebook 开始投放商业广告，并将此作为自身平台货币化的一种策略。尽管商业广告在美国以指数形式增长，加拿大市场增长速度相对较慢，尽管势头依然强劲。

② Facebook 尽其所能来将用户留在他们的平台上，但是网站的链接会放在帖子、评论和主页横幅下的方框里。

分享和评论相当于免费的广告并且引流到 TT 的网站。但这种营销策略是由另一种方式连接和扩大从而起到帮助宣传的作用：Facebook 赞助的付费广告。

Facebook 代表了 TT 的营销途径之一。TT 使用谷歌分析等工具收集来自多个来源的客户信息。TT 上传这些信息到 Facebook 的广告工具，来进一步细化付费广告的投放对象。

TT 通过附属公司广告获得了可观的收入。附属公司（即发布者）是一个在线公司或个人利用其网站宣传其他品牌和产品，以赚取佣金；例如，聚合网站提供了良好的在线交易。另一个例子是，社区网络联盟依据特定的兴趣，比如户外活动或者时尚和服装，分类编辑一本出版商和广告商的目录。在这些网络中的出版商申请成为与他们网站的内容主题结合品牌联盟成员。招募和管理出版商对于广告商来说是一件复杂、昂贵并且耗时的策略；因此 TT 与一家附属机构签约管理这项过程。然而，通过联盟针对性投放广告的精确度还是相当低，促使 TT 探索更精准的替代性方案，包括以下内容：

（1）使用谷歌世界广告和 Facebook 的自定义受众广告列表"重新瞄准"客户属性。

（2）根据客户属性信息调整出价水平。

（3）"重新瞄准"涉及使用网络信标标记访问 TT 网站的用户，创建他们行为的记录。不同的广告平台之后使用从网络信标收集到的信息，来向用户展示与他们网上访问的任何内容具有高度针对性的内容。当用户访问不同广告网络中的网站时，TT 需要为此出价。出价水平可能根据用户浏览竞争对手网站的习惯而各不相同，这也使用了类似的"重新瞄准"的技术。因此，"重新瞄准"使 TT 能追踪 98%~99% 离开 TT 网站但没有购买的用户。举例来说，如果这样的一位用户随后访问了 YouTube 去看视频，TT 就会为向他展示自己的"植入式"广告去竞价，广告在视频的开头播放。如果用户选择跳过广告，TT 就不需付费；如果用户播放了广告，TT 向 YouTube 支付广告费。再举一个例子，很多网站使用广告观（Ad Sense）作为一种利用流量产生收入的手段，通过向竞价者收取费用并展示他们的横幅广告、图片或者标语。TT 能够通过竞价赢得向它选择的客户做广告的权利。

这个在 TT 网站和 TT 的 Facebook 主页之间互动的系统是互补的。举例来说，付费广告将用户吸引到 TT 的网站上，即使这些用户没有进行购买，他们最终也会回到 TT 的 Facebook 主页上，在那里他们可以参与点赞、发帖和分享内容。因此，

"无购买"用户访问 TT 的 Facebook 主页的活跃行为仍然能够带来这样的好处,因为产生了更多的流量。这套系统产生的流入率能够最终预测最后会访问 TT 网站购买商品的后续用户的数量。这套基于日常广告产生购买行为的销售预测过程已经花费了数千小时来完善:它既是一门科学也是一门艺术,观察、感觉、直觉和分析都用上了。而其他公司可能会为他们使用"销售代表"的广告活动支付更高的费用[1]。TT 自学的分析最终用于减少广告活动的成本,有时甚至可以显著降低。

TT 的网站,就像它的 Facebook 主页一样,被发展成了 TT 文化、态度和哲学的延伸:它很明确地聚焦于传播 TT 的社会愿景而不是其他方面。通过产品页点击进入的用户会发现它很有趣并且能够进行互动(例如,其中一项技术就是悬浮在一个模特身上去浏览模特的第二张古怪或者有趣姿势的照片,促使用户持续点击后续的照片。)确实,TT 团队在选择正确的模特来展示他们的服饰方面已经吸取了教训。使用的模特都是年轻貌美的,拍摄时都以自然环境为背景。展现粉丝的照片(通常穿着 TT 的服饰)或以当地美景为背景,或反映他们参加户外活动,由 Instagram 传输过来,在首页滚动展示,这激励那些粉丝继续提交更多自己创造的内容并频繁浏览主页。许多专业的视频被用于传达关于品牌、合作关系、植树地点以及那些对于社区和环境的影响等。

TT 团队还实施了通过使用"热图"来提高网上销售的过程,这一过程追踪了网站访问者的光标模式,因此传达了浏览量最多的产品的信息。整个过程,从访客在网站上的首次点击,就能够被追踪,提供关于每位访客、他或她的态度,以及最能引起他们兴趣的产品的描述。了解到销售需要满足其社会目标,TT 使用更加复杂的过程,来向访问网站但没有购买的人进行"软推销"。在采取了向打开购物车后离开的人们自动发送邮件的过程之后,TT 团队发现 20%~30% 的销售来自于这些"被放弃的购物车"。如果对放弃购物车的用户发送第一封邮件并没有带来销售,再发一封邮件有时能带来 10% 的订单。这些邮件通常感谢用户的支持并邀请他们回到 TT 的网站或者 Facebook 主页去为 TT "点赞"或者分享内容。用户对这些邮件的反应非常积极。为了建立起他们的服务声誉,TT 也制定了进一步的行动,通过 TT 员工打电话的方式,亲自感谢客户通过购买支持 TT 的社会使命。

---

[1] 社交媒体平台上的销售代表为公司提供任何广告公司的细分客户群体洞察,但最终寻求出售广告,有时会导致次优的结果:这些销售代表经常没有意识到公司完整的故事或者哪些客户对于公司是最有价值的。

2013年年初，TT制订计划来促进用户"免费种一棵树"，作为他们提供电子邮件地址的回报。他们所需要做的就是注册接受TT的时事通信。选项"否"的访客被巧妙地表述为"不，谢谢，我已经种了很多树！"选择"是"的访客之后会收到邮件，再次感谢他们的参与，并会看似漫不经心地提到更多关于他们的信息，让TT能够更好地为他们安排在哪里种树。跳转回网站的链接是根据从用户处提取到的更多的信息，让用户了解植树的环境效益。虽然这种策略既不是新的也没有创新的手段获取更多的消费者信息，但它与其他公司采取的策略不同之处在于，它提供的是一个与购买无关的植树机会，而不是提供一种与销售相关的激励手段。这个项目还帮助TT持续开发和更新它更青睐的消费者画像，之后能够被上传到如YouTube和Facebook等其他平台上。[①]

增长的趋势

TT背后的企业家都与数字有关，即他们能种植的树木数量。而TT的创始人已经坦陈他们的早期目标是建一个人造的森林，TT正在向2013年年底种植100万棵树努力。如果销售按照目前的爆炸性的速度持续增长，他们能在五年内种植2500万棵树。网上销售强劲，并且他们的服装已经陈列在超过300家加拿大商店的货架上。然而，这一成功（见下表和下页图）伴随着与生产相关的有限资源，难以满足新需求的规模所带来的痛苦。

表 2011—2013年十棵树的社会影响力增长情况

年份（年）	售出的产品数（万件）	植树量（万棵）
2011	700	7000
2012	17030	170300
2013	99001	990 010
2014（估计值）	225000	2250000

来源：TT内部估计。

[①] 截至案例写作之时，Twitter尚未允许广告主将他们的消费者画像上传到他们的营销应用上，削弱了TT战略的影响力。

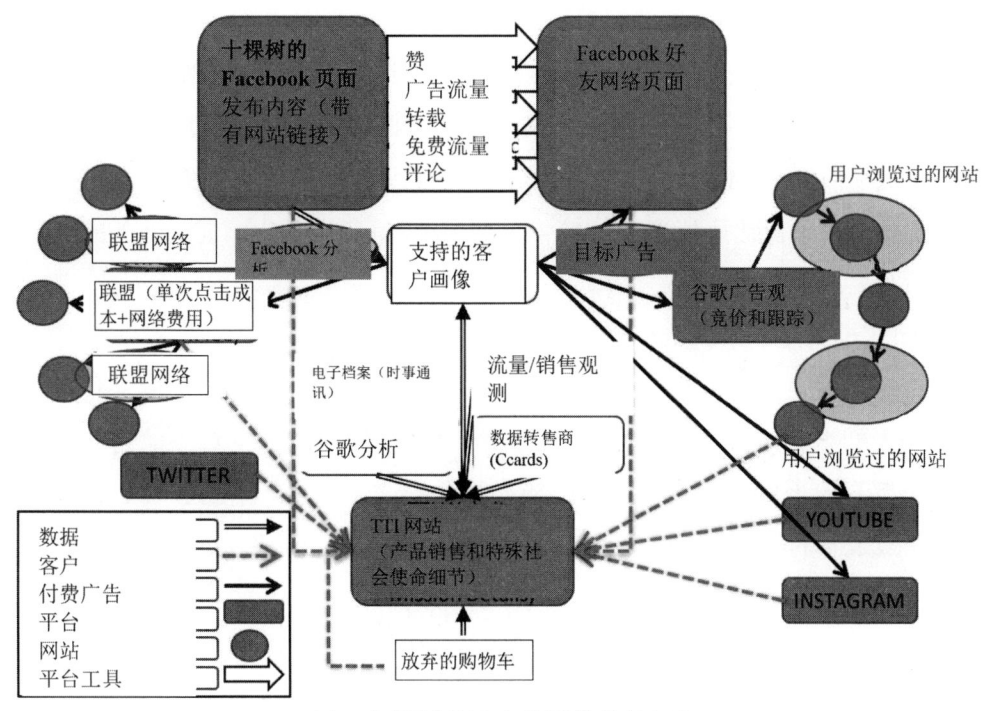

图 十棵树的社会化媒体营销框架

产生的一个关键的问题是是否要为了满足需求的增长而将服装产品生产线外包到海外。在他们创业的早期，TT 的创始人将生产交给北美的工厂以降低运输成本，确保合理快速的周转时间（通常为 4~8 周，而海外供应商需要 3~4 个月）并维持与 TT 生态友好的品牌相一致的道德和环境标准。然而，随着 TT 逐渐发展，很快遭遇了美国供应商生产能力的限制。这个问题有以下几个方面：

（1）随着订单规模迅速扩大，单纯应对订单的困难。

（2）商店需要定制化的服装，而国内制造商很难供应，结果导致订单减少。北美的供应商倾向于依靠在白布上丝网印刷，这限制了总量并且成本高昂。

（3）TT 不能从其国内供应商中寻求到较高价值物品的生产商（例如，夹克和背包）。

同时，对质量的担心也出现了，导致显著的供应商退单。在国外一些国家的生产，包括中国这样能提供完全细节化和 100% 定制化工作的国家，现在总体上平均质量比在北美的高。此外，海外生产商对订单规模没有任何限制：中国工厂的整体报价将采购合适的材料，为衣服和斜挎包缝标签，并且将产品叠好全部包括在内。

有可能在北美找到能生产 TT 的衣服，同时满足所有道德、环境和效率标准的生产能力吗？成本是一个关键问题，因为 TT 本质上为自己的衣服定价比大部分可比的产品要高，用来支付种树的额外成本。在此，问题比最初出现时更加复杂。然而，在北美采购产品运输成本相对较低，大量的"美国制造"的服装甚至不是北美自由贸易协定（NAFTA）授权的产品[①]，所以 TT 最终只能支付额外的税款。来自美国的供应商单价比海外贵 5%~15%；如果 TT 进行国际化，北美之外的市场运输费用也需要考虑在内。

TT 团队也关注如果将生产迁往海外，品牌的"社会使命第一"的元素是否可能受到危害。如果生产在北美之外的地方进行，TT 不想被认为是牟取暴利的。它还面临着人们把它与血汗工厂相联系的持续风险。负面的谣言对于他们的品牌和事业来讲都是毁灭性的。另一方面，绝大多数的"美国制造"的服装是在海外制造（即纺成成卷的棉布），然后运往北美裁剪和缝纫。在裁剪和缝纫的过程中的损耗意味着需要增加大约 15% 的运输成本，这导致更大的环境影响。另外，由于道德和环境标准的提高，在海外采购符合道德标准的服装变得更容易了。此外，随着中国、中东和南亚工厂数量日益增加，获得外部审计和负责任的全球成衣制造（WRAP）所批准，海外生产的不良形象有所改观。

在运行数据和考虑事实之后，TT 团队相信他们有以下三种选择：

（1）继续选择在北美完成所有事情，优势包括做生意更容易、接近市场、保留"北美制造"的品牌和高周转率。主要的缺点是由于 TT 不能在维持定制化的灵活性的同时从规模经济中受益。较低产量势必需较高的成本才能盈利，此外，在定制化、面料和成分方面，TT 会变得日益受限。

（2）将生产转移到中东和南亚，雇用在孟加拉国、印度和/或巴基斯坦的公司。这种选择是最便宜的方案之一，通过将每个颜色最低生产 1500~2000 件来降低成本。但在巴基斯坦预计会出现一些问题，如缝纫粗制[②]以及混合和配色方面灵活性有限。在中东各国的选择中，孟加拉国似乎是最好的选择，因为它正成为全球纺织中心，设备种类繁多，总体来说能够满足 TT 所有的需求。

（3）将生产转移至中国，预计会减少一些缝纫质量的问题，但由于染色、裁

[①] 根据美国贸易代表署办公厅的规定，美国、加拿大和墨西哥使用北美自由贸易协定原产地证书来确定进口货物是否有资格根据按照北美自由贸易协定（NAFTA）的规定获得责任减免。

[②] 在中东，由于文化上对女性的限制，服装生产线由男性工人主导。由于男性手掌平均大小更大一些，这些裁缝缝纫的质量参差不齐。

剪和缝纫的生产流程不同，需要更高的最低产量要求。与孟加拉国不同，中国的生产设施可以说是一应俱全。中国的制造商的社会责任和环境保护措施明显做得更好，但并不如选择中东国家来得便宜。

TT 事业的受欢迎程度与日俱增。可以预见其订单对于北美工厂来讲会显得过大，而对于其他海外生产商来讲还是太小。作为一个具有善意真诚的社会事业公司，TT 不能承受顾客冲击①和名誉的损害。同时，如果企业真的是"不可持续的昙花一现"②，在产品库存方面投资大量资金对于一群大学生来说可能是危险的。这种风险只要存在新客户加入的可能性，以及在美国和澳大利亚甚至可能是欧洲等其他市场有进一步增长的潜力就能消除。一位有 20 年经验的服装行业顾问强调了另一个机会：通过新产品创意建立品牌，比如印有 TT 商标的帽子、背包和手机壳等。所有这些产品继续履行每卖出一件商品种植 10 棵树的承诺。

随着新的促销和产品线即将到来，市场节奏快得惊人，实现社会影响力的目标胜利在望，TT 团队显然需要识别出他们的关键成功要素，并使用它们来形成战略，以帮助他们实现 TT 下一阶段的成长目标。

案例习题

1.（a）作为具有社会使命的高成本生产者式，TT 有一个可持续的商业模式吗？或者说，它的商业模式只是一个容易模仿的时尚，最终无法在竞争激烈的市场中生存下来？（b）如果 TT 是一家非营利组织而不是营利组织，它是否能取得同样的成功？

2. TT 如何创新地利用社交媒体？TT 如何利用社交媒体为其成功做出贡献？

3. TT 是如何采购服装（例如，离岸或在岸）？你认为应该选择哪个方式？为什么？

4. 什么是 TT 的关键成功驱动力？公司如何利用这些优势来锁定持续的竞争优势？TT 还可以采取哪些措施来实现更大的增长？

---

① 在 2012 年圣诞季期间，来自美国工厂的一批订单被延误。当货物最终运到时，距离圣诞节只剩三天了，在其他人匆忙打包并优先将产品运出的同时，急需通过电话和邮件联系并安慰成百上千位急着购买产品作为圣诞礼物的顾客。

② "不可持续的昙花一现"指的是 Kevin O'Leary 在 2012 年播出的龙穴节目中的一句评论。

案例五

海思堡的招工难

2013年2月15日,农历春节刚刚过去,当人们还沉浸在节日的欢乐祥和中时,山东海思堡服装服饰集团股份有限公司(以下简称海思堡)的董事长马学强已经开始考虑工厂节后开工的事情了。

近年来,随着周边服务业的发展和人民收入水平的提高,企业在春节后总是陷入"招工难"和"用工荒"的窘境,着实困扰着国内许多民营企业和外资企业的高管。果然,网上一则被热炒的消息引起了马学强的注意:山东烟台众腾人力资源开发有限公司为了招到足够的工人,打出了"初五至初七期间,凡是介绍员工进入烟台LG公司的,每个人都将得到200元路费报销和300元现金奖励"[1]的"悬赏告示"。不久之后的2月18日,春节假期已经结束,正值员工返厂之际,青岛一家皮鞋厂的领导一早就站在厂门口,依次向返厂的员工微笑、鞠躬,并送上新年祝福,着实令所有员工感到意外。福建厦门一家酒店的老板在当地的报纸上刊登了"老板喊你回来上班"的广告。山东豪盛集团是一家竹纤维家居用品制造商,该企业在春节后收到了来自七家企业的订单,面对激增的工作量,他们急需一大批工人加班生产,来保证订单能够按时交付。尽管人力资源部门付出了巨大努力,但是他们只顺利招来25名工人,离招满500名工人的要求差距甚远。不只是在

---

* 赵晓康和Paul W. Beamish教授撰写该案例只是为了提供课堂讨论的材料,并由刘镜完成原始初稿,薛芳、陆晚亭在赵晓康的指导下完成由英文到中文的翻译。作者无意说明案例是否有效地应对了一个管理情景。为了保密,作者可能在案例中有意隐去了一些真实姓名或其他可识别信息。

未经书面授权,禁止任何形式的复制、收藏或转载。本内容不属于任何复制版权组织授权范围。如需订购、复制或引用有关资料,请联系:Ivey Publishing, Ivey Business School, Western University, London, Ontario, Canada, N6G 0N1; phone (519) 661-3208; (e) cases@ivey.ca; www.iveycases.com。

版权@ 2017, Richard Ivey School of Business Foundation   版本:2017-11-17

[1] 2013年1月的汇率大约是1美元(USD)= 6.22元人民币(CNY)。

山东省，广东、浙江、湖北、山西等内陆省份的企业也都出现了"招工难"现象。

海思堡也概莫能外。春节后纷至沓来的订单尚未让马学强欢欣鼓舞几日，人力资源部门招工进展不佳的消息又使他眉头紧锁。他决定马上召开紧急会议来商讨解决当前的困局。

公司背景

马学强在 19 岁大学毕业以后便进入一家外贸公司工作，凭借扎实的国际贸易专业功底和敏捷的才思，他很快成为负责公司国际贸易业务的中层管理人员。然而，意气风发的他并不满足现状，马学强与几个朋友共同出资 250 万元，在山东省淄博市开发区创办了一家外贸公司。由于恰逢纺织服装业蓬勃发展的时期，短短几年，公司的营业额便达到了千万元。虽然他们初次创业的成果得到了市场的肯定，但由于几个合伙人存在着经营理念分歧，公司最终还是解散了。

2004 年，淄博信泉服装有限公司由于管理不善濒临倒闭，马学强看准了这个机会，接管了这家岌岌可危的企业，开始了他人生中的第二次创业。马学强认为，产品质量是企业的命脉，每一个订单都值得珍惜。在他的带领下，公司通过高品质的产品和周到的服务获取客户的信任，在短短一年后便扭亏为盈。

2005 年 11 月，马学强将淄博信泉服装有限公司更名为山东江辰时装有限公司，采用中韩合资的方式，注册资本 1274 万元。公司以加工贸易为主，主要承接韩国、美国、欧盟、澳大利亚、日本等国家的牛仔裤、牛仔裙和牛仔夹克的生产、喷砂和水洗等业务，也生产销售印染布、棉布、化纤布、牛仔布、色织布、毛巾等纺织品和面料，是典型的劳动密集型企业，用工量大，进入门槛低。因此在公司创立之初，马学强就认定，在纺织服装外贸出口行业，只有进行差异化的生产，才能做好别人做不了的订单。该公司既能做一个 90 万件的大订单，也能承接只有 280 件的大牌限量版时装订单，其出口订单中 90% 为所在进口国的中高档产品（表 5-1）。2006 年，公司年出口销售收入达到 2 亿元人民币，实现利润 8000 万元。

表5-1 海思堡全年订单数、品种数和订的量

年份（年）	订单数（个）	品种数（个）	订购量（件）
2010	270	820	3820000
2011	320	1130	4510000
2012	410	1410	5120000
2013	530	2116	5880000

来源：公司内部文件。

由于将公司定位于大企业和小公司之间的市场空间，将代工产品定位于外贸加工的高附加值领域，所以马学强愿意承接其他企业不愿意接的小批量订单。在2008年经济危机期间，同行业多数企业的订单不断减少，整体呈萧条之势，而江辰依然有大批订单涌入，保持着繁荣。

同年，马学强将公司更名为海思堡服装服饰有限公司，并陆续向Etam、Gap、Next、美鹰傲飞、E.Land、Esprit、优衣库、Calvin Klein、ONLY、Banana Republic等海内外知名品牌供货，以满足他们小批量、多品种和短交货期的订货需求。2008年，海思堡成为世界服装业排名第十的法国Kiabi品牌的供货商，2009年，海思堡被韩国依恋株式会社评为"中国最佳供应商和免检供应商"。同年，海思堡也通过了排名世界服装业第一的Gap公司的质量管理体系认证，成为该公司在中国长江以北唯一的牛仔服装供应商。

在东华大学科研队伍的帮助下，海思堡开始了自己的品牌规划和推广。海思堡在上海设立品牌设计中心，聘请赵子琪（中国年轻女演员）作为形象代言人来推广企业形象，并在大型百货商店设立专柜进行品牌推广。通过诸如此类的不懈努力，海思堡分别于2008年被授予山东省著名品牌，于2010年被国家工商行政管理总局认证为"中国驰名商标"。2012年，一件海思堡品牌的时装售价可高达5000元人民币，兼顾加工贸易[①]和品牌建设的"两条腿走路"的发展思路使得海思堡成功地从价值链的低端跻身到高端（表5-2~表5-4）。

---

① 加工贸易，是指经营企业进口全部或者部分原辅材料、零部件、元器件、包装物料，经加工或装配后，将制成品复出口的经营活动，包括进料加工、来料加工。资料来源：http://china-trade-research.hktdc.com/business-news/article/Guide-to-Doing-Business-in-China/Processing-Trade/bgcn/en/1/1X000000/1X002LEV.htm。

表5-2 海思堡的主要财务指标　　　　　　　　　　　　　　　　单位：千元

项目/时间	2014-12-31	2013-12-31	2012-12-31
基本每股收益	0.013	0.001	0.017
净利润	6651.6	470.8	1702.3
净利润同比增长率	1312.81%	-72.34%	0%
营业收入	185649.5	90938.3	48409.9
营业收入同比增长率	104.15%	87.85%	0%
每股净资产	0.13	0.128	0.246
净资产收益率	12.16%	1.02%	10.85%
稀释净资产收益	8.56%	0.93%	7.08%
资产负债率	60.91%	67.82%	76.57%
每股经营现金流	0	-0.035	-0.159
销售毛利率	15.44%	18.04%	22.77%
存货周转率	5.56%	3.06%	1.95%

来源：海思堡2014年度报告, http://www.neeq.com.cn/disclosure/2015/2015-04-21/1429613465_847768.pdf；海思堡公开转让说明书(2014), http://www.neeq.com.cn/disclosure/2014/1231/64673931.pdf.

表5-3 海思堡2012—2014年的现金流量表　　　　　　　　　　单位：千元

项目/时间	2014-12-31	2013-12-31	2012-12-31
销售商品、提供劳务收到的现金	166550.1	67696.9	55905.7
收到的税费返还	2670.2	1595.7	2812.8
支付的各项税费	7754.5	3926.8	4234.9
支付给职工以及为职工支付的现金	28253.9	12134.4	14055.9
经营性现金流入	193998.6	71035.4	58891
经营性现金流出	191959.4	84956.3	74440.6
经营性净现金流	2039.2	-13920.9	-15549.6
购建固定资产、无形资产和其他长期资产支付的现金	22016.1	2134.1	425.2
投资支付的现金	0	0	8000
支付其他与投资活动有关的现金	0	11000	0
投资活动现金流入	400	23.3	0

续表

项目/时间	2014-12-31	2013-12-31	2012-12-31
投资活动现金流出	22016.1	13134.1	8425.2
净投资现金流	-21616.1	-13110.7	-8425.2
吸收投资收到的现金	22539.5	27700	10020
取得借款收到的现金	98901.2	73000	25400
收到其他与筹资活动有关的现金	686.4	0	0
偿还债务支付的现金	83700	34500	5400
分配股利、利润或偿付利息支付的现金	6373.5	5398.1	898.7
筹资活动现金流入	122127.1	100700	35420
筹资活动现金流出	90073.5	39898.1	6298.7
筹资性净现金流	32053.6	60801.9	29121.3
汇率变动对现金及现金等价物的影响	0.3	-2.8	-0.7
现金及现金等价物净增加额	12476.9	33767.4	5145.7

来源：海思堡2014年度报告，http://www.neeq.com.cn/disclosure/2015/2015-04-21/1429613465_847768.pdf；海思堡公开转让说明书(2014)，http://www.neeq.com.cn/disclosure/2014/1231/64673931.pdf。

表5-4 海思堡2012~2014年损益表　　　　　　　　　　单位：千元

项目/时间	2014-12-31	2013-12-31	2012-12-31
营业收入	185649.5	90938.3	48409.9
营业成本	156990.6	74534.4	37384.9
营业税金及附加	499	320.3	343.1
管理费用	6762.8	4836.4	2271.1
销售费用	7834.7	5814.1	4785.7
财务费用	4427.9	3680.6	962.7
资产减值损失	545.9	1505.7	780
投资收益	399.7	13.8	-17.2
营业利润	8988.3	260.6	1865.1
营业外收入	184.3	1159.2	110.7

续表

项目/时间	2014-12-31	2013-12-31	2012-12-31
营业外支出	177.5	111.3	2.3
利润总额	8995.2	1308.5	1973.5
所得税费用	2343.5	837.7	271.3
净利润	6651.6	470.8	1702.3

来源：海思堡 2014 年度报告，http://www.neeq.com.cn/disclosure/2015/2015-04-21/1429613465_847768.pdf；海思堡公开转让说明书 (2014)，http://www.neeq.com.cn/disclosure/2014/1231/64673931.pdf。

中国纺织行业背景

海思堡遭遇的招工难的问题在中国服装加工行业中相当普遍。到 2013 年，中国已成为世界上最大的纺织品和服装的生产国和出口国，这个行业也已成为中国参与全球经济并促进本国经济快速发展的重要动力。改革开放促进了中国纺织业的飞速发展，1978 年，中国纺织业纤维加工总量为 276 万吨，仅占世界总量的 10%，到 2007 年加工量增至 3530 万吨，占世界总量的 40%。纺织从业人员也从 1978 年的 337 万人增加到 2000 多万人，其中 80% 来自于农村劳动力。

中国纺织业呈现出高度集中的地理分布特征，主要集中在浙江、江苏、山东、广东、福建等东部沿海地区，并且发展呈现高度集群化特征。竞争优势明显，产业链完备，有巨大的生产加工和出口能力。

但是，中国纺织行业多年来走粗放型发展路线，出口的产品技术含量低，大部分是依靠价格优势而参与市场竞争的低端产品；缺乏自有品牌，以代工贴牌业务为主；企业规模普遍较小，应对风险能力较低。

近年来，随着国际市场的需求变化，资源环境条件约束，以及要素成本的上升，纺织行业原有生产模式面临极大挑战，行业增长速度放缓，纺织企业发展压力增大，国际竞争力走弱，国际市场份额逐步下滑。

业内将中国纺织企业面临的难点概括为"两价三率"，即原材料价格和劳动价格，加上利率、出口退税率和汇率。人民币升值对于出口企业来说无疑一记重大打击，这将使得企业价格优势丧失，出口量进一步下滑。出口退税率和利率的变动对纺织企业的生存环境也有较大影响。同时，不断上升的成本也是一个不容忽视的问题，原材料价格和电力价格的上涨直接增加了企业成本。

其中，劳动力价格的上升正在成为阻碍纺织业进一步发展的关键因素。中国的纺织业是传统的劳动密集型产业，正处于产业发展的初级阶段，即生产要素导向阶段，所以，一旦生产要素的比较优势降低，那么行业发展前景就会遭受无法弥补的损失。

近年来，中国劳动力成本增长加快，自2003年东南沿海爆发了第一轮"用工荒"以来，劳动力问题成为了低端制造型企业不得不面对的难题。随着沿海地区纷纷出现"招工难"，用工成本占据制造成本80%~90%的劳动密集型行业受到越来越大的冲击。与越南、老挝、柬埔寨、印度等国家相比，中国已经失去了低成本劳动力的优势，这将大大降低中国纺织业在国际市场上的竞争力，俨然已成为纺织行业亟待解决的问题。

计划生育政策和海思堡的人力资源状况

自20世纪70年代末改革开放以来，中国经济快速发展，许多专家指出"人口红利"是中国能够创造经济增长奇迹的一个重要原因。联合国人口基金会（UNFPA）将人口红利定义为"人口年龄结构变动可能带来的经济增长潜力，主要是劳动适龄人口（15~64岁）的占比高于非劳动年龄的人口（14岁及以下，65岁及以上）"[1]。显然，中国就是一个人口红利的主要受益者。

随着时间的推移，越来越多的劳动适龄人口达到退休年龄，而年轻人的比例正在下降。1949—1978年，中国的出生率下降[2]，而婴儿的存活率则进一步上升，中国人口的预期寿命从1948年的35岁大幅增加到1976年的66岁[3]，因而，中国人口数量从1949年的5.42亿增加到1978年的9.63亿[4]。中国政府预计可能会发生人口过剩的问题，于是从1979开始逐步实行独生子女政策，使得人口增长速度开

---

[1] 人口红利。联合国人口基金会网站，见 http://www.unfpa.org/demographic-dividend（2017年9月18日摘录）。
[2] 中国国家统计局，见 http://data.stats.gov.cn/easyquery.htm?cn=C01（2017年9月18日摘录）。
[3] 世界发展指标，见 Google Public Data Explorer. 世界银行. 2009-07-01。
[4] 中国国家统计局，见 http://data.stats.gov.cn/easyquery.htm?cn=C01（2017年9月18日摘录）。

始放缓。到了21世纪初，中国开始面临"四二一"问题，即一个独生子女成年后必须要赡养他（她）的父母和四个祖父母。作为家庭中唯一的孩子，他们是整个家族的焦点，享受着所有的关怀和资源。实际上，这意味着整个家庭将竭尽可能地付出，以确保独生子女能享受最好的食物、接受最好的教育、得到最妥善的医疗保健等，这可比他们的父母或祖父母当年能享受到的资源多得多。由于这些物质上和精神上的投入，独生子女无疑成了每个家庭的希望。中国人俗称的"望子成龙"，即希望自己的孩子有一个美好的未来，就是这一现象的真实写照。学习能力出色的孩子往往令父母感到骄傲，因为他们认为，成绩好的孩子是重振家族荣耀的希望。

截至2013年1月，海思堡共有537名员工，大部分（415人）是一线工人，占了总人数的77.28%，而且大部分（89.01%）员工没有大学文凭，几乎所有人（96.65%）都在50岁以下（表5-5）。全部工人中，有283人是当地农民，他们在农忙期间（每年的2月到5月，9月到10月）要做农活，如果往返工厂比较方便的话，他们也可以在农闲季节回工厂工作。

表5-5 海思堡员工的基本情况统计

（一）专业构成

类别	人数	占比(%)
管理人员	67	12.48
生产人员	415	77.28
技术人员	9	1.68
销售人员	46	8.57
合计	537	100

（二）学历构成

类别	人数	占比(%)
本科及以上	27	5.03
大专	32	5.96
大专以下	478	89.01
合计	537	100

(三)年龄构成

类别	人数	占比(%)
30岁以下	246	45.81
30~50岁	273	50.84
50岁以上	18	3.35
合计	537	100

来源：海思堡公开转让说明书(2014)，http://www.neeq.com.cn/disclosure/2014/1231/64673931.pdf.

海思堡努力走出用人困境

海思堡的高管们显然也意识到了员工短缺和企业发展之间的矛盾。公司创立之初，周边地区许多农村居民尚愿意到企业里从事服装加工的工作。但随着经济发展，当地居民富裕程度日渐提高，接受过高等教育的年轻人的比例越来越高，劳动者观念也发生了变化。更多青壮年劳动力宁愿选择在当地的超市等服务性行业工作，拿较低的工资以换取充裕的闲暇时间，也不愿意在纺织服装企业中从事机械化、重复性的枯燥劳动。

海思堡附近新开业的大型购物广场中，60%的新招收员工以前是当地工厂的一线工人。一方面，经验丰富的员工的短缺影响了企业的正常生产，甚至影响了其产品的质量和交货期；另一方面，持续增加的本地劳动力成本也在一定程度上削弱了海思堡产品的竞争力。

筑巢引凤

为了解决由过高的员工流失率导致的交货延期和生产效率低下的问题，海思堡的高管们绞尽脑汁，尝试了许多方法。他们在若邻网、齐鲁人才网、58同城、赶集网和应届毕业生求职网等网站上发布信息，招聘缝纫工、熨烫工、裁剪工人等一线生产工人，并在北京服装学院、山东艺术学院等高校进行校园招聘。

考虑到在公司附近招聘大量一线生产工人的难度越来越大，海思堡决定以公司10公里为辐射半径，以班车接送的方式来吸引更多的周边农村居民进入企业工作。这些农村工人大多年龄在35岁以上，具备山东人忠厚老实的性格。平时因为三班制轮岗，他们有时间兼顾家里的农活，所以相对比较稳定，流动率很低，但是工作效率相对年轻一代的工人来说要低一些。

公司的一线员工中本地人已经占到70%以上，所谓的"外地人"中绝大多数也来自山东省内。800名工人中有200多人住在公司提供的宿舍里。海思堡为双职工家庭配备了130平方米三室两厅一卫的家庭式公寓，并将电视、沙发、空调、24小时热水等设施配置齐全。海思堡还为员工提供了一个1000平方米的健身房，里面配备有动感单车、跑步机、太空漫步机、乒乓球桌、台球等室内健身器材，此外，他们还建造了篮球场、足球场等户外运动场地。到2013年，公司的员工流失率从2010年的22%下降到了12%。

为了提高员工的生产积极性，海思堡在其效益最好的水洗车间进行了小股份制改革，职工集资入股502万元，当年年创利润就达310万元，远高于改革前年均100万~200万元的利润水平。改革后，员工连续三年的分红率达33%，三年左右收回投资本金。

技术更新，提高效率

欧美许多纺织服装企业在发展过程中也遇到类似的招工难题。为了降低用工成本，提高生产效率，减少工作环境污染对员工身心造成的损害，各企业普遍采取更新升级技术的对策。海思堡的高管也同样考虑到了这一点。

2013年年初，公司投资3亿元引进了国内领先的计算机集成控制服装吊挂流水线系统，大大改善了工人的操作环境，使车间更加清洁。在计算机的控制下，只需按下控制按钮，就能够将挂在支架上的衣服裁片按照系统事先预设的工时工段，自动发送给下一道工序的操作员，这使得搬运、捆扎和折叠所需的时间大大缩减（见下页图）。该系统还可以自动平衡相同工序中不同员工之间的效率差异，在提高生产效率30%、减少在制品数量70%的情况下，使得流水线工人的平均工资由原来的 2600 元增加到了 3600 元。三条吊挂系统流水线取代了 18 名生产管理人员，每年直接为公司节约了 100 万元的管理费用。

图　牛仔裤的生产过程

来源：海思堡官网，http://aspop.com.cn/ 2017 年 9 月 18 日摘录。

海思堡投资了 400 万元购置牛仔服镭射印花技术设备，虽然加工单价比传统技术增加了 50%，但是单位利润也提高了 50%，而且丰富了技术实现手段，符合环保节能的要求。使用这种技术，一条牛仔裤的后整理加工在几秒钟内就能完成，而且比传统工艺平均节省了 50 升的水和 60% 的能源消耗，由于还不需要使用强氧化剂等化学产品，环境和工人的身心健康都得到了保障。

海外生产

2013 年以来，由于全球纺织服装行业的需求下降，以及 TPP（跨太平洋伙伴关系）和普遍优惠制（GSP）等区域性政策的颁布，来自于欧盟、日本、韩国等国家的订单开始向柬埔寨、越南等东南亚国家转移。

2011 年，一家与海思堡合作密切的山东企业在柬埔寨投资设厂，并且取得了可观的盈利，各种反馈回来的信息令人振奋。首先是当地企业招工容易，因为柬埔寨不但青壮年劳动力人口充裕，而且当地政府对服装加工企业还有免征原材料进口税、免征成衣出口税等政策。一家当地公司可以在一个月内雇到 600~700 名工人，每人每月的最低工资只需要 60~80 美元[①]，即使这些国外劳工的生产效率只有国内工人的 1/3，并且产品质量也难以保证，但如此低的工资水平还是十分有吸引力的。其次，欧洲、加拿大、日本的订货商如果从东南亚那些被联合国列为最不发达国家（如柬埔寨）进口纺织品的话，还可以减少当地 12% 的进口关税，所以利益驱动也使海外客商喜欢去柬埔寨等国采购订货。另外，柬埔寨的地价相对较低，工业用地约为 18~30 元/平方米，而且是永久产权。

然而，2013 年年初，一些来自东南亚国家的消息也引起了海思堡高层的关注。首先是泰国宣布自 2013 年 1 月 1 日起，泰国全国施行日最低工资 300 泰铢（9.79 美元）；随后印度尼西亚也宣布，同日起，首都雅加达的月最低工资将从 153 万卢比上调至 220 万卢比（约合 228 美元[②]）；同一天，越南将四个地区的月最低工资提高至 165 万~235 万越南盾（约合 79~113 美元[③]）；马来西亚也将从 2013 年 1 月起开始引入最低工资制度，首都吉隆坡的月最低工资将为 300 美元左右[④]。这意味着，这些国家的企业一旦支付给员工的工资低于最低工资标准，那么就要受到政府的严格的法律惩罚。

[①] 汇率大约为 1 美元（USD）= 6.22 元人民币（CNY），1 柬埔寨瑞尔（KHR）= 0.0017 元人民币（CNY）（2013 年 1 月）。
[②] 1 印度尼西亚卢比（IDR）= 0.0005 元人民币（CNY）（2013 年 1 月）。
[③] 1 越南盾（VND）= 0.0003 元人民币（CNY）（2013 年 1 月）。
[④] 1 美元（USD）= 30.6435 泰铢（THB），1 泰铢（THB）= 0.1933 元人民币（CNY），1 马来西亚林吉特（MYR）= 1.6665 元人民币（CNY）（2013 年 1 月）。

更有甚者，东南亚国家的基础设施匮乏，港口、铁路、公路设施相对落后，并且效率低下，整个地区超过 1/5 的人口还享受不到电力供应，工厂企业停电待工已成家常便饭。与中国纺织服装企业普遍采取的计件工资制不同，柬埔寨和其他一些东南亚国家的纺织企业全部采用计时工资制。换言之，8 小时之内无论工人的工作效率如何，企业都必须支付给员工最低工资。另外，超出 8 小时之外的工时需要额外支付工资，周六加班企业需支付 2 倍工资，平时工作日加班企业需支付 1.5 倍工资。员工在罢工期间虽然不工作，但是企业仍然需要支付员工工资。

想到这些，马学强立刻拨通了助理小龚的电话，要求他收集好相关资料，制定几个应对方案，并通知公司的部门负责人准备开会。放下电话后，马学强不禁陷入沉思：究竟应该如何应对目前的招工难困局呢？

案例习题

1. 海思堡公司可以有哪些途径来缓解或解决招工难困局？它们各自都有什么利弊？

2. 一般来说，像海思堡这样的公司中，员工选择离开企业的原因通常可能有哪些？

3. 应该如何评估企业流失核心员工的损失？

4. 凭你的经验，你认为促成员工决定留在企业的因素有哪些？你会建议马总如何应对招工难的困局？

案例六

金剑制衣厂：如何激励低效率工人

1999年12月15日深夜11点，金剑服装厂总裁娄百金先生仍然奋战在他的深圳办公室里。紧挨着他办公室的车间里有200多个工人。这些工人和他一样，为了按时完成欧洲一重要客户的圣诞大订单已马不停蹄工作了7天，每天12个小时。娄先生凭借自己的经验，根据缝纫机的运转速度和声音判断出工人们的工作步伐已经减慢了。他们的劳累也许是因为上周加班超时工作，但更有可能他们的怠慢是有意的。在这个行业的一般做法是工人们为了使工厂管理部给他们增加计件工资而故意怠工。此时娄先生知道，如果不能及时交货，他必须为按时发货而采用空运方式，否则将承担失去大客户的风险。要怎样激发这些工人的工作积极性呢？这个问题已经困扰娄先生很长时间了，而且变得迫在眉睫。此时困惑的他，看了一眼已在桌面上放了一个多月并且他已阅读多篇的一本有关企业的书。他苦笑了一下，无奈地意识到这本书也不能给他一个解决的办法。

---

* 黄铁鹰，梁俊平和包铭心（Paul W. Beamish）教授写这个案例，仅作为课堂讨论的材料。作者无意阐明案例是否有效地应对了一个管理情景。为了保密，作者可能在案例中有意隐去了一些真实姓名或其他信息。

未经书面授权，Richard Ivey School of Business Foundation 禁止任何形式的复制、收藏或转载。本内容不属于任何复制版权组织授权范围。如需订购、复制或引用有关资料，请联系：Ivey Publishing, Ivey Management Services, c/o Richard Ivey School of Business, The University of Western Ontario, London, Ontario, Canada, N6A 3K7; phone (519) 661-3208; fax (519) 661-3882; e-mail cases@ivey.uwo.ca.

版权@ 2004, Richard Ivey School of Business Foundation　　版本：2009-10-14

娄百金和他的服装厂

1956 年,娄先生出生于浙江省娄塔镇。1973 年初中毕业后在家务农。1976 年在邻省当矿工工人。80 年代早期,娄先生返回故乡,成为一名销售员。他为了推广本村的化学原材料的使用而走访中国各地。

1991 年,娄先生来到深圳这个最突出的经济特区谋职。刚开始的他路途坎坷。为了节省生活开支,他每天 2 盒快餐,吃了近半年。最后,娄先生给一家电器厂当佣金推销员。

直到 1996 年,深圳的制衣成本很高,迫使许多工厂都搬迁中国大陆内地。然而,娄先生与别的制衣商想法不同,他认为这是一个好机会。因此,他用自己的积蓄廉价购买了 30 台二手缝纫机并在深圳建立了自己的第一间工厂。

工厂起步时大约雇用了 50 位工人。主要业务是承包一些与香港和海外有制衣业务的大厂商的小订单。截至 1999 年,娄先生的工厂有了 150 台缝纫机及 250 多个工人。从此,娄先生开始与周边制衣厂直接竞争香港和海外客户的订单。

深圳服装制造业

深圳是世界上最先进的制衣中心之一。所产服装销往众多高消费地段,包括美国的布路明黛连锁百货公司和诺德斯特龙百货公司。1980 年中国对外经济大改革后,服装业连同深圳经济特区一起繁荣昌盛。在 20 世纪 80~90 年代,香港成为世界制衣中心。中国打开国外投资经济大门后,深圳成了香港转移劳动密集型产业的首选地。由于香港生产成本递增,与东南亚国家相比,香港也逐渐失去其竞争优势。

深圳作为香港的邻地,土地和劳动力方面都廉价且易于管理。人们语言共通且易于交流。由于临近的地域和交通的便利,香港商人可以通勤两地而在深圳工作。

不到十年，上千个服装厂在深圳建立。大多数服装厂由香港人拥有和管理。深圳服装业其实是香港服装行业的直接延伸。

工作环境

因香港的最低社会福利和劳工保护法制度，中国内地视香港为资本主义社会。20 世纪 70 年代，由于深圳的服装行业采用了香港的模式，并且在工厂环境方面也效仿了香港管理体制。因此，经济学家和社会学家称之为"血汗工厂"。

服装业在旺季期间，深圳工人愿意加班工作，平均每日工作超过 12 个小时。在 6 个月旺季期间，工人们每月只能休息一两天。因为淡季时他们每天只能工作 4~5 个小时。工人们获得 90% 以上的工资来自于计件成绩。这些与个人表现和奖金都息息相关。由于老板支付剩下的 10% 底薪（如伙食补助、假期补贴和加班特别奖金）仅够支付生活费，计件工资制促使工人们在工作时间和工作速度上受到了激励。中国制定最低工资制和劳动保护法快十年了，但由于难以执行而始终无法实施，特别是在私人企业的服装行业里。95% 的深圳制衣工人来自乡村，没有城市户口（中国是世界上要求居民持有户口体系的少数国家之一）。如果没有户口就根本不可能从当地政府获取社会福利和劳动保障。

在旺季，深圳熟练制衣工的月平均收入为 150 美元。每个人的平均居住环境为 3~4 平方米，通常是 8 个人居住一间房。即使如此的条件，工作的承诺仍能吸引大量农民来深圳谋生。事实上，有些工人甚至给工厂押金以求保留工作的机会。一旦他们在深圳找到工作后，由于他们很难负担高昂的生活成本，大多数工人都不会选择在深圳养家。他们一般在深圳拼搏 8~10 年，然后回老家用他们的积蓄盖新房且过上相对舒适的生活。

服装制造

深圳服装制造业是一个低投资门槛的劳动密集型产业。深圳有大约 90% 的服装制造设备是从日本进口的。虽然其中不乏先进的服装生产设备，可是在服装生产中仍需很多手工劳动（如缝纫间、熨烫、上纽扣等），这些技能是无法实现机器自动化的，尤其是针对女性服装，其对手工操作要求更甚于男性服装。在大多数服装制造过程中，工人们必须用手工操作机器。通常来说，为了有效生产一件简单的衬衫，其生产过程也被细分为10多道工序。因此，一家服装厂通常需要许多生产工人。

相对于劳动力而言，一家服装生产企业对资金的需求还是比较低的。娄先生说："你有5000美元就可以成为一家服装企业老板。"投资建厂只需要一小份额资金用来购买缝纫机、租用房子（甚至一套公寓就可以）、雇用几名工人。所以，服装行业一直吸引不少新的投资者。

季节性和高流动性的劳动力

虽然服装生产劳动力的市场供应无限，但其中有些人因为是直接寻工且来自农村属于非技能性工人。因此，在每年9月至来年2月的生产需求高峰期，技术工人既珍贵又稀缺。

在市场需求高峰期间，由于熟练工人稀缺，工厂通常会不惜一切留住他们。服装制造商很清楚拥有越多的熟练工人也就越具有竞争力。因此，留住熟练工人是这些服装企业主所面临的迫切要解决的问题之一。在淡季，由于订单不足和竞争激烈，工厂通常处于非营利状态。甚至发放最低工资给工人也意味着公司要亏本。有远见的大型工厂，在市场淡季通常会保留最少量的稳定劳动力。而小型工厂为了节省成本就会处于暂时关闭状态。最令人头痛的是没有人可以确定在淡季里的损失是否会在旺季中得以弥补。这是因为深圳90%的服装出口到海外市场，而深圳的服装制造商对市场需求是很难掌控的。

在淡季期间，许多工人放长假。他们通常会返回家乡。旺季到来时他们又回来。他们当中有些人如果对原公司不满意的话，他们就会去别的工厂找新的工作。由于服装行业的不稳定性导致员工的流动率非常高。

有效地管理工人

生产成本包括裁剪、加工、缝制衣服等过程，这就是在行业中所谓的CMT。由于在深圳此行业的竞争大，在过去十年中深圳的CMT差不多减少一半。为了某一个特别的国外市场，外国购买家通常会提供布料和设计样式给工厂来生产服装。这些布料的成本往往比CMT高。由于贵重的布料有时可能会在生产过程中被损坏而导致深圳服装商面临风险，并且订单中的CMT往往不够赔偿这样的损失。

因为行业的劳动密集性，工人的工资通常是一件衣服CMT的60%。这也就意味着服装工厂利润收入的60%将作为工资支付给工人。还有如在服装加工过程中损坏布料的丢弃或交货期延误将会导致失去盈利，因为服装商必须承担布料的成本和耽误交货而必须使用高昂的空运费进行发货的费用。因此，有效地管理工人已经成为服装加工厂生死存亡的关键。因为工人们不仅决定60%的利润收入，而且还决定一张订单的命运。

由于深圳服装加工以出口作导向，通常订单小、订单数量多。典型的深圳服装工厂人数是100~200人。一家工厂一年可以生产大约200张订单。为了追求最流行款式，大多数设计师往往到最后一刻才交出确定的款式方案，而服装生产商只得在短期交货。这就意味着深圳服装商必须平均3~4天就要生产一款新服饰。

尽管如此短的生产期，工厂必须达到2个目标：①按客户质量接收标准进行生产；②准时出货（过时时装不是时尚！）。这两点也是服装工厂存亡的决定因素。

计件制度

计件制度在深圳工厂的使用是十分适合服装生产工作性质的。例如，一件女装的零售价是30美元。加工CMT在深圳的成本可能是3美元（布料、配件、图样由客户提供）。这件服装的生产过程需要超过15道工序。3美元首先分配给工人的工资。缝领口的工价可能是5美分，缝衣袖的工价可能是3美分，熨衣服的工价可能是4美分，等等。每位工人都有指定工作并获取一份计件工资（完成货品数量 X 工位计件价）。工人工资直接与其工作表现相关。通常来说，技术高且勤快的工人拿到的报酬比工作技能一般的工人要高。

基于服装制作过程的区分特性，一家服装厂由几个独立车间组成，这些独立车间叫作生产组。这些组往往由10~15名缝纫工组成并具独立加工服装的能力。管理部会任命每组的组长。组长全权分配本组工作。除计件工价和工人的工作效率外，组长也会对工人的收入有一定影响。他们常常将易完成的工作照顾分配给自己喜欢的组员。这就在一定程度上影响了团队的士气。这种现象在深圳比在其他城市更加严重。因为深圳是移民城市，很多工厂工人彼此是老乡或者亲戚。

减除工人成本后，3美元CMT的剩余部分支付工厂管理费，再剩下的才是企业主的利润。

确定计件的价格

由于制作一件特殊款式服装的每一道工序都是独特的，在生产过程中同一道工序的工价可能会发生变化。例如，做圆形领口与做方形领口的工艺要求不同，故工作的工价也不同。即使两种工作属于同一生产线，同一工人做圆形领口可能挣3美分，做方形领口可能只挣2美分。

甚至对于同一款式服装，如果订单大小不同，制作价格也可能不同。总体而言，如果工人对服装款式越来越熟悉的话，生产率也会提高。因为有学习曲线效应，所以大订单比小订单更容易生产。因此，企业主和管理者对大订单的每个工序的计件工资就压得更低（客户通常也要求大订单更低的CMT价格）。相对来说，如果是小订单，其计件工资也会提高。即使同一订单，布料质量不同也会影响其制作价格。例如，丝质服装通常比聚酯化织服装更难制作。

理论上，如果服装厂商拥有足够的时间和资源，那么根据服装款式的复杂程度、工人的日平均工资和工人的生产有效性，就可以预先精确设定每一道工序的计件工资。这就类似于20世纪初期美国弗雷德·泰勒对每个工序客观地进行有效的理论和实验。而实际上，由于时装的时效性，服装订单生产完后工厂才能正确地确定工序中的计件工资。这是因为大多数服装订单的数量相对来说都是小的（因此准确度量不是合算的做法）。短暂的交货期也让服装商缺乏时间来准确计算计件工资的工价。同时每一季节性的非标准性的服装款式太多，这使精确计算的可靠性十分困难。

因此，香港和深圳服装厂商通常按惯例在订单完成后再决定计件工资的工价。通常在月底，当工人拿到发放工资时才知道他们已完成订单生产的计件工资的准确工价。

尽管在生产前很难知道一张订单的计件工资的准确工价，但是管理方和工人们凭借他们以往的经验，在开始生产前，他们还是会对计件工资的工价范围有一个粗略的概念。因此，如何减低服装的 CMT 加工费用是企业和工人双方都十分关注的事情。各方都想尽可能获取较大的份额，因为每一件计件工价商的细微差别都会对双方最终产生巨大的差距。

在这个行业中，"先工作后支付"是规范。因此，工人和厂方之间就计件工资常常有冲突。工人们认为如果他们工作太快，管理方会占他们的便宜而减少工资，因为他们认为没有雇主心甘情愿支付给工人比市场价还要高的工资。

尽管如此，计件制度对雇主也不一定有利。工人们清楚，如果他们工作效率太高的话，会多劳少得。他们是不会受骗上当的。有时候，为了让管理方因生产力下降而需提高计件工资，工人们会集体性地蓄意怠慢工作进度。因此，工厂企业主经常发现他们进退两难：是因海运延期而支付高昂的空运费呢，还是通过提高工人计件工资而支付更高的工资呢？

质量保证体系的严格惩罚制度

为了控制在服装制作过程中产生的质量问题，严格的惩罚制度在深圳盛行起来。由于工人的收入主要来源于计件工作，为了增加他们的收入，他们不得不以更快的速度来工作更长的时间。但是在提高生产率的同时，在某种程度上，由于出现差错而导致质量下降。所以，为了保证服装质量，深圳工厂采取了严格的惩罚制度（如扣工资）来弥补因工人失误而造成的损失。这项措施在保证产品质量上、准时交货和低损耗方面起了至关重要的作用。

为了避免因差错而造成的处罚，工人们通常试图掩护他们的过失而推卸责任。

当问题发生时，当事人就会相互指责。当工人犯错被逮住后，工厂才可以扣工资补偿公司的损失。

品质上的责任追究是不容易的。实际上，公司管理不当通常会引发更多的问题。由于计件工资制度的差错，工人是不能获取工作时间损失的补偿的。因此，在深圳所有行业中，服装行业是工人对工作满意度最低且工人流动量最高的行业之一。

娄先生如何做才能激励工人提高工作速度

娄先生的工厂是间典型的深圳制衣厂。他与同行的其他人一样有着管理工人的苦恼经验。此时，娄先生痛苦地听着缝纫机缓慢的运转声，他知道要支付 15000 美元的空运费交货，因为他没有办法在明天预期出货。这是一项多大的浪费啊！15000 美元是他去年总利润的 1/5。娄先生必须改变工人蓄意怠慢工作进度的状态。不然的话，他将会考虑出售工厂和改行。他该如何做呢？

案例习题

1. 计件制是深圳服装制造业企业最合适的工资制度吗？
2. 计件制有哪些优点和缺点？
3. 哪些行业最适合于计件制？
4. 你如何解决服装业面临的困境——季节性生产需求与留住熟练技术工人？
5. 您是否同意深圳服装行业实行严厉的质量惩罚政策？如果不同意，是否有更好的方法来处理质量问题？
6. 如果你是楼先生，你会怎么做，以提高工人的生产力？

案例七

阿纳丹制造公司：财务报表分析

阿纳德·阿加瓦尔（Anand Agarwal）是阿纳丹（Anandam）制造公司的所有者。2015年7月，他向当地银行寻求追加5000万印度卢比①的资金以满足其服装制造公司日益增长的需求。三年间，其公司收入从200万印度卢比增长到800万，增长了三倍，且税后利润（PAT）从同期的36.4万印度卢比增长到了84万。因此，阿加瓦尔与银行讨论其公司强大的财务需求时信心满满。

在与银行经理进行漫长但富有成效的讨论中，阿加瓦尔解释了其公司的发展以及印度服装和纺织品市场的动态和增长机遇。阿加瓦尔颇为自豪地向银行经理介绍了其公司的业绩，并认为其公司在竞争相当激烈的行业环境中表现不俗。银行经理将阿加瓦尔的财务记录，其中包括损益表和资产负债表（表7-1和表7-2）交给了他的信贷员，并向阿加瓦尔保证，一旦这些文件处理和分析完毕，他就会在接下来一周与之见面。他指示信贷员尽快处理阿加瓦尔提交的贷款申请，并尽快通知阿加瓦尔银行所做出的相关决定。

---

* Vinay Goyal 和 Subrata Kumar Mitra 写这个案例，仅仅是为了给课堂讨论提供材料。本文的作者们并无意揭示在特定管理情境中处理方式的有效与否。为保密起见，作者隐去了部分名称和其他识别信息。

未经书面授权，禁止任何形式的复制、收藏或转载。本内容不属于任何复制版权组织授权范围。如需订购、复制或引用有关资料，请联系：Ivey Publishing, Ivey Business School, Western University, London, Ontario, Canada, N6G 0N1; phone (519) 661-3208; (e) cases@ivey.ca www.iveycases.com。

版权@ 2016 Richard Ivey School of Business Foundation　　版本：2016-04-06

① INR = 印度卢比；2015年7月31日汇率为1美元 = 64.03印度卢比。

表7-1 损益表 单位：千卢比

	2012–2013	2013–2014	2014–2015
销售额			
现金	200	480	800
应收账款	1800	4320	7200
总销售额	2000	4800	8000
商品销售成本	1240	2832	4800
毛利	760	1968	3200
营业费用			
管理及销售费用	80	450	1000
折旧	100	400	660
利息费用（借贷）	60	158	340
税前利润（PBT）	520	960	1200
税款（30%）	156	288	360
税后利润（PAT）	364	672	840

注　财报时间为，每年4月1日至次年3月31日。
来源：经公司审核的财务报表。

表7-2 资产负债表 单位：千卢比

	2012–2013	2013–2014	2014–2015
资产			
固定资产（折余价值）	1900	2500	4700
流动资产			
现金及现金等价物	40	100	106
应收账款	300	1500	2100
存货	320	1500	2250
总计	2560	5600	9156
资产与负债			
权益股本（每股价值10卢比）	1200	1600	2000
公积和盈余	364	1036	1876
长期借款	736	1236	2500
流动负债	260	1728	2780
总计	2560	5600	9156

来源：经公司审核的财务报表。

印度服装业

印度是世界上第二大服装制造国。印度的纺织业占全球纺锭生产力的24%，占全球气流纺生产力的8%。到2021年，其行业规模预计将增长到2230亿美元[1]。充足的原材料供应以及熟练的劳动力已经帮助该国成为世界服装业的利润中心[2]。

印度纺织业占该国国内生产总值的4%，占印度工业生产的14%，外汇流入的27%。有超过4500万人直接或间接从事服装业。国内市场以及国际市场对服装的需求增强了纺织业的发展前景。2014年，印度纺织生产部门的布料产量增长了6%，人造纤维的产量增长了4%。相关数据显示，纺织和服装制造业部门将继续保持强劲的增长势头[3]。关键比率的行业平均数还表明，纺织业公司的财务业绩保持着相当稳定且持续的发展（表7-3）。

表7-3 关键比率行业平均数

比率	行业平均数
流动比率	2.30∶1
酸性试验比率（速动比率）	1.20∶1
应收账款周转率	7次
应收账款天数	52天
存货周转率	4.85次
存货周转天数	75天
长期债务在总债务占比	24%
负债与股东权益比率	35%

---

[1] 所有的元单位均为美元。
[2] 公司催化剂（印度）私人有限公司，《印度纺织业简报》，2015年7月，2015年7月11日访问，www.cci.in/pdfs/surveys-reports/textile-industry-in-india.pdf。
[3] 公司催化剂（印度）私人有限公司，《印度纺织业简报》，2015年7月，2015年7月11日访问，www.cci.in/pdfs/surveys-reports/textile-industry-in-india.pdf。

续表

比率	行业平均数
毛利率	40%
净利率	18%
股本回报率ROE	22%
总资产回报率ROA	10%
总资产周转率	1.1
固定资产周转率	2
流动资产周转率	3
利息保障比率（利息保障倍数）	10
营运资本周转率	8
固定资产回报率	24%

来源：作者使用 CMIE 的 Prowess 数据库进行计算得出，2016 年 3 月 22 日访问，https://prowess.cmie.com。

在过去三年中，印度纺织市场大约增长了 14.58%。在 2013~2014 财年，印度服装业吸引了 110 亿美元的外商直接投资。一位纺织业专家预计，未来三年，印度服装出口将达到 600 亿美元。其原因大致有三方面，即中国劳动力成本增加，美国对服装业需求的提升以及印度制造业产品质量改善。相较 2012~2013 年，印度纺织品出口在 2013~2014 年度实现了约 12% 的增长，达到了令人惊叹的 354 亿美元[1]。美国一直是印度服装出口的主要市场。[2]

印度纺织业所面临的挑战

印度纺织业面临着诸多挑战，其中包括：
- 缺乏合格的员工。

---

[1] 印度品牌资产基金会，纺织与服饰，15，2015 年 8 月，2016 年 4 月 1 日访问，www.ibef.org/download/Textiles-and-Apparel-August-2015.pdf。

[2] 亚力桑德拉·梅赞德里和拉维·斯里瓦斯塔瓦，《印度服装业劳工制度》（英国，伦敦：发展政策与研究中心，亚非学院，伦敦大学，2015 年 10 月），16，2016 年 3 月 31 日访问，www.soas.ac.uk/cdpr/publications/reports/file106927.pdf。

- 能源短缺的同时能源成本在增加。
- 高昂的运输成本。
- 含混不清且又过时的劳动法规。
- 技术落伍，但行业内却不愿运用新技术。
- 缺乏规模经济①。

阿纳丹制造公司

阿纳丹公司成立于2012年，主要从事服装制造行业，并专门为12岁以下的女孩制造用于正式派对服装。阿加瓦尔是当地一家服装制造公司的一名优秀的纺织工程师，在工作了近12年之后，他辞去了他的工作，进而与他相识多年的一些熟练工人一起开设了这家小型服装制造部门。印度的服装业既有大公司，也有小作坊，因而他很清楚行业的竞争有多么激烈。

阿加瓦尔认为市场上缺乏优质的服装。因而他相信，如果他以较为合理的价格向顾客提供新颖且前卫的服装，那么就可以占领这一大公司尚未渗透且又相当广阔的市场份额。他也意识到这一领域的发展机会在增加。②

阿加瓦尔对服装制造的全过程了如指掌，所以他在创业初期并没有遇到太大困难。凭借120万印度卢比的资本，他于2012年4月在其住宅楼开始生产经营，并将其住宅空间的一半都转换为小工厂。装配机器和采购原材料对他来说都不难，他能够顺利地将所有生产所需的资源置办妥当。但他面临的唯一问题是找到一位时尚设计师来帮助他设计出适合儿童的新颖现代的服饰款式。他认为自己在设计上有所欠缺，因此他招募了曾学习过时尚设计的年轻时装设计师拉吉尼·艾尔（Ragini Iyer）。

依托阿加瓦尔的经验和专业知识及其专业素质过硬的员工团队，再加上拉吉尼的加入，大量超出预期的订单忽然涌入了生产部门。全新的创意设计，优质的面料和精细的细节刺激了市场对连衣裙的需求，其业务也开始增长。

---

① 公司催化剂（印度）私人有限公司，引用。
② 公司催化剂（印度）私人有限公司，引用。

阿纳丹公司的财务状况

随着业务量的增长，资金流动性等问题开始显现。阿加瓦尔所需面临的资金问题原因在于：
- 定期购买原材料所需的周转资金。
- 给予客户过多的信贷期限。
- 缺乏购买制造所需新机器的资金，以及工厂生产空间不足。

2012年，当阿加瓦尔开始创业时，他将该公司作为一家私人有限公司成立，而他和妻子是仅有的股东；他们共拥有120万印度卢比的股份。他在那一年以抵押贷款的形式借入资金，并将借入的资金用于企业的短期和长期需求。2012年，公司借入的资金总额为73.6万印度卢比（其资产价值为190万印度卢比，用以担保抵押贷款）。随着业务在随后几年的扩张和资产需求的增加，他继续向银行借取资金。第二年，抵押贷款金额为123.6万印度卢比；在第三年达到250万印度卢比。阿加瓦尔在获得抵押贷款方面没有什么困难，原因在于其资产的抵押价值相当高，而且他还向银行提供抵押担保（他的住宅）。其业务经营带来了正现金流，因而偿还贷款利息也不成问题。不过阿加瓦尔对长期或短期贷款的财务细节不甚了解，所以他只是继续提取资金，并将资金用在他认为需要的地方。

一位兼职会计师负责维护阿纳丹公司的财务记录。这位会计师每天都会进行财务记录，包括担保、现金维护、收据和公司财务支出，并根据法定要求编制每月、每季度和每年的财务报表。公司的财务报表由专业会计师进行审计。在所有的开支和利息都得到偿付之后，公司开始盈利，因而阿加瓦尔很高兴，总感觉自己是个成功的企业家。

未来展望

分析师认为,到 2020 年,印度纺织和服装业的国内和出口需求将达到 2200 亿美元。消费主义的盛行和可支配收入的增加使零售业实现快速增长。许多本国和国际制造商也进入了印度纺织品市场。预计未来 10 年,服装业务的年复合增长率将超过 13%。[①]

促成印度纺织业市场取得增长的因素如下:

- 人均收入以及人口分布的增加。
- 青年人对待品牌产品观念的转变以及普通人群生活方式的变化。
- 优质产品。
- 优惠的贸易政策。
- 出口机会的提升。
- 当地的市场需求促进布料生产的发展。
- 消费主义的盛行和可支配收入群体数量的增加使零售业实现了增长。
- 印度政府决心在其综合技能发展规划内,为约 270 万人提供技能培训。根据 2012~2017 年的五年计划[②],该规划将涵盖纺织工业的分部门,包括服装业、手工纺织机业、黄麻业、养蚕业和手工艺产品业。[③]

---

① 公司催化剂(印度)私人有限公司,引用。
② 印度计划委员会是印度政府在 1950 年 3 月决议设立的,其目的是为实现政府所提出的目标,即通过有效利用国家资源促进人民生活水平的快速提高,并为所有人提供为社区服务的就业机会。印度计划委员会负责评估该国的资源情况,解决资源不足的问题,并制定最有效且最均衡的资源利用计划以及确定优先事项。印度新上任的莫迪政府宣布解散计划委员,并成立 NITI Aayog(印度转型国家机构)。见"历史",计划委员会,2014 年 11 月 5 日,2016 年 2 月 3 日访问,http://planningcommission.nic.in/aboutus/history/index.php?about=aboutbdy.htm。
③ 印度计划委员会是印度政府在 1950 年 3 月决议设立的,其目的是为实现政府所提出的目标,即通过有效利用国家资源促进人民生活水平的快速提高,并为所有人提供为社区服务的就业机会。印度计划委员会负责评估该国的资源情况,解决资源不足的问题,并制定最有效且最均衡的资源利用计划,以及确定优先事项。印度新上任的莫迪政府宣布解散计划委员,并成立 NITI Aayog(印度转型国家机构)。见"历史",计划委员会,2014 年 11 月 5 日,2016 年 2 月 3 日访问,http://planningcommission.nic.in/aboutus/history/index.php?about=aboutbdy.htm。

对银行的提议：当前情况

阿加瓦尔迫切需要贷款来保证企业的现金和投资需求。他向银行提交了详细的提案、项目报告以及之前财年的财务报表。

随着业务范围的扩大以及客户数量的增加，其公司的财务问题也增加了。阿加瓦尔在市场上有着良好的信誉，因而他在购买必需的原材料方面没有问题。但是当试图从客户那里收钱时，他却面临着困难，原因是他没有用以记录信用期延长的结构化系统。他也开始注意到工厂所堆放的货物，这些货物要么还没有派遣订单，要么客户选择推迟交货。他的机器设备也变得老旧，所以他认为现在是用更为现代和高效的新机器取而代之的时候了。工厂的空间日渐不足，必须更换空间更大的厂房。新进的技术工人和一些其他的员工也需要支持他的扩张计划。

总而言之，阿加瓦尔至少需要额外融资5000万美元才能继续保证顺利运营以及扩大业务。

阿加瓦尔坐在他的办公室，急切地等待着银行的决定。他觉得进展应该比较顺利，同时展望着，要把阿纳丹带到新的高度。

案例习题

1. 制作并分析公司的现金流表。
2. 制作并分析公司的共同比报告。
3. 计算并分析公司的发展趋势。
4. 公司财务分析有哪些不同的比率？
5. 根据案例中表7-3计算上述比率。
6. 如果你是信贷员，基于公司与行业的上述比率，你会同意贷款吗？
7. 对于公司将来的发展，你有何建议？

案例八

美国服饰：陷入债务危机？[①]

2014年4月3日，美国零售商——美国服饰的现金流断裂，需偿付1340万美元[②]的利息及其他债务本金。2013年，公司的净亏损达到1亿零600万美元，比2012年大幅增长了3700万美元，这使公司深陷泥潭。其实从2009年起，公司就处于亏损状态。其销售额在2013年有小幅提升，但最终的亏损金额仍然创下新高。同一时期，公司股价从每股15美元暴跌至0.56美元，损失了95%（见下页图）。公司争议很大的CEO多夫·查尼（Dov Charney）一直以来都采用高利率贷款（高达18%的利息）和追加资本的方式来维持经营。2014年3月，公司以每股50美分的价格出售了6100万股公司股票，获得了2850万美元的融资。[③]美国服饰还与现有的投资人进行了重新协商。因此，公司的信贷还款也获得了一定程度的放松。有什么方法能拯救公司呢？

公司的创始人兼CEO多夫·查尼说道：

"我们在2012年和2013年进行了大量的基础建设，并且大部分项目都已经实

---

* Anupam Mehta写这个案例，仅仅是为了给课堂讨论提供材料。本文的作者们并无意揭示在特定管理情境中处理方式的有效与否。为保密起见，作者隐去了部分名称和其他识别信息。

未经书面授权，Richard Ivey School of Business Foundation禁止任何形式的复制、收藏或转载。本内容不属于任何复制版权组织授权范围。如需订购、复制或引用有关资料，请联系：Ivey Publishing, Ivey Management Services, c/o Richard Ivey School of Business, The University of Western Ontario, London, Ontario, Canada, N6A 3K7; phone (519) 661-3208; fax (519) 661-3882;（e）cases@ivey.uwo.ca.

版权@ 2016, Richard Ivey School of Business Foundation　　版本：2016-04-14

① 本案例的撰写只基于公开发布的信息。因此，案例中涉及的解释和观点不一定来自于美国服饰公司及其员工。

② 所有货币金额以美元计，除非另作说明。

③ M.Townsend,"美国服饰遵循了瑞士企业最新的经营模式"，商业周刊，2014年4月8日，2014年5月12日访问，www.businessweek.com/news/2014-04-08/american-apparel-ceo-finds-latest-believer-in-form-of-swiss-firm。

施，我们希望在 2014 年将重心重新放在开发品牌优势，为零售和批发的客户提供杰出的服务上。我们致力于从业务投资中获得回报。"[1]

图　2008年~2014年美国服饰的股价

来源：雅虎财经，"美国服饰公司（APP）"，雅虎财经，2014 年 12 月 23 日访问，http://finance.yahoo.com/q/hp?s=APP&a=00&b=7&c=2008&d=11&e=8&f=2014&g=m&z=66&y=66。

关于公司

"美国服饰是一家集视野、热情、强度、品牌、可持续性、公平待遇、太阳能、可循环、创造力以及乐观进取的精神于一身的企业，"CEO 多夫·查尼如是说。[2]

美国服饰的总部在洛杉矶市区，是一家纵向一体化的生产商、分销商和零售商，为女性、男性、儿童和婴儿提供基础时尚类服饰和配件。截至 2014 年 2 月 28 日，公司在约 20 个国家中雇用了 10000 名员工，经营着 246 家零售门店。公司在美国、加拿大、墨西哥、巴西、英国、爱尔兰、奥地利、比利时、法国、德国、意大利、荷兰、西班牙、瑞典、瑞士、以色列、澳大利亚、日本、韩国和中

---

[1] "美国服饰公司，发布 2013 年初步财务指标；2014 年 EBITDA 预测，二月份初步销售业绩"，路透社，2014 年 3 月 6 日，2015 年 12 月 9 日访问，www.reuters.com/article/ca-american-。

[2] "美国服饰的多夫·查尼在解雇事件之后首次发声"，野兽日报，2014 年 6 月 24 日，2014 年 6 月 26 日访问，www.thedailybeast.com/articles/2014/06/24/american-apparel-s-dov-charney-speaks-for-first-time-since-firing.html。

国均有业务覆盖。公司还经营着电商网站，http://store.americanapparel.com，涵盖了12家本土化的线上商店，7种使用语言，为全球30个国家的消费者服务。公司有四大运营部：批发部、美国零售部、加拿大部和海外部。"美国服饰"是美国服饰（USA）有限责任公司的注册商标[①]。自2006年起，公司开始在纽约交易所上市。其服装生产部门在加州洛杉矶市区的仓储区拥有超过800000平方英尺的厂房设备。

商业模式

美国服饰的愿景是生产高质量的服饰，并且不使用廉价的"血汗工厂"劳工，也不压榨员工：

"我们致力于重新挖掘经典产品如传统T恤衫的价值，它们曾经是西方文化与自由的标志。我们的目标是让人们乐意穿上不依赖于廉价劳动力生产的衣服。我们的服装生产的每一个细节，从布料的编织到产品的拍照，全部是在自己工厂内完成的。通过巩固整条生产链，我们获得了其他公司无法达到的高效率，因为他们过度依赖外包。"[②]

增长战略

公司致力于通过增加门店数量、搭建良好的线上平台、为消费者提供新产品，并开发强大的信息系统支持来实现增长。

公司的核心竞争力来自于独特的设计、推广和品牌宣传、上市速度、高质量的产品以及面向众多地区消费者的门店。[③]

[①] 美国服饰，"美国服饰公司，10-K 表格（年度报告）"，爱德加在线，洛杉矶，加州，2014年。
[②] "良心卧底"，美国服饰，2004年8月23日，2014年6月28日访问，www.americanapparel.net/presscenter/articles/20040823outgeneration.html。
[③] 美国服饰，"美国服饰公司，10-K 表格（年度报告）"，爱德加在线，2016年3月27日访问。

关于 CEO 及创始人

1998年，多夫·查尼创立了服装业务[①]。查尼一直集中在高质量、引领潮流的服装生产上。他有非常敏锐的商业触角，他所塑造的垂直一体化业务模型为公司提供了特别的优势，能够快速应对市场的变化和消费者的需求。2004年，安永会计师事务所把查尼评为年度企业家。服装杂志时尚行业协会和广告设计行业协会都授予他"年度人物"的称号。查尼还被列为洛杉矶时代杂志的"南加州100个最具影响人物"，细节杂志也把他列为"50强"人物。在首届洛杉矶时尚大奖上，查尼杰出的营销能力广为人知。2008年，一份独立的研究报告把美国服饰列为顶尖的引领潮流的品牌，仅次于耐克。[②]2008年，公司的CEO在第15届年度时尚行业迈克尔奖上被评为"年度零售商"，同样获奖的还有卡尔文·克雷恩(Calvin Klein)和奥斯卡德拉伦塔(oscar de la renta)。与其成就形成鲜明对比的是，查尼也因在公司产品的营销中采用性挑逗广告而著称。查尼参与了多起复杂的诉讼案件，但在法庭上，所有指控均未成立。[③]

美国服饰曾经的业绩

从2008年的顶尖潮流品牌，到一家负债累累的公司，美国服饰的发展之路非常艰难。公司激进的扩张方式、明确的性挑逗广告和高质量的产品曾使公司获得了较高的利润率。公司塑造了强势的品牌辨识度，在引领潮流的设计与查尼独特的时尚触觉的带领下，公司的产品深深吸引了年轻群体。在扩张策略的驱动下，美国服饰继续保持着有机增长、内部驱动和收购活动。公司从2006年的147家门店扩张到2008年覆盖国内外地区的260家门店。销售额同比增长了40%。快速的

[①] S. Maheshwari, "即使股票交易额低于1美元，多夫·查尼对美国服饰仍抱有远大理想", 嗡嗡喂, 2014年2月10日, 2014年6月2日访问, https://www.buzzfeed.com/sapna/dov-charney-dreams-big-for-american-apparel-even-as-its-stoc。

[②] 美国服饰, "公司信息", 美国服饰, 2014年6月1日访问, http://store.americanapparel.net/en/。

[③] J. Edwards, "关于美国服饰CEO多夫·查尼的多起性骚扰指控大多都不成立", 商业内幕, 2013年3月12日, 2015年2月9日访问, www.businessinsider.com/sex-harrassment-。

门店与零售中心的扩张使美国服饰成为零售行业增速最快的公司之一。

2009 年前后：生存斗争

美国服饰的成功故事只延续到了 2009 年。一项联邦调查指出美国服饰工人的身份文件存在违规情况。[①] 由于移民问题，美国服饰被要求终止与 2000 名工厂员工的雇佣关系，这使公司无法按时完成订单，也无法满足客户需求。因此，生产受到了巨大影响，并导致了库存中断。

公司的营业利润从 2008 年的 3600 万美元下降为 2009 年的 300 万美元，损失达到 92%。公司的净利润也从 2008 年的 1400 万美元暴跌至 2009 年的 100 万美元，跌幅达到 93%（表 8-1，包括公司利润表的具体情况，还可参见毅伟案例 7B16B008）。

终止劳动合同所造成的影响是巨大的，公司难以完全恢复。全球性的衰退使恢复更加困难。这是公司的销售额第一次出现下降（从 2009 年的 5 亿 5800 万美元下降到 2010 年的 5 亿 3200 万美元）。营业利润从 2009 年的 2400 万美元跌至 2010 年的 -5000 万美元。美国服饰还从 111 万美元的净利润变成 8600 万美元的净亏损。

受到亏损与流动性下降的影响，美国服饰的资金情况在 2011 年第一季度进一步恶化，公司称其将申请第 11 章下的破产保护。急需资金的查尼试图在最后时刻为公司带来投资者，以避免违约事件。然而，公司承担的贷款成本非常高昂。

尽管债台高筑，公司仍继续进行门店扩张。通过不懈的努力，公司的净亏损从前一年度的 8600 万美元减少到 3900 万美元。

2012 年，公司升级了其产品预测与分配系统，有助于利用需求规划方案来加强物流系统。与此同时，公司继续扩张门店，总亏损额从 2011 年的 3900 万美元下降到 2012 年的 3700 万美元。销售额也开始提升；净销售额从 2011 年的 5 亿 4700 万美元增长至 2012 年的 6 亿 1700 万美元（表 8-1 和表 8-2）。

[①] J. Preeston，"移民问题以解聘结束，没有其他行动"，纽约时报，2009 年 9 月 29 日，2014 年 5 月 30 日访问，www.nytimes.com/2009/09/30/us/30factory.html?_r=0。

表8-1 2008~2014年美国服饰公司及其子公司的合并运营及综合损益表

单位：1000每股价格除外

	2013年	2012年	2011年	2010年	2009年
净销售额	$633941	$617310	$547336	$532989	$558775
销售成本	313056	289927	252436	253080	238863
毛利润	320885	327383	294990	279909	319912
销售费用	241683	227447	209841	218198	198518
管理费用	106957	97327	104085	103167	93636
零售门店减值损失	1540	1647	4267	8597	3343
营业利润（损失）	(29295)	962	(23293)	(50053)	24415
利息支出	39286	41559	33167	23752	22627
外汇交易损失	1	120	1679	(686)	(2920)
权证与购买权的公允价值变动导致的未实现损失（收益）	3713	4126	(23467)	993	—
清偿负债导致的损失（收益）	32101	(11558)	3114	—	—
其他开支（收入）	131	204	(193)	39	(220)
息税前损失	(104527)	(33459)	(37593)	(74151)	4928
备付应纳税所得额	1771	3813	1721	12164	3816
净损失	$(106298)	$(37272)	$(39314)	$(86315)	$1112
基本与稀释后的每股损失	$(0.96)	$(0.35)	$(0.42)	$(1.21)	$0.02
基本与稀释后的加权平均流通股份	110.326	105980	92599	71626	71026
净损失（综上）	$(106298)	$(37272)	$(39314)	$(86315)	$1112
其他综合(损失)收益项目					
外汇折算，税后	(1581)	631	(188)	(1085)	620
其他综合（损失）收益，税后	(1581)	631	(188)	(1085)	620
综合损失	$(107879)	$(36641)	$(39502)	$(87400)	$1732

来源：由美国服饰2009~2013年的年度报告作者整理。美国服饰公司，埃德加在线，2016年3月27日访问。

表 8-2　2008~2013 年美国服饰公司及其子公司合并资产负债表

单位：1000每股价格除外

	2013	2012	2011	2010	2009	2008
资产						
流动资产						
现金	$ 8676	$12853	$ 10293	$7656	$ 9046	$ 11368
贸易应收账款	20701	22962	20939	16688	16907	16439
限制性现金	–	3733				
预付费及其他流动资产	15636	9589	7631	9401	9994	5369
存货净额	169378	174229	185764	178052	141235	148154
应收所得税和预付所得税	306	530	5955	4114	4494	3935
递延所得税，扣除减值准备金	599	494	148	626	4627	3935
总流动资产	215296	224390	230730	216537	186303	185869
资产与设备（净）	69303	67778	67438	85400	103310	112408
递延所得税	2426	1261	1529	1695	12033	10137
其他资产（净）	46727	34783	25024	24318	25933	25195
总资产	$333752	$328212	$324721	$327950	$327579	$333609
负债与股东权益（赤字股本）						
流动负债						
现金透支		$3993		$1921	$3328	$3741	$2413
一年内到期的循环信贷措施与长期贷款的当期分摊额	44042	60556	50375	138478	6346	34318
应付账款	38290	38160	33920	31534	19705	32731
应计费用与其他流动负债	50018	41516	43725	39028	30573	22140
担保负债的公允价值	20954	17241	9633	993	2608	8582
应付所得税	1742	2137	2445	230		
流动递延所得税负债	1241	296	150	—		
一年内到期的融资租赁负债	1709	1703	1181	560	1907	2616
总流动负债	161989	161609	143350	214151	64880	102800

续表

	2013	2012	2011	2010	2009	2008
长期贷款，扣除2013年12月31日的5779美元和2012年12月31日的27929美元的未摊销折扣	213,468	110,012	97,142	444		
应付关联方的无优先权票据	5,453	2,844	—	4,611	65,997	67,050
资本租赁负债，扣除当期摊销额			1,726	542	4,355	3,292
递延所得税负债	536	262	96	260	1,020	1,986
递延租金，扣除当期摊销额	18,225	20,706	22,231	24,924	22,052	16,011
其他长期负债	11,485	10,695	12,046	7,994	11,934	6,058
总长期负债	249,167	144,519	133,241	38,775	105,358	94,397
总负债	411,156	306,128	276,591	252,926	170,238	197,197
股东权益（赤字股本）						
2012年12月31日流通股本	11	11	11	8	7	7
资本公积	185,472	177,081	166,496	153,881	150,449	131,252
累积的其他综合损失	(4,306)	(2,725)	(3,356)	(3,168)	(2,083)	(2,703)
累计赤字	(256,424)	(150,126)	(112,854)	(73,540)	19,012	17,900
减：库存股，以成本价计的304股	(2,157)	(2,157)	(2,157)	(2,157)	(10,044)	(10,044)
总股东权益（赤字股本）	77,404	22,084	48,130	75,024	157,341	136,412
总负债和股东权益（股东赤字）	$333,752	$328,212	$324,721	$327,950	$327,579	$333,609

来源：由美国服饰2008~2013年当期报表的作者整理。美国服饰公司，埃德加在线，2016年3月27日访问。

2013年的财务报告

2013年，美国服饰经历了财务情况最艰难的一年。在这一年间，公司实施了两个重大的战略，分别在成本管理和洛杉矶的新分销中心两个领域。同时，公司还完成了无线电射频识别系统的建设。由于营业成本的增加和配送系统的紊乱，在转换分销中心的过程中，公司也经历了不少困难。[①] 产品销售成本从2012年的2亿8900万美元提升至2013年的3亿1300万美元，使净利润和毛利润骤降。2013年，净亏损增加到1亿6百万美元，而销售额小幅上涨了3个百分点，从2012年的6亿1700万美元提升至2013年的6亿3300万美元。在高利率和债务还款的强压下，12月31日，公司仅存800万美元的现金（表8-3）。2013年的门店信息，见表8-4。2013年年底，公司背负着巨额债务，主要借款人老虎资本以高额利率为公司融资，并且附带严格的、可增加的条款，当管理层有任何变动时，借款人可以撤回资金。

表8-3　2009~2013年美国服饰公司现金流量表

单位：1000

	2013年	2012年	2011年	2010年	2009年
净现金运用来源					
运营活动	$(12723)	$ 23589	$ 2305	$(32370)	$ 45203
投资活动	(25147)	(24853)	(10759)	(15662)	(20889)
融资活动	34228	4214	12582	48172	(25471)
汇率变动对现金的影响	(535)	(390)	(1491)	(1530)	(1165)
净现金（减少）增加额	$ (4177)	$ 2560	$ 2637	$ (1390)	$ (2322)

来源：由美国服饰2008~2013年当期报表的作者整理。美国服饰公司，埃德加在线，2016年3月27日访问。

---

① 美国服饰，"公司信息"，2014年6月1日访问。

表8-4 美国服饰的门店数量对比

单位：家

	年份（年）	季度末			
		3月31日	6月30日	9月30日	12月31日
门店数	2013	238	237	237	235
	2012	243	244	242	238
	2011	249	248	244	241

来源：由美国服饰2008~2013年当期报表的作者整理。美国服饰公司，埃德加在线，2016年3月27日访问。

服装行业

整体而言，服装行业是高度分散且极度不稳定的。根据PEC的研究，过去五年的销售额增长已经减退〔国内的年均复合增长率（CAGR）为-0.5%，全球的CAGR为1.4%〕。[①]此外，该行业的存货量在过去的五年间逐步增长，2008年占销售额的12%，2011年占到销售额的14%，这是由于原材料价格与存货管理成本的增加影响了整体的存货价格水平。美国的市场几乎停滞不前；同期国际市场的销售额则以11.3%CAGR的速度增长。总体销售额（包括国际与国内的销售额）的CAGR增速约为1.6%。

据商业周刊报道，美国的服装行业已经损失了大约80%的工作岗位，并且衰退之后的恢复期极其缓慢。[②]得益于纵向一体化模型，许多美国公司尚能存活，因为他们对于消费者的偏好和需求有着强大的应变能力。公司的能力还取决于其掌握国内与国际销售的能力。无法预测时尚潮流趋势的公司将无法生存。

在服装行业中，美国服饰面临着来自GAP、Urban Outfitters、American Eagles和Express的激烈竞争。因为外包，部分竞争者有着更加强大的财务实力以及削减

[①] PEC研究报告，"美国的服装零售行业，"耶鲁管理学院，2012年9月16日，2014年6月8日访问，http://analystreports.som.yale.edu/reports/BrandedApparel2012.pdf。

[②] B. Bland，"美国服装制造商的一种新型的、可持续的模型"，行业周刊，2013年10月17日，2014年6月8日访问，www.industryweek.com/leadership/new-sustainable-model-apparel-manufacturing-us。

成本的途径。

展望未来：2014年第一季度报告及年度展望

截至2014年3月31日，美国服饰第一季度的销售额下降至1亿3710万美元，原因主要为门店的减少和批发净销售额的下降。第一季度毛利下降至7200万美元。在2014年第一季度的报告中，公司向投资者保证削减生产及行政管理的成本。同年，公司还停止了高额的资本开支，更加集中于降低生产流程中的低效率，提高生产效率，营造可盈利的未来。①

查尼说道，"第一季度的表现给了我们极大的鼓励，已实现的业绩超过了我们2014年的商业计划。成本控制在各个领域的业务中初见成效，我们现在将重点放在提高高端产品线的业绩上。"②对于未来的发展道路，查尼说，"在正确的引导下，它的（美国服饰）247家门店可以提高20%的生产率，线上业务可以翻番，批发业务可以实现20%~30%的增长。"③

最新动态

2014年3月25日，为了满足债务重新谈判的条件，公司进行了股权融资。FiveT的CEO约翰内斯·米尼奥·罗斯（Johannes Minho Roth）认购了2600万股，成为了公司第二大外部股东，仅次于CEO多夫·查尼。FiveT是一家总部位于苏黎世的企业。

罗斯认为公司的股价被严重低估。对于美国服饰的投资，罗斯说道，"我们简直无法相信它有多么便宜，"尤其因为"公司有很多人们没有想象到的重组空

---

① 美国服饰，"公司信息"，同前注。
② 美国服饰，"美国服饰公司，第一季度财务报告，"2014年5月12日，2014年6月2日访问，http://investors.americanapparel.net/releasedetail.cfm?ReleaseID=847307。
③ BiggerCapital，"美国服饰：我们的长期投资方向，"纳斯达克，2014年4月23日，2015年2月9日访问，www.nasdaq.com/article/american-apparel-our-long-investment-thesis-cm346462。

间,……他是一位梦想家……多夫的人生目标就是让美国服饰成为一家成功的企业。我非常看好他。"①

虽然融资为公司争取了一些时间,让公司偿付了债务,但是违约的风险仅仅得到了暂缓而非消除,下一轮利息偿付期为2014年4月。

2014年4月14日,这家负债累累的公司又受到一次重大的打击,根据内部调查,董事会认为查尼的性骚扰及性暴力案件是一种"故意的不当行为",并将其解雇。董事会声称解雇查尼是由于其个人的不当行为,而非工作失误。在解雇发生的时期,公司因为债务而难以喘息。公司必须在2014年4月底之前偿付1400万美元的利息。分析师认为,此次解雇事件是压垮公司的最后一根稻草,并质疑查尼的离开将引发公司一直以来试图避免发生的违约事件。此外,他们希望知道哪个领域的业绩使公司陷入了债务危机,美国服饰是否丧失了吸引力,以及查尼是否不再具备个人魅力。

案例习题

1. 使用财务比率分析,评估美国服装在过去五年的财务绩效。

2. 根据公司共同比报告(common size statement)分析公司财务报表。这些报表提供了哪些深入的见解?

3. 哪些财务绩效因素导致这家成长中的公司成为负债累累的企业?在财务绩效分析的基础上,您建议采取什么行动来防止公司进一步陷入债务?

4. 可选问题:Dov Charney的任职终止是否影响公司偿还债务的能力?你是否同意美国服装已经失去了吸引力,而Charney已经失去了魅力?

---

① M Townsend,"美国服饰的CEO及时找到了信任者,"彭博商业,2014年4月9日,2015年2月9日,www.bloomberg.com/news/articles/2014-04-08/american-apparel-ceo-finds-new-believer-just-in-time。

案例九

中国嘉皇男装：在中国建设品牌

2012年10月初，嘉皇男装的老板许强正驾车从上海返回公司所在地的黄岩。折腾了一天后，他的脑子里还反复掂量着公司可能的战略选择。此行起因是竞争对手不仅抄袭了他设计的羊毛衫款式，还低价抢他的客户。光是过去一周，就有5个已订货的客户打电话给许强要求降价，否则就要取消订单转向他的竞争对手！许强紧靠座椅握紧方向盘陷入沉思，接手父母创建的这家服装厂已经7年了，他还从没有经历过如此惨烈的竞争。低价竞争与产品差异化已成为他不可回避的基本抉择，回避即是坐以待毙。

全球服装与男装零售市场[①]

2006~2011年，全球服装零售市场增长平稳，其年复合增长率为2.7%，预计该增长将持续保持到下一个5年。2011年全球服装市场总收入1.18万亿美元，其

---

* 本案例由慕凤丽、陈曦、Micheal A. Sartor 编写，仅作为课堂讨论材料使用。作者无意阐明案例是否有效地应对了一个管理情景。为了保密，作者可能在案例中有意隐去了一些真实姓名或其他信息。未经书面授权，Richard Ivey School of Business Foundation 禁止任何形式的复制、收藏或转载。本内容不属于任何复制版权组织授权范围。如需订购、复制或引用有关资料，请联系：Ivey Publishing, Ivey Management Services, c/o Richard Ivey School of Business, The University of Western Ontario, London, Ontario, Canada, N6A 3K7; phone (519) 661-3208; fax (519) 661-3882; e-mail cases@ivey.uwo.ca.

版权@ 2013, Richard Ivey School of Business Foundation   版本：2013-06-17

① 该部分数据信息来自Datamonitor's 2012 Market Line 服装零售和男装市场报告,其涵盖的地理区域包括亚太地区、欧洲、美国和中国，还有全球范围的统计。

中北美洲市场占36%，欧洲紧随其后占35.1%。虽然亚太地区市场份额不是很大，仅有3020亿美元，占25.7%，但这个市场的年复合增长率同期相比相对较高，为3.0%。

在全球服装零售市场上，男装（包括运动、休闲、正装和外套，所有这些类型都包括羊毛衫）一直占据第二份额的位置（总收入3778亿美元，占全球服装零售市场的32.1%），女装与童装市场分列第一和第三。美国男装市场（957亿美元）稍低于欧洲（1300亿美元）和亚太地区市场（1045亿美元），但远高于中国市场（499亿美元）。男装与女装的份额比例在欧洲、北美洲和亚太地区非常相似：欧洲男装30.8%，女装51.1%；北美男装31.8%，女装51.7%；亚太地区男装34.6%，女装47.1%。

中国男装市场

2011年，中国是亚太地区最大的男装市场，总收入499亿美元，占47.7%，位居第二的日本男装市场总收入为299亿美元，占28.2%。但这两个市场在市场前景上差别很大，中国市场在过去5年里平均年增长4.5%，而日本只有0.6%。与中国市场相似，印度男装市场发展稳健，2007~2011年增长率为8.0%。

因为资金要求和进入门槛都比较低，与其他市场相比，中国服装零售的渠道分布呈现出明显不同。全球范围内，55.5%的男装经由品牌服装鞋帽商场、26.1%的男装经由连锁商超渠道出售，这种模式在欧洲和美国非常普遍。

相反，中国的零售市场更加碎片化，大量的独立零售商店和个体户构成男装销售的主体，完全不像更成熟的美国和英国市场那样，由实力强大的零售商主宰着销售渠道。在制造商和零售商之间，有着数量众多大大小小的批发商，活跃在碎片化的服装市场上。

一个有趣的独特现象是：中国是世界上低价男装的最大生产国和出口国，中国市场上的高端男装品牌都来自中国以外的公司，如皮尔·卡丹、花花公子、Izod。成千上万的中低档品牌有的出自服装制造企业，有的来自批发商甚至零售商。为了吸引消费者，这些品牌的名字大多听起来像是来自欧洲或美国。

中国的服装制造主要集中在东部的三个区域：京津地区、上海地区和广东地区。大致上，京津地区主要生产女装，广东地区多生产休闲服装，而男装生产多集中在上海地区。

嘉皇男装所处的黄岩，即是上海附近、浙江省东南的台州市下的一个小城。10月，黄岩开始进入一年中最美的时节，也是最忙的时节。每年的这个时候，黄岩西北边的新前街一带就开始响起针织横机声，"咔嚓咔嚓"，彻夜不停。人人都知道黄岩是蜜橘之乡，却少闻这里还是"羊毛衫之乡"，在这片不到50平方千米的地方就集中了近300家大大小小的羊毛衫生产企业，从业人数好几万。

台州黄岩的羊毛衫产业是从1985年开始兴起的，大多是手工作坊式的小工厂生产。那时中国人对时尚的认识都来自一本叫《大众电影》的杂志，而那本杂志的封面影星出镜时最爱穿的时装就是各式羊毛衫，所以在那个年代，羊毛衫在全中国都是抢手货。由于羊毛衫制作工艺简单，技术含量低，生产方便，投资回报快，利润又高，黄岩几乎家家户户都办起了羊毛衫加工点。逐渐地，更多的羊毛衫厂专注于男士羊毛衫的生产，最直接的理由是男士羊毛衫的款式设计比女士的要简单很多。

到了20世纪90年代初，这里的羊毛衫产业已经进入了飞速发展期。许强家的厂子就是在那个时候开的。他清晰记得，那时候每天晚上都有温州来的货车停在他家和邻居家门口等货，谁能拿到货，谁就能赚钱，几乎天天都有人为抢货争吵，甚至打架，根本不存在销售问题。行业的红火带动了黄岩地区更多的闲置劳动力进入这个产业，逐渐形成了羊毛衫产业集群。

为了保持成本优势，黄岩的羊毛衫生产采用了社会化大分工的模式，这种分工已经到了精细化的境界：有专门加工细毛线的，有专门染色的，有专门把细毛线加工成衣片的，有专门把衣片加工成成衣的，有专门整烫的，有专门包装的，还有专门的物流，把加工好的羊毛衫运到全国各地的批发市场，只有很少较大的制造厂商拥有自己的服装品牌。

遗憾的是，这个产业一直进步不大：20多年前，黄岩的羊毛衫企业使用的都是手动横机，现在这里的大多数企业还是在用手动横机，没进步；20多年前，黄岩的羊毛衫企业以家庭式加工点为主，现在大多数企业还保持着这种作坊式的生产方式，没发展。产业规模小，政府对企业的政策支持力度就小，这样就更没人敢投资发展企业。慢慢地,产业热度消退,政府由于看不到产业发展的前景,支持力度进一步降低。

黄岩的羊毛衫企业发现通过效率降低成本越来越难,而且,劳动密集型的生产方式也面临越来越严峻的考验[①]。一直以来,中国依赖其廉价的劳动力成本成为世界的制造工厂,之前,农民工愿意拿更少的钱工作更长的时间,但时移世易,这一情况正快速变化。2005~2011年,中国的最低工资几乎增加了一倍,工人要求更好的待遇。到2012年下半年,很多城市的制造厂商像制鞋中心东莞都出现招工难现象,不仅要提供更好的薪水,还要提供上网、茶室、篮球场和卡拉OK等免费娱乐设施。不仅如此,因为产品都很相似,批发商和零售商有着很强的议价能力,逼着制造厂商不断降低出厂价。

许强与嘉皇男装

在这些企业中,许强的嘉皇羊毛衫厂算大的。7000多平方米的厂房,100多个工人,每年45万件的产量,这规模与四邻八乡众多的家庭作坊式加工点比起来,俨然是鹤立鸡群。20世纪90年代初,在黄岩羊毛衫产业蓬勃发展的过程中,许强的父母创建了这个工厂,最初是一个连名字都没有的小手工作坊,也没有生产羊毛衫,只是外购细毛线,从较大的羊毛衫工厂承揽衣片加工。到21世纪初,许强的父母才决定将工厂扩张,在衣片加工之外,也开始从大工厂分包一些羊毛衫加工,有时也直接从批发商手里接些羊毛衫的订单。这意味着嘉皇必须增加一些衣片加工的程序,比如裁剪、套扣、缝纫和砂洗。下页图列出了嘉皇男装扩张后的生产程序。

2001年,许强考上了上海交通大学。当时的嘉皇差不多有60个工人,同时供应衣片和羊毛衫。那时候羊毛衫供不应求。嘉皇和其他的生产商一样,很少会在销售上功夫。

许强还清晰地记得拿到上海交通大学计算机专业录取通知书的那天,父亲说他从杂志上看到国外的羊毛衫企业已全面进入了电脑时代,满怀期待等儿子毕业

---

① The Globe and Mail. Shift on China's Factory Floor Puts manufacturing Miracle at Risk. October 24, 2012, p.B11.

后，他们许家要在黄岩建起第一个现代化羊毛衫企业。

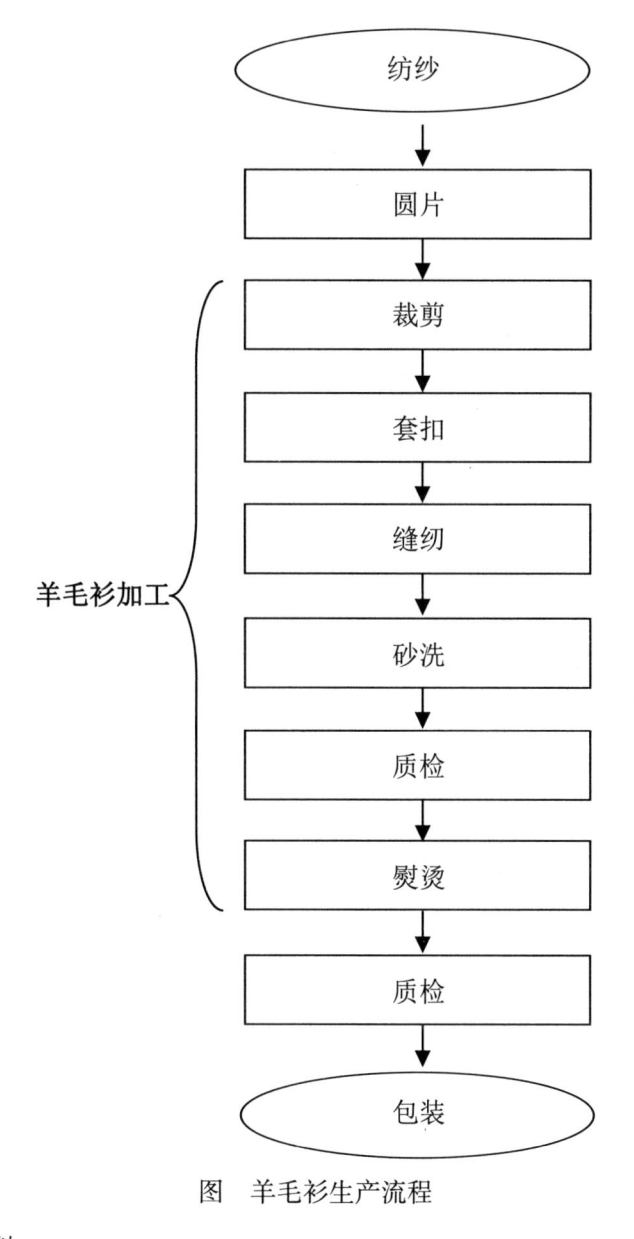

```
          纺纱
           ↓
          圆片
           ↓
    ┌──── 裁剪
    │      ↓
    │     套扣
    │      ↓
羊毛衫加工  缝纫
    │      ↓
    │     砂洗
    │      ↓
    │     质检
    │      ↓
    └──── 熨烫
           ↓
          质检
           ↓
          包装
```

图 羊毛衫生产流程

来源：公司资料

2005 年，许强以优异的成绩从大学毕业，背负着父母的殷殷期望和振兴家族企业的责任，他放弃了考研，也放弃了留在上海某著名外企工作的机会，回到黄岩。

刚从父母手中接过这摊生意时，许强一心只想在原有基础上做大。可没多久他就发现，衣片加工虽然业务稳定，但实际上没有真正的利润，赚的钱只够买几台机器：加工衣片的针织机很贵，每台至少在30万元[①]以上。这些机器不仅维护成本高，磨损也很快，折旧率高达10%，也就是说，这些针织机10年就要换新。算算这10年的利润，往好里说也就够买新机器的。表9-1是衣片加工设备的情况说明。

表9-1　针织机比较

设备	售价	折旧率	日产量	维护成本	加工范围
第一代针织机（德国制造）	400000元（1998）	12%	250件	中	低档粗针
第二代针织机（中国制造）	1300000元（2009）	16%	80件	低	中档12针
第三代针织机（日本制造）	350000元（2009）	10%	180件	高	全系列

注　维护成本包括电费、人工、零配件、对毛料的特别损耗等。
来源：公司资料。

相比之下，成衣制造环节不仅毛利高达25%，所需要的缝纫机、包边机和套扣机则便宜很多：一台缝纫机4000元，一台套扣机1500元。如果他把业务延伸到成衣制造环节，做到"一根纱进来，一件衣服出去"，并不需要增加多少固定资产，却可以获得两个环节的利润。表9-2是羊毛衫加工设备的情况说明。

表9-2　毛衫加工设备比较

设备	售价	折扣率	日产量	加工范围
工业缝纫机	4000元	12%	低	全系列
工业包边机	1200元	10%	低	全系列
套扣机	1500元	8%	低	全系列

来源：公司资料。

[①] 2005年中期，人民币与美元的汇率大约为8∶1（www.finance.yahoo.com/currency-converter）。

于是，2007年年初，许强家的工厂从衣片加工和羊毛衫分包厂转成了羊毛衫制衣厂。他还给新厂起了个好听的名字——"嘉皇"，典出屈原《橘颂》里的第一句"后皇嘉树，橘徕服兮"。他希望转型后的企业能如橘子一样适应黄岩这方水土，成为天地间的佳树。

这个新名字还真吉祥，进入2007年生产忙季，许强的羊毛衫厂同时拥有两个加工环节的优势便凸显出来：他们在完成自己的成衣订单后，可以利用剩余产能再为其他制衣厂加工衣片。

许强的计算机专业背景也开始发挥优势，他能够熟练地在电脑上设计出新颖的服装式样，所以嘉皇每季的羊毛衫款式总是比其他厂多。为了紧跟时尚，许强闲暇时总是在国外时尚网站上浏览；生产淡季的时候，他还会在全国各地跑，去大商场、大型专业批发市场寻找样衣、捕捉灵感。

在生产运营方面，许强也很有一套。因为恪守"品质第一"的办厂宗旨，他坚持采用优质原料，并以优厚的薪水留住优秀工人，原料成本和人工不降反升，这就逼得他只能在运营上提高效率。为了减少车工来回取物料的时间，许强将裁剪和缝纫安排在一起；为了调动工人的生产积极性，他将所有能计件的工序都计件，对不能计件的，就采取承包的方式。他曾经招聘了12个工人负责包装、打包，但把200件衣服打成一个包，往往需要数人配合，有些工人开始磨洋工，于是另一些工人就开始有怨言，觉得自己干得多而别人干得少。后来，许强干脆将这个工序承包给一个吃苦耐劳的员工，该员工又陆续介绍多位亲戚加入，组成了一个高效的亲友团队，仅用8个人就完成了过去12个人的工作量。更重要的是，由于工作效率提高，每个人的薪水相对也提高了，人员流动自然也少了。

如今的环境变化快

到2012年年初，许强已经接手工厂近7年。虽然竞争不断加剧，特别是2008年金融危机之后，全球经济发展缓慢，即使中国经济发展强劲，但还是深受影响，但他对企业的未来依然充满自信。

许强听说很多在东莞的外国品牌制造商都关门了。但在出口市场极速紧缩之下,出口厂商也会转战国内市场,这给嘉皇这样的企业带来了巨大压力。再加上中国人工成本增加,嘉皇的日子也开始不那么好过了。

好在他还有自我设计的优势,2012年的这个秋冬,嘉皇推出的男士羊毛衫主打M108就是许强亲自设计的,灵感来自 *Vogue* 杂志2012年2月刊上的一条炫彩条纹领带。定价60元的新款样品刚送出去,批发商的订单就纷至沓来。为了赶订单,嘉皇的工人不得不实行轮班制,日夜兼作,确保每台机器24小时运转。就这样,短短一个月时间,许强他们已经生产了10万件M108。

一直到9月底,新款式的市场反响都非常好,更多的批发商和零售商发来订单,嘉皇开足马力昼夜生产,这似乎是许强从2005年接手以来最好的年景。可惜好景不长,10月初,许强开始陆续收到客户电话,要求降低出厂价,否则取消订单。一打听才知道,他的竞争对手老黄的工厂已经在抄袭他的款式,还以每件58元,即低于许强2元的出厂价要抢走他的客户。要求降价的客户电话越来越多,许强不禁脊梁冒汗:不知有多少竞争对手的生产线正在抄袭他的M108?

实际上,哪怕60元的出厂价对许强来说也没有多大的利润空间。表9–3详细列明嘉皇每道工序的成本。这两年羊毛衫原料价格打着滚儿地往上涨;用工成本也在不断上涨,水、电、气提价,交社保和医保,改善工作条件,提高工作报酬。尤其是经验丰富、技术熟练的套口工,各个厂家都在抢,你的薪水若开不到位,到了生产旺季,工人屁股一抬走人了,你想再招人都没处招去。为此,嘉皇的薪资一直在同行中保持着中等偏高的水平。

表9–3 一件普通毛衫的加工成本

加工	圆片	裁剪	套扣	缝纫	砂洗	熨烫	质检	包装	运输	总计
人工费用	8.0	0.2	1.8	1.3	0.5	0.5	0.1	0.2	0.1	12.7
材料成本	25.0	0.0	0.0	0.0	0.5	0.0	0.1	1.0	0.0	26.6
总计	33.0	0.2	1.8	1.3	1.0	0.5	0.2	1.2	0.1	39.3

来源:公司资料。

许强很清楚,那些生产山寨M108的厂家只有一种可能将出厂价压到60元以下——选用质次价低的原料。反正毛衫卖出去得穿上一阵儿，甚至下水洗一下，才能发现缩水、掉色、起球这些质量问题。等到商家接到 M108 消费者的投诉，反馈给批发商，批发商再反馈给那些山寨厂家，最早也得明年开春了。那时，山寨厂家们的应收款已经到账，可能又在忙着四处刺探抄袭新款了，而 M108 的烂名声却得许强的嘉皇担着，谁让他是正宗的呢？批发商会以为那些劣质 M108 都是他外包给其他小厂做的，以前就有过一些小作坊谎称是嘉皇的外包，从批发商手里骗过订单。

到手的订单要丢了，嘉皇在业界的名声可能也要丢了，许强越想越感到事态的严重，他决定立即启程，北上嘉兴的濮院一探究竟。濮院是全国最大的羊毛衫专业市场，许强 70% 的货都是从那里批发出去的，今天给他打电话的几个客户在那里也有档口。

许强到濮院的时候，已是午饭时间了，濮院羊毛衫工业园区附近的道路上尽是三三两两结伴出来吃饭的工友。同样是羊毛衫生产基地，这里与家乡黄岩却宛如两个世界，濮院车水马龙，一派欣欣向荣，而黄岩似乎已经日暮途穷。

20 多年来，黄岩的羊毛衫产业一直在家庭作坊里徘徊，濮院则集聚民资，凭借政府支持，建立了一个羊毛衫工业园区，还兴建了一个羊毛衫市场，依托市场完成了产业升级，市场与产业齐头并进，成为一个集羊毛衫生产、销售、研发于一体的综合大型市场，每年吸引了成千上万的中外商家。小镇濮院就这样后来居上，成为世界最大的羊毛衫集散中心，而曾经的"羊毛衫王国"黄岩，现在沦为濮院的加工基地。

许强开车直奔老城区的羊毛衫批发市场，找到经营批发生意的王叔。王叔是许强父母多年的好朋友，和许强很多亲戚朋友都保持着密切的生意联系，消息灵通，渠道也多。

王叔告诉他："现在市场上好卖的货不多，你的那款 M108 现在至少有十几家厂在仿造，仿得最多的就是老黄的厂，他们自己的款式今年全部滞销，现在是见谁仿谁，不光仿你的，市场上谁家卖得好就仿谁。依我看，你现在也只能降价到 58 块了。如果价钱一样，大家还是愿意买你的。"

"又是那帮垃圾，抄我的就算了，还要低价挖我的客户？这也太不讲规矩了吧！"许强说的规矩，是指仿冒者一般只限于抄袭别人的服装款式，很少去撬别人的老客户。他想去工商局举报,但他不知道如何证明 M108 款式属于他。此刻,许强也只有一声哀叹,我要是个知名品牌就好了,至少不用怕老黄这种人的抄袭了。

离开王叔的档口,许强马上赶往其他几个批发商处。若坚持嘉皇的品质,58 元的价格几乎赔本,但取消订单不仅不挣钱,还得赚个坏名声,左右权衡,他还是决定挨家拜访他的客户,答应降价到 58 元一件。而且他还承诺,若订货量超过 30000 元,他会再给 3% 的折扣。

从最后一家客户出来,许强不禁粗算了一下,遭此一创后,今年的财务有多么不容乐观?!2005 年他刚接手时的嘉皇有 21% 的毛利润,而今最多 15%,能打平费用就不错了。他知道他必须彻底反思一下公司的发展了。

几多选择在面前

许强边开车边盘算着嘉皇可能的战略选择。当然,目前的模式是最省事的,需要调整的就是嘉皇要更快地推出新款,征集批发商和销售商的订单,然后在老黄们抄袭之前尽可能快地响应订单生产。同时,为了应对抄袭,他还必须扩大规模,降低价格,降低老黄们抄袭的影响,如此一来,他还必须花更多的精力去找订单。中国的市场容量足够大且持续增长,现今碎片化的市场结构中,数量众多规模不大的零售商、批发商和制造商是中国市场的主体,所以理论上销售不应该是问题。但本来 M108 要赚的钱打了水漂,他哪里有钱扩大生产规模?他很清楚,他这样的企业也没什么机会能到银行贷到款。

第二个可能的选择就是为国外品牌做 OEM(代工)生产。许强在 2005 年接手企业时认真考察过这个可能。但他发现,虽然欧洲和美国市场容量很大,但 OEM 厂商的利润并不高,加上国外品牌质量要求高,对价格非常敏感,OEM 生产商的利润还不如嘉皇这样为国内市场生产的小企业。事实上,2008 年金融危机之后,发达国家服装品牌的 OEM 生产企业,因为利率等原因开始关门或撤出中国,而转向印度、印度尼西亚、巴西和越南等国家。

作为第二个选择的变通,嘉皇也可以做国内品牌的 OEM 加工,专门去找规模很大的批发商和制造商,像哥弟、九匹狼,它们都有不错的自有品牌,嘉皇不用再和老黄们低价竞争，但必须最大化提高效率，满足客户高质量和低成本的要求。而且，跟国内客户打交道不但充满变数，还得斗智斗勇。有的客户每次下单像打样品一样，数量少还品种多；有的客户朝南坐惯了，交期和款式都没得商量，你能做就做，做不来换人；最麻烦的是碰上给钱不爽快的，一拖就是365天，不逼你跑个十趟二十趟甭想拿钱，最后拿到的也未必是全额。

剩下第三个选择——创建知名品牌，他琢磨了不是一天两天了。早在2007年的时候，他就深受两个故事的刺激。一个是黄岩一家羊毛衫厂的老板买断了上海某老牌毛衫品牌的商标使用权，现在通过授权生产，每年的授权费用就有400多万元。另一个是他的亲戚，一家500人规模的羊毛衫服装企业老板，托人在香港注册了一个带洋味儿的商标，然后聘请港台明星来做形象代言，结果给每件衣服带来了6元钱的额外利润。

早在2008年，许强曾试水做过品牌，他在上海和台州各注册了一个自己的商标，一个叫嘉皇，另一个叫颂橘，可大批发商们对这两个在许强看来充满文化底蕴的商标表现漠然，他们根本不愿进这两个商标的毛衫，他们喜欢更具知名度、听起来更洋气的牌子。这件事教育了许强，他明白仅仅去工商局注册个商标，还远不是真正意义上的品牌，就像你去派出所上了户口和姓名，并不证明你是名人一样，要想从一个"有名字的人"混成一个"有名的人"，要经历一番辛苦，还要凭运气。

正当许强满脑子里转着他的品牌梦想时，王叔打来电话："我侄子小宇是上海永安百货的业务经理，他们最近准备搞一个大型的秋季服装折扣活动，你要不要过去摸摸行情，看看有没有机会？"

王叔的建议让许强马上振奋起来，立刻掉头，直接开车奔往上海。听了许强的品牌梦想，同龄的小宇很老练地提醒他一定慎重。首先，小宇提醒他，成功的品牌创建需要很好的知识产权保护环境。虽然进入WTO要求中国加强知识产权保护方面的法律，但目前情况不容乐观，许强必须对这个现状有清醒认识。而且如今，外国的服装品牌依然在中国市场，特别是高端市场占据绝对优势地位，小宇亲眼见过几个中国服装企业砸了不少钱建品牌，最后都无果而终。当然，小宇也相信，目前在中国这种碎片化的服装市场上，像许强这样的制造商和小宇所在的零售商都有机会做出内销品牌，也正是基于这样的想法，小宇才筹划了这个秋季折扣活动，就是想联合推出一些像嘉皇这样质量不错但名气不够的服装企业。

路漫漫兮上下求索

返回台州的路上，大雾弥漫，许强小心翼翼地开着车，就像小心翼翼地经营着他的小企业一样。小宇提供的机会给了他一线希望，他考虑的每一个选择都是嘉皇可能的机会，可能逃避老黄们价格战的机会。他也很清楚，任何选择对他来说都绝非易事，不仅要考虑国内外的服装行业背景，还要考虑嘉皇自身的能力和资源。最重要的是，他必须尽快下决心了，因为当前的路肯定是走不远了。

案例习题

1. 在中国服装制造业，公司的定位有何吸引力？
2. 有关嘉皇未来的发展方向，对许强来说，有哪些选择？
3. 许强应该如何建设嘉皇品牌？他应该爱去何种步骤？品牌建设会对许强公司创造什么样的机会？嘉皇在品牌建设过程中可能会面临哪些挑战？
4. 针对嘉皇有限的财务资源，许强应该采取何种战略？作为一位咨询员，请给许强提供短期和长期计划。

附录　中华人民共和国商标法（2001年修正）节选

第二条　国务院工商行政管理部门商标局主管全国商标注册和管理的工作。国务院工商行政管理部门设立商标评审委员会，负责处理商标争议事宜。

第三条　经商标局核准注册的商标为注册商标，包括商品商标、服务商标和集体商标、证明商标；商标注册人享有商标专用权，受法律保护。

本法所称集体商标，是指以团体、协会或者其他组织名义注册，供该组织成员在商事活动中使用，以表明使用者在该组织中的成员资格的标志。

本法所称证明商标，是指由对某种商品或者服务具有监督能力的组织所控制，而由该组织以外的单位或者个人使用于其商品或者服务，用以证明该商品或者服务的原产地、原料、制造方法、质量或者其他特定品质的标志。

集体商标、证明商标注册和管理的特殊事项，由国务院工商行政管理部门规定。

第五条　两个以上的自然人、法人或者其他组织可以共同向商标局申请注册同一商标，共同享有和行使该商标专用权。

第六条　国家规定必须使用注册商标的商品，必须申请商标注册，未经核准注册的，不得在市场销售。

第七条　商标使用人应当对其使用商标的商品质量负责。各级工商行政管理部门应当通过商标管理，制止欺骗消费者的行为。

第八条　任何能够将自然人、法人或者其他组织的商品与他人的商品区别开的可视性标志，包括文字、图形、字母、数字、三维标志和颜色组合，以及上述要素的组合，均可以作为商标申请注册。

第九条　申请注册的商标，应当有显著特征，便于识别，并不得与他人在先取得的合法权利相冲突。

商标注册人有权标明"注册商标"或者注册标记。

第四十条　商标注册人可以通过签订商标使用许可合同，许可他人使用其注册商标。许可人应当监督被许可人使用其注册商标的商品质量。被许可人应当保证使用该注册商标的商品质量。

经许可使用他人注册商标的,必须在使用该注册商标的商品上标明被许可人的名称和商品产地。

商标使用许可合同应当报商标局备案。

第四十一条　已经注册的商标,违反本法第十条、第十一条、第十二条规定的,或者是以欺骗手段或者其他不正当手段取得注册的,由商标局撤销该注册商标;其他单位或者个人可以请求商标评审委员会裁定撤销该注册商标。

已经注册的商标,违反本法第十三条、第十五条、第十六条、第三十一条规定的,自商标注册之日起五年内,商标所有人或者利害关系人可以请求商标评审委员会裁定撤销该注册商标。对恶意注册的,驰名商标所有人不受五年的时间限制。

除前两款规定的情形外,对已经注册的商标有争议的,可以自该商标经核准注册之日起五年内,向商标评审委员会申请裁定。

商标评审委员会收到裁定申请后,应当通知有关当事人,并限期提出答辩。

第四十二条　对核准注册前已经提出异议并经裁定的商标,不得再以相同的事实和理由申请裁定。

第四十三条　商标评审委员会做出维持或者撤销注册商标的裁定后,应当书面通知有关当事人。

当事人对商标评审委员会的裁定不服的,可以自收到通知之日起三十日内向人民法院起诉。人民法院应当通知商标裁定程序的对方当事人作为第三人参加诉讼。

案例十

东海岸生活方式（EAST COAST LIFESTYLE）：
区域服装品牌的扩张

背景介绍

2017年2月28日，亚历克斯·麦克莱恩（Alex MacLean）正在东海岸生活方式（ECL）的旗舰零售店与他的拉布拉多犬斯特拉（Stella）打闹。现在是周二下午四点，这意味着是时候与他的高管团队见面了。总部的氛围总是轻松随意，而与他的狗一起在办公室玩耍似乎总能帮助麦克莱恩解决战略性商业问题。他最近的一次经历充满了机遇和风险——他正在考虑将ECL扩展到目前的区域范围之外。

2013年，麦克莱恩成立了ECL，这是一家位于加拿大新斯科舍省（Nova Scotia）的服装公司，出售一系列从T恤和连帽衫到狗项圈和婴儿连体裤等种类的产品。作为一家小企业，该公司经历了指数级增长。尽管经营不到四年，ECL已经销售了超过50万件产品。[①] 其产品线已经在加拿大的91家零售商中销售，并曾被包括歌手艾德·希兰（Ed Sheeran）、新斯科舍省曲棍球明星希尼·克罗斯比（Sidney Crosby）以及说唱乐队武当帮（Wu-Tang Clan）的成员等在内的许多知名

---

* Ethan Pancer, Anna Ferguson 和 Maxwell Poole 写这个案例，仅仅是为了给课堂讨论提供材料。本文的作者们并无意揭示在特定管理情境中处理方式的有效与否。为保密起见，作者隐去了部分名称和其他识别信息。

未经书面授权，禁止任何形式的复制、收藏或转载。本内容不属于任何复制版权组织授权范围。如需订购、复制或引用有关资料，请联系：Ivey Publishing, Ivey Business School, Western University, London, Ontario, Canada, N6G 0N1; phone (519) 661-3208; (e) cases@ivey.ca; www.iveycases.com.

版权@ 2017, Richard Ivey School of Business Foundation　　版本：2017-06-08

① 从这个意义上讲，一件产品代表了所有售出产品的加权平均销售价格，并且通常反映了ECL T恤、背心、帽子或者无边女帽衫的零售价格。

人士穿过。

现年 25 岁的麦克莱恩现在是加拿大发展最快的商业企业之一的首席执行官。他在领导力方面获得了许多项荣誉，包括在《行销杂志》(*Marketing Magazine*) 中被评为 "30 岁以下的 30 强" 之一。为了让 ECL 持续保持大幅增长，它需要一个有更大空间的市场。选择之一是大力投资以扩展其品牌组合。麦克莱恩最近赢得了西海岸生活方式（WCL）版权的这一场长时间的版权争夺战，WCL 是 ECL 的新兴兄弟品牌，该品牌在大不列颠哥伦比亚省（British Columbia）和阿尔伯塔省（Alberta）目前吸引力有限且销量相对较小。他有机会开发这个品牌以实现双向合作和友好竞争，但是这样做面临着品牌竞争和身份混淆的风险。

麦克莱恩还有将 ECL 打造成真正的全球品牌的愿望，通过先将其扩展到美国，然后在日本和澳大利亚推出。虽然美国东海岸为生活时尚服装提供了大量市场，并与 ECL 目前的定位产生了协同效应，但是品牌建设、分销、税收和关税以及调整 ECL 组织结构的一系列保障工作都是起步的障碍。另外，ECL 能够成为当地人引以为傲的地区进口品牌的想法是否现实？以及 ECL 是否已经太过于主流和企业化而不能够让非加拿大人产生共鸣？

麦克莱恩开始开会：

"最近我们一直在四处出击——推出新的产品线，将西海岸生活方式发展为一个独立的品牌，并及渗透美国市场。我认为我们各路出击是无效的，因为我们没有看到足够快的进展。也许我们应该只选择一种增长方式并持续关注。"

经过两个小时的长时间辩论后，麦克莱恩仍然觉得自己还是同样的想法。他所有事都想做，但是他知道暂时选择一种策略可能是正确的选择。真正的问题是要采取哪一种战略，更重要的是如何实施并推出这一战略。

公司背景

2013 年 1 月，麦克莱恩是一名阿卡迪亚大学（Acadia University）的 21 岁的商科学生，该大学位于新斯科舍省沃尔夫维尔（Wolfville），一个人口不足 5000 人的小型大学城。与其他 8 名学生一起，他参加了一个名为风险企业创业的课程，该

案例十　东海岸生活方式（EAST COAST LIFESTYLE）：区域服装品牌的扩张

课程的目标是为一项发明起草一份商业计划书。相当叛逆而又务实的麦克莱恩认为，"当我能够开始一项真正的商业时，我为什么要在纸上创业？"借助父亲提供的 800 加元贷款并带着当地人想要穿出海上自豪感的想法，他创建了东海岸生活方式。他购买了 30 件连帽衫，并将短语"东海岸生活方式"印刷上去。然后，他开始在包括脸书（Facebook）、照片墙（Instagram）和推特（Twitter）等社交媒体平台上活跃起来，以创造对他的创业项目的认知度。他在自家前面的草坪上出售连帽衫——第一天就卖光了。接下来的一天他将赚来的钱再投资用来购买了 60 件连帽衫，并开始允许消费者提前预定以加强库存管理，截至月底，他创造了 3000 加元①的收入。在学期结束后，他的教授并没有因为麦克莱恩的成功而印象深刻——这是一个商业计划课，而不是商业课程。课程结束后，麦克莱恩决定继续开展 ECL 业务。

2013 年，麦克莱恩在大西洋彩票公司（Atlantic Lottery）兼职工作，同时运营 ECL 品牌，每周大约售出 25 件连帽衫。他聘请了他的第一名员工泰勒·诺西（Taylor Northey）作为 ECL 的创意总监。ECL 开始通过同时提供 T 恤和背心来使产品多样化。到 2013 年年底，麦克莱恩一直在接触一些零售连锁店以推出他的产品线。拥有 30 家分店的区域服装零售商 Pseudio 是第一家销售 ECL 品牌的商店。一位商店经理最初带走了 10 件连帽衫，并跟麦克莱恩说如果他可以出售这 10 件连帽衫，Pseudio 将会在全加拿大的商店里摆放 ECL 的连帽衫。Pseudio 在 30 分钟内就售出了这 10 件 ECL 的连帽衫。那一天，当麦克莱恩意识到人们愿意为他在草坪上销售的同一产品在商店额外支付 10 加元时，他了解了他的消费者的价格弹性。2015 年 5 月，他从阿卡迪亚大学毕业，并开始将 ECL 作为他的全职工作。

ECL 品牌

麦克莱恩一直在强调 ECL 简单而普遍的独特个性——那就是为你的家乡而感到自豪。要了解东海岸的自豪感，了解该地区的一些历史非常重要。从历史上看，该地区的主要行业是以捕捞、农业、林业和煤炭开采为基础的。由于各种各样的

---

① 除非特别说明，所有的现金都以加元计价。

原因，其中包括财政政策和投资决定受加拿大中部城市中心的需求而驱动，该地区在20世纪进入了经济不景气时期。到目前为止，沿海省份仍然是加拿大最贫穷的地区之一，相对于加拿大其他地区而言，这些地方的平均工资和财产价值较低。因此，沿海诸省的人往往相当谦虚，但仍然能感受到极大的地区自豪感。麦克莱恩将这些挑战视为机会："我为来自东海岸感到自豪，尽管我们常常是加拿大的弱势群体。人们通常不得不离开家去找工作。"有了ECL，人们能够在他们去到的任何地方分享这个身份，向其他人展示他们来自哪里，并与来自"家乡"的其他人联系。

竞争

ECL品牌超越了传统服装类别，而被定位为真正的包含冲浪、滑板和雪的感觉的生活品牌。虽然生活方式品牌对于该地区来说是独一无二的，但它也将品牌置于广泛的竞争对手当中。生活方式服装的竞争格局多种多样，包括不同的细分市场、营销预算和资金来源等方面。无论如何，生活方式服装业务是一个利润丰厚的业务，服装产品的边际利润率通常达到70%。

在加拿大大西洋沿岸地区，ECL是区域生活服饰的市场领导者。其他出售大西洋加拿大风格设计的服装公司，如丢失的鳕鱼（Lost Cod）、新苏荷兰（New Scotland）、我的家（My Home）和本地神话（Local Legends），通常在一个地点运营或者仅在线运营。虽然这些品牌满足了游客和购买当地产品的倡导者的需求，但是他们似乎缺乏考虑扩张的资源、分销或者品牌意识。此外，这些品牌的定位往往是由地理位置占主导的而且并不是本质上与特定的时尚亚文化联系在一起。ECL设计和促销与冲浪、滑雪和雪地时尚的优质消费者紧密结合。这一市场空间难以置信地富有竞争性而且饱和，被拥有大量资金支持的许多美国大型服装组织所占据。例如，冲浪、滑冰和雪地服装与配饰领域最大的零售商之一Zumiez出售从波顿（Burton）和范斯（Vans）到耐克和阿迪达斯在内的超过400种不同的品牌。更普遍的是，消费者可以在这些范围之外选择其他无数个时尚品牌，从价值品牌（例如，T. J. Maxx）到中档市场品牌（例如，盖璞GAP）到奢侈品牌（例如，

案例十　东海岸生活方式（EAST COAST LIFESTYLE）：区域服装品牌的扩张

汤姆·福德 Tom Ford）。根据麦肯锡（McKinsey）2017 年度关于"时尚业展望"[①]的报告，全球服装行业的特点是不确定性、变化，以及由以地缘政治为基础的全球销售波动、基于城市的战略而不是基于国家的战略的扩散、对时尚产业的折扣偏好、基于休闲和积极的生活方式而产生的新服装种类（例如，运动休闲服装）、数字购物和服装电子商务等产生的一系列挑战。

ECL 产品

ECL 的产品组合已经多元化了，涵盖了一系列种类的服装产品。2017 年 2 月，最受欢迎的产品是连帽衫（售价 69 加元）、T 恤（售价 34 加元）、背心（售价 30 加元）、帽子（售价 30 加元）和 T 恤（售价 30 加元）。ECL 还出售了各种各样的不拘一格的配饰，包括婴儿连体衣、旗帜、锚标志饰物、贴纸、行李袋和抱枕。该公司甚至与当地的木匠合作制作 ECL 模型门。麦克莱恩希望每年持续推出 3~5 款新产品。2017 年，冬季计划将发布品牌袜子、男士平角裤、女士高领毛衣和新款毯子，而夏季产品则包括沙滩毛巾和水壶。新产品与产品几乎不打折一同有助于振兴和保持品牌的新鲜度和优质定位。

ECL 产品的一个关键区别是许多产品都是限量版。除了锚标志服装（图 10-1）之外，其他所有的生产线都采取限量运行模式。一旦限量款产品售罄，麦克莱恩的政策是从不重新下订单或者重新创建该产品线。例如，ECL 最近与说唱乐队武当帮的说唱歌手鬼脸煞星（Ghostface Killah）合作制作了一款限量版的武当曲棍球球衣。一共只生产了 100 件球衣，每件都有从 1 到 100 的一个号码。由于主要为限量版产品，ECL 在推出数百件标志物品方面拥有丰富的经验。

[①] 依姆冉·艾迈德，阿西木·贝格，雷奥妮·班贝克等，"时尚业展望"，麦肯锡，2016 年 12 月，访问于 2017 年 5 月 24 日，www.mckinsey.com/industries/retail/our-insights/the-state-of-fashion。

图10-1　东海岸生活方式服装——经典的锚标志

资料来源：东海岸生活方式网站，访问于2017年5月24日，www.eastcoastlifestyle.com/collections/all。

促销

　　ECL继续使用游击营销策略和非常精简的预算来推广其产品。麦克莱恩通常依靠社交媒体并采用偶像名人代言、大使计划以及交叉促销活动等方式与潜在客户进行交流。ECL在与新客户沟通新产品方面的工具是ECL的Instagram账户，该账户现在已经拥有近60万名追随者（图10-2）。尽管所提供的产品每年都有大幅度的变化，但麦克莱恩喜欢控制品牌文化的沟通，并亲自负责 ECL 的社交媒体信息和客户反馈。ECL 通常根据客户在社交媒体上的反馈来决定哪些产品可以创立品牌。

图10-2　东海岸生活方式的Instagram主页

资料来源："东海岸生活方式"，Instagram，访问于2017年5月24日，www.instagram.com/eastcoastlifestyle。

　　名人的支持可能是 ECL 曝光的最大动力。虽然麦克莱恩从未支付过代言费，但他利用社交媒体平台连接到众多名人，包括希尼·克罗斯比（Sidney Crosby）和其他国家曲棍球联盟的球员，说唱歌手 Classified，以及流行歌手艾德·希兰。然后在 ECL 的社交媒体和网站上积极宣传每位名人的"职位"。例如，麦克莱恩接触到了与艾德·希兰合作的社交关系，他当时为歌手提供 ECL 服装供其在演唱会期间穿。艾德·希兰在舞台上穿着一件印有品牌标志的 T 恤后，在社交媒体的推动下这件单品在网上售罄。[1]

---

[1] 拉斯·马丁（Russ Martin），"30 名 30 岁以下的人：亚历克斯·麦克莱恩，"《行销杂志》，2015 年 10 月 5 日，访问于 2015 年 5 月 1 日，http://marketingmag.ca/brands/30-under-30-alex-maclean-157406/。

ECL 同时开设了一个品牌形象大使计划，该计划提供免费的促销产品和销售产品委托，以换取各种当地的品牌促销活动。这个影响力计划是从一个简单的寻找学生品牌大使的 Instagram 海报开始的，询问每位潜在品牌大使来自哪里；ECL 收到了超过 1 万份答复。几天后，麦克莱恩和他的团队将名单缩小到 50 名学生；每个人拥有 5000 到 15 万名 Instagram 关注者，并且定期发布有关 ECL 的信息。品牌大使还收到了折扣码，以供其分享给他的关注者，这一方式使得 ECL 能够跟踪每个品牌形象大使的有效性。对于品牌大使促成的每笔销售，他们都会收到 10%~15% 的折扣。

ECL 还进行了一系列交叉促销活动。2014 年，麦克莱恩接到了来自新斯科舍省的哈利法克斯市（Halifax）的一家有着 200 年历史的酿酒机构亚历山大·基斯啤酒厂（基斯）的电话，谈到一个通过在特别标记的基斯啤酒整箱包装中放入 T 恤赠品包来获得更年轻消费群体的活动。基斯预付了所有的 T 恤费用，而且每箱售出的啤酒都支付给 ECL 一笔返利。麦克莱恩继续寻求与摩根船长朗姆酒（Captain Morgan Rum）达成试用期为三年的交叉促销交易。

ECL 还积极回馈曾经支持公司发展的本地社区。他们与伤残军人援助项目（Wounded Warriors）和加拿大乳腺癌基金会（the Canadian Breast Cancer Foundation）推出了特殊联合品牌系列，为本地运动团队提供服装赞助，还向冲浪、滑冰和滑雪等相关团体提供装备服务。ECL 意识到要让人们购买地区品牌，这一品牌需要为这个地区做点什么。

分销

ECL 主要通过三个场所出售其产品：4 个 ECL 零售点，一个电子商务网站以及其他各种零售商。ECL 在哈利法克斯海滨经营着一家旗舰零售店，这家商店靠近海港农贸市场、哈利法克斯浮桥和邮轮乘客的上岸点。旗舰店有 4 名员工。ECL 还在位于哈利法克斯斯坦菲尔德国际机场有一家由 6 名员工运营的商店出售其产品，专攻想要购买东海岸纪念品的游客市场。ECL 最近在达特茅斯（Dartmouth）的加拿大大西洋沿岸最大的 Mic Mac 购物中心设立了一个售货亭并雇用了 4 个人。

案例十　东海岸生活方式（EAST COAST LIFESTYLE）：区域服装品牌的扩张

　　ECL 甚至使用了一个"弹出式"商店——一辆载有各种商品的卡车和拖车——由 4 名员工组成的团队在滨海地区周游，并在 5~11 月的不同节日期间销售其产品。

　　ECL 的电子商务平台占其年销售额的 30%。在线客户主要是加拿大人，销售额则来自各个省份。麦克莱恩经常觉得有趣的是，大部分的在线销售并不是来自大西洋地区，而是来自阿尔伯塔省和安大略省（Ontario）——对于在离家很远的地方工作的东海岸居民来说，这并不那么微妙。

　　ECL 使用各种制造商来满足客户需求，并将其大部分产品外包，以满足批量零售商的订单。然而，有些产品保持在加拿大本地生产。例如，经典连帽衫是在多伦多制造的，而许多 T 恤衫则是在哈利法克斯印刷的。

　　尽管 ECL 一直在扩大自己的零售业务，但 ECL 门店仍然构成整体零售额的小部分。ECL 非常依赖其零售合作伙伴关系来维持其大部分销售量，而无须处理传统的零售管理问题和成本。麦克莱恩确保所有的销售产品——无论是线上还是在合作伙伴零售商的商店里——都保持同样的价格以缓解潜在的渠道冲突。

　　当 ECL 首次推出时，它为任何一家有兴趣持有其产品的加拿大零售商供应产品。然而，由于许多小零售商同时销售生活用品（例如，"布雷顿角生活方式"），ECL 作出了从大杂烩零售商撤回所有产品然后仅仅通过两家零售商进行销售的战略决策，这两家零售商为 Pseudio（位于加拿大大西洋沿岸地区）和 Below the Belt（位于加拿大中西部地区），而这一战略决策意味着 ECL 的产品在 91 家商店里都能找到。尽管加拿大零售运营遵循着特定的结构，但是 3 家小型美国零售商——2 家位于罗德岛（Rhode Island），另外一家位于佛罗里达州（Florida）——仅仅因为他们提出明确要求而收到了 ECL 的产品。这三家都是从 Instagram 发现了 ECL，并且想要进货。然而，到 2016 年 10 月，当每家商店都收到超过 50 件单品用以出售时，他们每周仅仅售出一到两件单品，而且所有的美国商店仍然未将最初的库存卖出去。

增长的选择

▶ 西海岸生活方式

从第一天起，麦克莱恩想让全球范围的人们为自己来自哪里而感到骄傲。这种见解导致2014年为不列颠哥伦比亚省（British Columbia）和阿尔伯塔省的加拿大人开发了兄弟品牌：西海岸生活方式。在新公司成立之际，麦克莱恩无法同时负担ECL和WCL的商标注册，所以其他打着与ECL相似名称和美学形象的企业在该区域势头日渐兴盛。麦克莱恩不得不花一年的时间为解决商标问题而斗争，并最终赢得了这场官司，使自己成为WCL的合法拥有者。2017年，WCL带着新的标志通过线上和Blow the Belt的实体店同时重新发行。尽管WCL的产品目前在加拿大中西部地区的35家商店内销售，但是可用于投资ECL的资源并不适用于WCL。麦克莱恩解释说，在这个时间点上，他只花了10%的时间在WCL上。WCL面临的主要挑战之一是使用与ECL相同的准则并不能够"解锁"这些区域的市场潜力。与大西洋沿海地区同样的产品相比，中西部地区的产品以极为缓慢的速度销售。此外，西海岸人潜在的不太愿意将沿海地区视为一个地区。例如，阿尔伯塔省的人并不通常将自身视为沿海地区，因为他们生活在一个内陆省份。麦克莱恩感觉WCL在品牌发展方面有巨大的潜力。然而，仅仅通过用山代替锚、使用样板文件或者标准化的ECL模式不太可能完成这项工作。

▶ 地理扩张

除了品牌发展和新产品发布之外，麦克莱恩还为地理扩张的想法而苦恼。他想要ECL成为生活方式服装类别的全球参与者。最合乎逻辑的步骤是美国东部沿海地区，其超过1.15亿的人口使得加拿大大西洋沿岸地区不足500万的人口相形失色。他有着宏伟的计划，想要最终俘获在其他拥有丰富的冲浪、滑冰和雪地亚文化并位于包括日本东海岸（人口1000万）和澳大利亚（人口1500万）在内的

案例十 东海岸生活方式（EAST COAST LIFESTYLE）：区域服装品牌的扩张

沿海地区的消费者的心灵和头脑。尽管 ECL 到目前为止已经通过在线商店运送至 55 个国家，但是加拿大地区之外的仓储供应商和品牌建设等后勤保障真的是完全陌生的。

当时，ECL 的美国业务是根据少数几家持有尚流动的 ECL 产品的小零售商的需求建立起来的。麦克莱恩没有总体战略或者推行扩张。首先，目前仍不明确 ECL 如何与一个既定的零售合作伙伴达成协议。经过培训可以接触美国连锁店的专业销售人员是可用的，而这些连锁店与如 ECL，包括 Zumiez, PacSun, 以及 Urban Outfitters 在内的公司拥有品牌联盟，而且这些销售成员并没有花费太多前期费用。然而，对于销售人员所签约的每一家连锁店铺，这些销售人员能够获得他们在连锁店售出的所有产品相当可观比例（10%~15%）的销售额。这一部分佣金是零售商通常要求在店内出售产品的 60% 的合理利润率之外的部分。在这一点上，考虑到产品进入美国市场所需要支付的进口税，ECL 在发售之初很难实现盈利。

尽管 ECL 可能已经达到加拿大大西洋沿岸地区的上限，但其他国内增长机会仍然可供选择。例如，ECL 可以自己发展零售商业务，开设一系列小商店和售货亭设点来获得其产品的全部利润。麦克莱恩不确定这个想法对他现有的零售合作伙伴会造成何种影响，并对那些不是投资 ECL 传统优势的资产持怀疑态度。ECL 也可以将其产品提供给加拿大的其他零售商——需求肯定就在那里。这一权衡的代价是潜在地让品牌太过主流化，从而淡化了 ECL 的独特性以及其提供限量版服装的意义。麦克莱恩还可以作出其他全球决策，例如，将品牌大使网络扩展到全球范围，并利用社交媒体影响网络和在线销售直接销售给消费者而无须品牌建设。

最近另一个国际选择自发出现了。拥有丰富的冲浪、滑冰和冰雪文化并具有沿海认同感的韩国的一家组织接触到 ECL，提供在一年合同试用的基础上获得品牌授权的机会。在这种情况下，ECL 可以缓和大部分扩张风险和成本以获得新的消费群体，作为交换获得甚至更低的利润率和更少的线上品牌控制。这种做法的确导致麦克莱恩思考混合利用品牌大使计划作为特许经营举措来缓解风险并实现迅速增长，但是他对新型商业模式的含义持怀疑态度。

勇往直前

麦克莱恩的困境归结为一个问题：ECL应该如何实施战略性扩张？ECL和WCL品牌在全球范围内进行商标注册并合成一体，而且都是具有广泛吸引力和公共关系发展势头的资产。ECL能够在不同方向增长的观点让麦克莱恩兴奋不已，但是考虑到ECL精简的组织结构（图10-3）他又感到忧虑。因为他把很多自己的时间和资源都投入到了企业中，并且认为他真的了解他的客户，因此风险和放弃控制的前景让他望而却步。

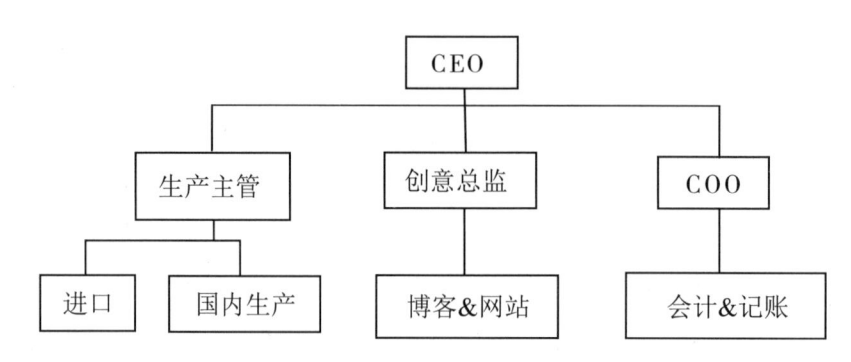

```
                    CEO
          ┌──────────┼──────────┐
       生产主管     创意总监      COO
       ┌──┴──┐        │          │
      进口  国内生产  博客&网站  会计&记账
```

图10-3　东海岸生活方式的组织结构——企业总部

注　CEO是指首席执行官，COO是指首席运营官。
资料来源：由作者基于对亚历克斯·麦克莱恩的访谈画出。

在他的办公室，麦克莱恩保留了从扩张到加拿大地区之后蓬勃发展的美国西海岸公司赫尔利（Hurley）和伯顿（Burton）获得的免费促销品。麦克莱恩想要扭转这一趋势，通过采用与Herschel推广包袋和Westbeach推广滑雪板装备相似的方式将一些加拿大元素带到全世界。加拿大沿海地区品牌WCL和ECL是否能够分别在如洛杉矶（Los Angeles）或者迈阿密（Miami）等城市产生共鸣？美国人显然有一种麦克莱恩可以接近的自豪感，但是他想知道加拿大的品牌是否能够真正填补这一空白。麦克莱恩想知道如缅因州（Maine）、马萨诸塞州（Massachusetts）、

案例十　东海岸生活方式（EAST COAST LIFESTYLE）：区域服装品牌的扩张

新罕布什尔州（New Hampshire）、纽约州、佛罗里达州、乔治亚州（Georgia）、南北卡罗来纳州（Carolinas）等东部沿海州是否会对品牌作出积极反应。ECL 一直是加拿大大西洋沿岸地区的力量、谦逊和温暖的信号，可以轻松谈论人们来自何处。设想这种生活方式业务能够发展成什么样子是令人兴奋的。

案例习题

1. 描述 ECL 的优势与劣势。重点分析有关 ECL 当前财务状况的影响因素。
2. ECL 和 WCL 品牌有何特别之处？
3. 限量版的战略有何优势与劣势？继续这种战略是否是个好主意？
4. 评价 ECL 现行的促销战略。这种战略是否可行？
5. 哪个区域是公司扩展的最有前景的区域？请归纳总结这个区域的市场规模和属性。
6. ECL 应该如何扩展？利用相关支持力量制定出具体的执行计划。

案例十一

Quilts of Denmark: 进行开放式创新

那是 2010 年 2 月的一个星期五，正值黄昏时刻，Quilts of Denmark A/S（简称 QOD）的联合创始人兼研发总监汉斯·埃里克·施密特（Hans Erik Schmidt）正在认真思考一个问题：公司下一个重大战略行动是什么？[1] 施密特欣赏着公司位于丹麦瓦姆德鲁普（Vamdrup）的工厂展示厅内陈列的各式棉被和枕头，他意识到自 2000 年成立以来，QOD 为功能性床上用品行业带来了多么巨大的变革。QOD 的 TempraKON® 技术最初只用于航空领域，美国国家航空航天局（NASA）用它来制作太空服，现在该技术已经被用于提升住在地球上的人们的睡眠体验（图 11-1）。[2] 采用 TempraKON 技术制成的被子和枕头能够通过主动调节人体体温和抗菌治疗来保障睡眠的舒适度。这些产品所代表的价值理念十分独特，是其他床上用品企业从未提及的，也正因如此，它们一经推出就迅速获得成功。

意料之中的是，QOD 在发展过程中遭遇了非常激烈的市场竞争。尽管 QOD 的另一项技术突破——新一代 TempraKON——已经进入开发阶段，然而推行该技术的核心战略依然处于缺失状态。施密特正踱步于展示厅内，他意识到自己有两个

---

* Wim Vanhaverbeke 写这个案例，仅仅是为了给课堂讨论提供材料。本文的作者们并非意在揭示在特定管理情境中处理方式的有效与否。为保密起见，作者隐去了部分名称和其他识别信息。

未经书面授权，Richard Ivey School of Business Foundation 禁止任何形式的复制、收藏或转载。本内容不属于任何复制版权组织授权范围。如需订购、复制或引用有关资料，请联系：Ivey Publishing, Ivey Management Services, c/o Richard Ivey School of Business, The University of Western Ontario, London, Ontario, Canada, N6A 3K7; phone (519) 661-3208; fax (519) 661-3882; e-mail cases@ivey.uwo.ca.

版权@ 2016, Richard Ivey School of Business Foundation　　版本：2016-12-16

① A/S=aktieselskab，丹麦文，意思是"股份制企业，有限责任公司"。
② "TempraKON® 被子和枕头"，航天基金会（Space Foundation），2016 年 10 月 25 日登录，www.spacefoundation.org/programs/space-certification/certified-products/space-technology/temprakonr-quilts-and-pillows。

战略选项：推出新一代的 TempraKON 产品替代现有产品，或者在保留旧产品的同时增加一个新的优质产品系列。施密特必须尽快做出决策，他与公司另一位联合创始人 Søren Løgstrup 的下次会议就安排在接下来的周二。

图11-1　TempraKON 产品

资料来源：公司文件。

背景

QOD 是一家丹麦床上用品公司，成立于 2000 年，总部位于丹麦瓦姆德鲁普，由施密特和 Løgstrup 两位企业家联合创立。二人创立 QOD 的愿景是希望生产能够积极有效地促进睡眠、提升睡眠质量的功能性床上用品，他们为公司定下了高远的目标：QOD 将成为被子和枕头行业的领导企业。截至 2010 年，公司雇用员工超过 100 人。① 两位创始人都将职业生涯的大部分时间和精力投身于本行业，他们已然是业内经验丰富又老练的管理者，熟知被子和枕头行业中所有的技术要求和市

---

① "我们追求的是什么"，Quilts of Denmark，2016 年 10 月 30 日登录，www.qod.dk/en/quilts-of-denmark/det-braender-vi-for，"梦之队"，Quilts of Denmark，2016 年 10 月 30 日登录，www.qod.dk/en/quilts-of-denmark/the-dream-team，以及"Quilts of Denmark 展示"，YouTube 视频，2:42，由 Quilts Of Denmark 上传，上传时间 2012 年 3 月 21 日，2016 年 10 月 30 日登录，https://youtu.be/fOUKTo_7fv0。

场趋势。

施密特是一位经验丰富的工程师，工作多年来积累了大量关于制造被子和枕头的知识。他同样是一位出色的管理者，曾经在金融危机最严峻的时期经营过 Nordisk Fjer（丹麦企业，主要业务为生产、出售并且清洗用于羽绒被和家具行业的羽毛制品）设立于新加坡的其中一家制造厂。[①]2009 年，施密特出任 QOD 研发部总监，主管产品开发。

相反，Løgstrup 是一位经验丰富的战略制定者，他对羽绒制品市场可谓了如指掌。[②]Løgstrup 在纺织行业工作了近 20 年，始终专注于谈判、销售和市场营销等领域。

在成立 QOD 之前，施密特和 Løgstrup 已经于 1998 年在新加坡成立了他们的第一家企业，名为"斯堪的纳维亚床上用品厂"Scandinavian Bedding Industries。最初，所有的被子和枕头都是在中国加工制造，然后运往欧洲出售给零售商。然而，在第一年成功进入欧洲市场的产品只占到总产量的 20%。

最初我们认为没有必要在丹麦进行产品生产。然而，事实证明在欧洲生产能够大大提高我们的灵活性，这样一来，我们才得以更好地适应本地不同零售商的特殊需求，同时也更利于我们的产品获得哮喘与过敏协会（Asthma and Allergy Association）的充分认可和认证。[③]

被子和枕头市场

[①] 雅各布·班·施密特，"Dagens løgn: Milliard-bedraget I Nordisk Fjer"（丹麦文，意思是"今天的谎言：北欧羽毛行业的亿万欺骗"），DR，2015 年 12 月 19 日，2016 年 10 月 26 日登录，www.dr.dk/nyheder/indland/dagens-loegn-milliard-bedraget-i-nordisk-fjer（文章语言为丹麦文）；汉斯·埃里克·施密特与作者的交流和讨论，2010 年 1 月；The Nordisk Fjer（北欧羽毛厂）丑闻是丹麦企业历史上最大的一次丑闻事件。当时的首席执行官约翰尼斯·彼得森因反复误导银行和投资者，让他们错误地以为公司运营良好且正在盈利而被指控诈骗。最后，丑闻以赔偿债权人和股东约 40 亿克朗（克朗是指丹麦克朗，kr=DKK=丹麦克朗；1 克朗 =0.187 美元，以 2010 年 2 月 1 日汇率计算）以及损失约 4700 个就业岗位告终。Nordisk Fejr 于 1990 年宣告破产，当时施密特还一直独立掌管着一家拥有 150 名工人的工厂，直到他为工厂找到一位合适的买家。施密特在没有现金并且只支付工人 40%~50% 工资的情况下依然使工厂成功运转了 7 个月，在这期间，没有一位雇员辞职离开工厂。这一经历教会施密特如何进行员工激励以及团队建设的重要性。

[②] 羽绒，或者鸟的软毛，是藏在鸟类动物外部粗糙的羽毛下的一层优质羽毛。用于床上用品的软毛通常取自鸭子（鸭绒）或者鹅。

[③] 丹麦哮喘与过敏协会（Asthma and Allergy Association）会为合格的产品颁发"蓝色标签（The Blue Label）"作为认证，表示该产品引发过敏反应或哮喘发作的风险在最低标准之下。

1990年以前，丹麦市场上大约有50~60家床上用品的零售商。在20世纪90年代，棉被和羽绒被生产厂商的经济繁荣期逐渐远去，两块布料中间夹着一些软毛就能生产出一床被子。大部分的欧洲工厂都是小规模的家庭式企业。随着消费者的购买习惯逐渐发生变化，价格成为产品竞争中的关键要素，导致诸多零售商都选择整合，形成更大的商业团体以增强自身的购买力。

2009年，床上用品市场由少数几个集团主导，它们合计占据了90%的市场份额。其中，以JYSK集团（当时最大的集团）为例，它控制了50%的丹麦市场，仅在丹麦一国就开设了超过100家零售店。① 其余市场份额在宜家家居（IKEA，瑞典）、雷亚尔（Real，德国）和麦德龙（Metro Group，德国）三家之间进行瓜分，当时它们都采用了扩张性的价格策略。随着集团间的价格竞争愈演愈烈，小型的棉被生产商被迫降价，以成本价出售产品才得以加入竞争。换言之，该行业的平均利润急速下滑，投资者也因此对其失去兴趣。

另辟蹊径

随着行业动态的不断变化和发展，Løgstrup与施密特意识到，企业想要存活下来必须采用一套全新的商业模式。企业家可以选择：（1）利用当地廉价的劳动力和充足的原材料（软毛）供给，在类似中国这样的国家生产价格便宜的标准化的被子和枕头；（2）采用先进技术，开发独一无二的产品与其他竞争者进行区别。

对实际情况进行谨慎权衡后，Løgstrup与施密特选择另辟蹊径。为床上用品行业开发新型的、具有复杂技术和工艺的新产品意味着一个巨大的商业机会，因为有越来越多的消费者更加重视健康的睡眠，而大型零售商仍在提供标准化的产品，它们已经不能迎合消费者的潜在需求。

---

① "欢迎来到JYSK NORDIC"，JYSK，2010年4月登录，www.jysk.com。

探索全新的商业理念

两位创始人希望创立一家与传统的专注于产品的被子和枕头制造企业完全不同的公司。如此一来,公司的价值定位就不再是以产品(被子、枕头和床垫)为基础,而是以体验(提供健康的睡眠)为基础。"健康的睡眠,只为一个更好的明天"成为这家初创企业的口号。

秉承着这一理念,Løgstrup和施密特开始开发并销售高品质的功能性被子和枕头,这些产品能够有效地改善顾客的睡眠质量。然而在2010年,他们的雄心壮志只不过是二人共有的一场梦境。当时还从未出现过能够提升睡眠质量的功能性床上用品,市场仍有待开发。

打造健康睡眠

为了提升人们的睡眠质量,Løgstrup和施密特首先需要对影响人们夜间休息质量的要素有更多的了解,同时他们需要知道如何改变这些要素。因此,二人开始广泛搜寻研究睡眠或睡眠舒适度以及相关领域的专家。相关产业的研究机构、实验室、医院和企业也都成为他们的合作者,共同分享自己所掌握的知识和见解。

随着合作的不断推进,两位创始人对这个界定模糊的话题也有了更多的了解。尤其是哥本哈根大学格洛斯楚普医院的睡眠研究所为他们提供了极大的支持,该研究所非常看好QOD所提出的美好愿景。通过与睡眠研究所的合作与交流,两位创始人开始接触睡眠科学以及睡眠药物的实践应用,他们也逐渐了解到,失眠和其他睡眠问题是现代社会中存在的一个普遍而又严峻的现象。例如,研究睡眠领域的专家已经指出,现在大部分人都比50年前的人少睡一个小时左右,也正因如此,众多欧洲国家的青年人都难以准时参加安排在早上的讲座。网络、电视以及其他在夜间甚至深夜的消遣方式对我们日常生活的影响越来越大，这也是造成以上趋势的原因。

虽然影响睡眠质量的因素千奇百怪，然而温度被认为是其中最重要的因素之一。施密特解释称："人们的平均体温大约为37摄氏度，但是人的体温并不会全天保持在同一个水平。当你起身在四周走动的时候，你的体温可能会上升1.5摄氏度左右，接下来当你停止活动，坐在椅子上休息，看着电视的时候，你的体温又会下降。但是即使下降，从高质量的睡眠的角度来看，你的体温仍处于较高水平。"

Løgstrup和施密特想知道，他们能否找到一种方式可以缓慢地降低人们的体温，同时又不会造成其他的不适，并将该温度整晚保持在同一水平。如果他们能成功找到这种方法的话，使用QOD床上用品的消费者就可以更快进入深度睡眠，并且拥有更高的睡眠质量。睡眠过程中出现的温度变化也会扰乱睡眠周期。温度控制能够使人们在完整的睡眠周期中保持一种更为舒适的状态，包括快速眼动周期——它与大脑中所需的化学物质的补充有关。

两位创始人开始搜寻各式能够控制温度以达到预期效果的技术。第一次尝试是在床垫内加入冷却仪和传感器，但是这种创新并没有带来符合各项要求和标准的产品。

伙伴关系以及早期的合作

在他们探索商业理念的早期阶段，两位创始人也在留意跨越床上用品行业以及企业之外的相关信息。意识到自身的工作经历仅仅局限于纺织行业之后，他们决定成立一个非正式的顾问委员会，委员会中包含睡眠领域的专家，他们可以定期向创始人提出建议，并告知战略决策。施密特提到，"我们走出床上用品行业，寻找大量的各领域的人才并与他们进行交流，搜寻能够借鉴到床上用品行业的想法和知识。"

除了设立顾问委员会以及从睡眠协会获取知识之外，QOD还开展了各式各样的其他合作。例如，QOD与一家科学实验室建立了伙伴关系，该实验室专门研究如何通过控制和使用化学试剂去除纺织物中的重金属成分。与此类似，QOD 还与丹麦哮喘与过敏协会进行了密切的合作，后者会对 QOD 的产品进行检测，检查它们对于尘螨以及引起过敏症状的主要原因的控制是否达标。通过这些合作，QOD 的创始人对于他们在生产和制作床上用品过程中应当使用以及不应当使用的化学成分都有一定的了解，也知道应该如何将潜在的过敏反应降至最低水平。然而，在这些努力之外，他们依然在寻找一种所谓"正确"的技术，他们希望这种技术能够使人的体温保持在健康睡眠所需的理想水平。

科学画报和灵光乍现

有一天，施密特正在后院阅读《科学画报》（Science Illustrated）杂志，他从杂志中了解到一种相变材料（phase change material，简称 PCM）技术。[①] 根据文章内容，宇航员在太空行走时会经历非常极端的温度变化，波动幅度可以达到 80 摄氏度，而太空服中加入的 PCM 可以起到保护宇航员的作用。该技术能够阻止温度的大幅波动，从而延长宇航员在舱外执行任务的时间。虽然一般的绝缘材料也可以将温度差降至 5~6 摄氏度，但是使用 PCM 能够将温度变化控制在 1 摄氏度的范围内。这正是施密特一直苦苦寻找的技术——一项能够根据人体体温和周围环境的温度而进行缓慢的温度调节的技术。

施密特非常迫切地想要在 QOD 的被子中加入 PCM 技术，于是他展开了一些调查，发现 PCM 最初是三角研发公司（Triangle Research and Development Corporation）于 1988 年为 NASA 研发的一项新技术。因此，施密特与 NASA 取得了联系，对方也表示愿意进一步了解。此外，NASA 还将施密特介绍给 Outlast 技术公司（Outlast Technologies LLC，简称 Outlast），后者是 PCM 技术的专利所有者。QOD 正碰上了对的时机，航天局非常乐于参与此项技术转移——尤其该技术原本是太空和军事领域的相关技术，日后可能实现民用和商用，这也提高了航天局加入的兴趣。

[①] "技术"，Outlast 技术公司，2016 年 10 月 25 日登录，www.outlast.com/en/tecnologia。

开放式创新：与 Outlast 的合作

Outlast 是研发 PCM 相关技术和材料的先驱，它的总部位于科罗拉多州（Colorado）的博尔德市（Boulder）。该企业成立于 1990 年，成立之初是私有制，并获得风投注资。Outlast 创始人认为相变技术可以用于制作高品质的衣服、鞋类、床上用品、包装品以及其他产品，使它们变得更加舒适。

1991 年，Outlast 取得了温度调节技术的独家专利权，该技术最初是由 NASA 开发用于宇航员服饰和手套的制作以保护他们免受太空环境中的酷暑和严寒。Outlast 试图将该技术引入商用纤维织物。

1998 年，Outlast 引入了第一条使用自己开发的 PCM 技术制作商用手套和鞋类产品的生产线，以 Outlast® 技术的标识在市场上进行销售。2009 年，公司拥有与热适应材料相关的已获授权的专利超过 26 项，此外，还有 32 项专利正在进行审批。该技术多被用于提升产品性能和质量，在诸多产品中都有着广泛的应用，从日常使用的高品质衣物到户外服装、鞋子和床上用品等。对于它们而言，产品控制热量和能量的性能至关重要。①Outlast 经常与其他机构或企业进行合作开发，并且通过技术授权吸引合作伙伴。截至 2009 年，Outlast 已经与超过 200 家企业达成合作关系，这些企业将 Outlast 的材料引入户外运动、休闲服饰、鞋子、饰品和床上用品等诸多产品。Outlast 还允许自己的合作伙伴将该技术二次授权给其他企业。

获得认证的产品标签

企业在发布直接使用太空技术的新产品或服务时都需要为该产品或服务申请一个"太空技术认证"的标签。该项认证属于美国太空基金会的诸多认证项目之一。太空认证项目会认可创新者们将最初为太空领域的使用而开发的技术转变为商用的行为，以提高公众意识，让他们了解转化太空技术的益处，同时实现鼓励

---

① "将 Outlast® 技术应用于你的产品线"，Outlast 技术公司，2016 年 10 月 25 日登录，www.outlast.com/en/applications。

创新的目的。

已有的获得太空技术认证的例子包括全球定位系统（GPS）、游戏操纵杆、水净化系统、偏光镜片技术、缓解压力的材料等。以缓解压力的材料 Tempur 为例，它的开发最早可追溯到 20 世纪 70 年代，当时 NASA 正在实验一种能够自我调节以适应宇航员身材的材料。该材料也可用于缓解宇航员在发射升空、飞行以及降落进入地球大气层的过程中受到的巨大的重力；20 世纪 80 年代初，NASA 将该技术放开用于商业用途。Fagerdala World Foams（Fagerdala Industri AB）坐落于瑞典韦姆德市（Värmdö），是一家专业经营工艺泡沫材料的企业，它适时抓住 Tempur 材料开放商用的机遇，并花了将近十年的时间进行产品实验，试图在产品构成和耐用性方面做到完美。它的不懈努力也获得了相应的回报，公司推出的能够缓解压力的床垫和枕头都大获成功，以 Tempur-Pedic 的品牌名称在全球范围内进行销售。

2003 年，Outlast 获得 NASA 信任，开启了 PCM 的商用之旅。Outlast 最初打算将该材料用于住宅建筑的隔热功能，当时使用的材料非常坚硬，因此并不适合用于被子和枕头等床上用品。Outlast 和 QOD 的合作开始以后，QOD 所面临的挑战就是将这种坚硬的材料转化为一种较为柔软的材料。

循序渐进的合作

最初，Outlast 对于 QOD 计划将 PCM 应用于被子和枕头等产品的想法并不是很感兴趣。然而，Outlast 逐渐意识到该材料在床上用品行业的应用具有极大的商业价值，于是它与 QOD 的创新合作伙伴关系也越来越紧密。最终，Outlast 决定投入更多的时间用于研究该技术在纺织品中的应用。从那时起，两家公司都加快了创新进程并不断推进二者的交流协作，但是它们依然面临着巨大的技术难题。

首先，工程师需要找到一种合适的方式，保证在产品中使用 PCM 的同时又不会降低被子和枕头的柔软度和蓬松度。他们开发出一套工序，能够使少量的 PCM 永久地封闭（封装）在一个贝壳型的材料内，从而创造出微型的 PCM 胶囊。这些微型胶囊（Outlast 将其称为"thermocules"）中填满了一种特殊类型的蜡，它可以吸收和释放热量。

　　一块枕头大小的布料中可以容纳数百万相变微型胶囊，它可以吸收人体多余的热量并储存在胶囊中，从而使胶囊内的固体材料变为液体，当人体的温度下降时，它又会释放胶囊中储存的能量，胶囊内的材料又变回固体状态——这就是一次相变过程。这种微型胶囊既可以放置于布料的表层，也可以在生产的过程中被注入纤维之中。微型胶囊中起保护作用的聚合物外壳非常耐用，这也是该材料所具有的技术特性，同时它也被设计成能够经受纺织品加工和清洁的状态。如此一来，Outlast的技术能够通过人体和环境之间的持续互动实现调节温度的功能，从而使用户在睡觉时可以始终保持舒适的状态，图11-2和附录。

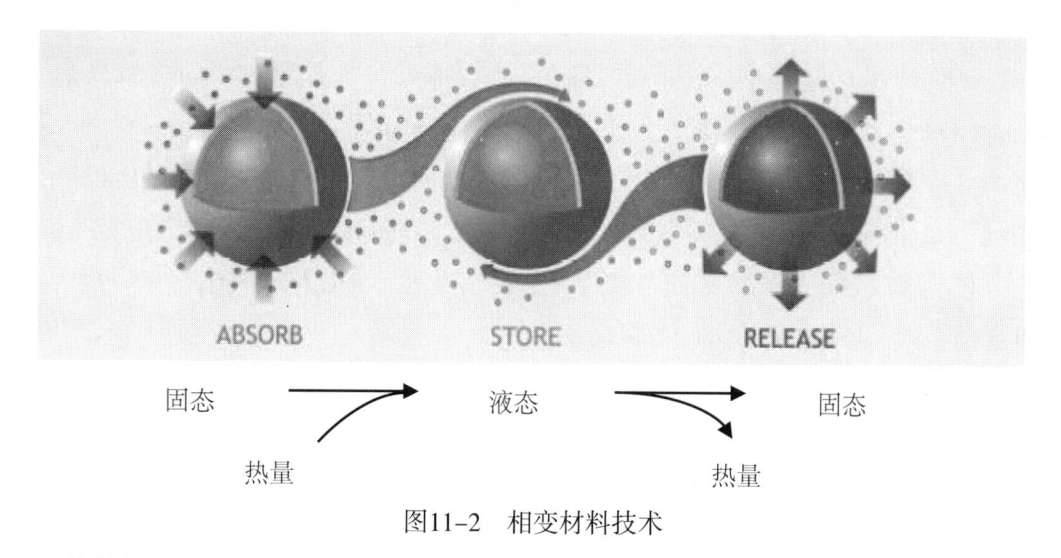

图11-2　相变材料技术

资料来源：公司文件。

　　QOD和Outlast遭遇的第二个技术难关是获取正确的温度值。皮肤的温度为31~33摄氏度，人在进入睡眠状态后，身体周围的环境的最佳温度是28~30摄氏度。冷却和加热的速率以及稳定状态的最终温度都可以通过微型胶囊的混合物获取。不同胶囊内的蜡因其化合物的化学成分不同而具有不同的熔点：有一些胶囊内的蜡在26~27摄氏度时就开始熔化（然后吸收能量），有些会在28~29摄氏度时开始熔化，有些熔点甚至更高。QOD凭借其在医学领域的合作关系，运用它们的知识找到一种能够传递最优温度值信号的混合物，并确保该混合物能够缓慢地降低和升高人体温度以保障睡眠的舒适度。

在开发阶段，QOD 几乎尝试了所有种类的混合物，这些混合物的样本得以控制和保留，QOD 在医学专家的帮助下对其进行了测试。18 个月后，QOD 成功开发出第一个有用的产品，它的功效能够达到 80%；接下来，QOD 又花费了一年的时间对该工序进行优化。在此期间，公司仍在不断地实验和寻找新产品。QOD 与它的合作伙伴们花了两年多时间才开发出一款具有商业价值的产品。

TempraKON 的诞生

QOD 使用 PCM 技术生产出世界上首款智能枕头和被子。该品牌被命名为 TempraKON，意思是"在睡眠过程中具有温度（Tempra 取自英文单词"temperature"，意为"温度"）控制（KON 取自英文单词"control"，意为"控制"）功能的床上用品"[1]。传统的被子一般只会简单地捕获热量，TempraKON 床上用品与它们不同，它不仅能吸收热量，还能够储存和释放热量，此外，它还能够调节湿度，因为温度控制会减少身体过热以及出汗的状况。

2003 年 9 月，QOD 在德国法兰克福（Frankfurt）的一次纺织品博览会上将 TempraKON 介绍给公众。施密特在回顾这个历史性的日子时曾表示，"TempraKON 获得了巨大的成功，这也正是我们一直以来所渴望的。这款产品使得在场所有人都为之震撼。"[2]

市场很快就接受了这款新产品，TempraKON 也从中获益。截至 2009 年，QOD 推出了四种不同的温度类型——超低温、低温、适温以及高温，组成了一个完整的产品系列，每一个类型的产品中都包含了不同种类的填充物和外壳以满足顾客的个性化偏好。太空基金会为 TempraKON 床上用品授予了"太空技术认证"。使用该认证标签能够确保 QOD 的 TempraKON 产品线与其潜在模仿者进行区分。

当时，关于合作开发的技术的使用，Outlast 与 QOD 订立了非常详尽的协议。

---

[1] "[关于]TempraKON"，TempraKON，2016 年 10 月 25 日登录，www.temprakon.dk/temprakon/?lang=en 。
[2] 太空基金会，"Quilts of Denmark 旗下的 TempraKON 获太空技术认证"，新闻稿，2003 年 10 月 2 日，2016 年 10 月 25 日登录，www.spacefoundation.org/media/press-releases/temprakon-quilts-denmark-awarded-certified-space-technology-status 。

施密特对使用流程进行了解释：

为了理解该协议，你必须先对双方在技术开发中所扮演的不同角色有所了解。Outlast 负责的是相变材料，这也正是它的专业领域。QOD 的职责是找到合适的方法使被子和枕头等产品中的 PCM 能够实现预期的功效。Outlast 与 QOD 拥有不同的技术，它们在开发过程中互为补充。上述分工模式能够解释我们如何达成一个对双方都有利的协议。

专利使用权转让协议

Outlast 与 QOD 签订的协议中规定，QOD 有权在全球范围内转让 PCM 技术的专利使用权，但获得 QOD 授权使用的 PCM 技术仅限于被子和枕头产品中的应用。此外，两家公司还签订了一份协议，注明 QOD 在其最重要的被子和枕头市场拥有独家知识产权，如斯堪的纳维亚以及双方共同指定的其他国家。在其他市场上，Outlast 有权在与 QOD 磋商并征得其同意的情况下二次授权其他被子加工商使用该技术。如果 QOD 不同意二次授权，它必须提出一套可信且可行的方案将 TempraKON 引入该市场。

最后，QOD 有权保护其开发的技术——也就是将 PCM 技术应用于商用产品——在其业务范围内的使用。QOD 成功申请了多项与在枕头和被子产品中应用该技术有关的专利。如此一来，大部分希望从 Outlast 公司获得 PCM 技术使用许可的被子生产商也必须从 QOD 获得额外的专用知识产权授权。

尽管 QOD 与 Outlast 之间达成了广泛的协议，但 QOD 的两位创始人都强调，Outlast 与 QOD 之所以能够成功合作并取得商业上的成功，都归因于双方在合作期间不断建立的信任。Outlast 和 QOD 都是值得信赖的合作伙伴，在合作过程中，Outlast 也一直尊重 QOD 的愿景。一次好的合作能够使双方都获益匪浅。通过延续和加强与 Outlast 之间的技术合作，QOD 得以从市场竞争中脱颖而出。反过来，Outlast 也在纺织品市场赚取了不少的技术使用费，尤其是被子市场。QOD 更是帮助 Outlast 掌握了相变技术如何应用于不同产品的关键市场信息和知识。

产品推出后的困境

在成功推出 TempraKON 后，Løgstrup 与施密特又面临着新的挑战。首先是 QOD 需要增加产量以满足快速增长的市场需求，同时它要在全球范围内销售 TempraKON 产品（图 11-3）。QOD 当时还是一家小公司，资金实力也并不雄厚。为了尽快扩大 TempraKON 的生产规模，并为这家快速成长的初创企业积累现金，QOD 将其拥有的技术授权给其他品类的床上用品的制造商使用。

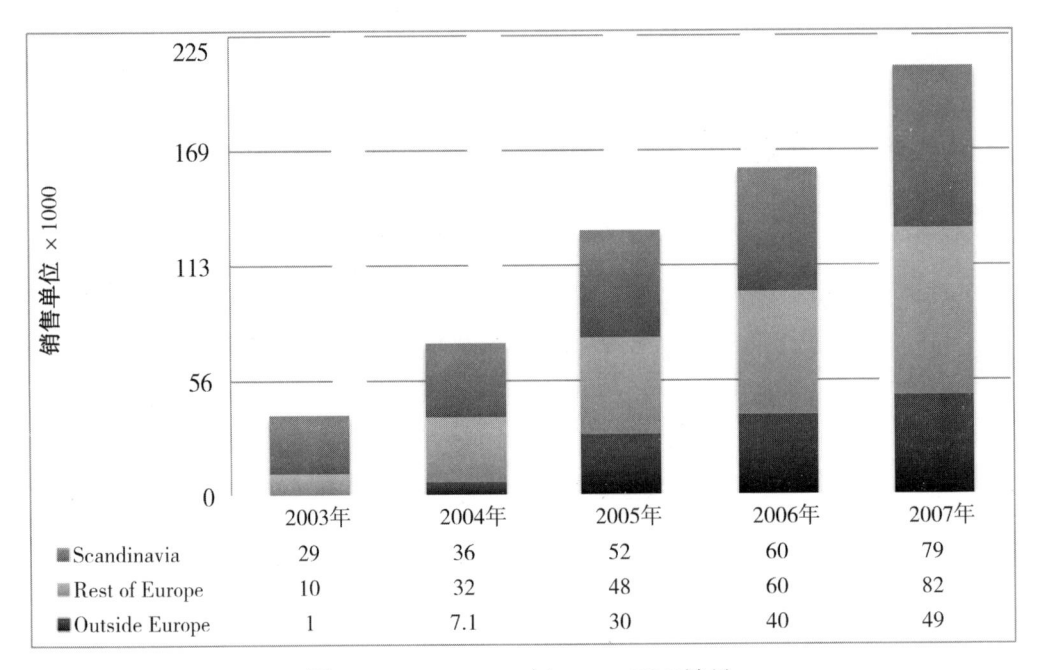

销售单位 ×1000	2003年	2004年	2005年	2006年	2007年
■ Scandinavia	29	36	52	60	79
Rest of Europe	10	32	48	60	82
■ Outside Europe	1	7.1	30	40	49

图11-3　2003~2007年TempraKON销量

资料来源：公司文件。

QOD 与 Outlast 就二次授权的问题达成了协议。让市场中的一部分企业使用该技术能够提升其合理性。二次授权的对象均为位于 QOD 还未进入的或者并不感兴趣的国家的制造商。每次 Outlast 将技术二次授权给其他企业，QOD 都能从中赚取技术使用费。然而，尽管二次授权都有严格的时间限制，获得二次授权的企业能够将技术用于何种产品以及将产品投放于哪些地域范围也都有严格的规定，QOD 依然明白，随着时间的流逝，很大一部分二次授权都将适得其反。严格把控产品质量和市场定位的作用是非常有限的，有些被许可方难免会采用低价策略从而导致市场价格快速下跌。

Løgstrup 与施密特面临的第二个挑战也与上述内容相关，那就是 TempraKON 产品的定价。施密特解释称："消费者的心理价位是存在的。例如，如果一床被子在欧洲市场的零售价格超过 300 欧元，那么产品的销量将迅速下滑。"[①] 然而，因为 QOD 拥有专用知识产权，它的收入又必须高于其与 Outlast 在（排他性）协议中约定的合同价格。为了实现这些目标，QOD 从产品推出之初就选择与一些大型零售商进行合作，从而为自己赢得了一个非常好的开端。尽管存在消费者的心理价位，QOD 仍然在 TempraKON 产品中赚得了较为可观的利润。这在一定程度上得益于当时较低的原材料价格，但是施密特认为，TempraKON 产品的利润水平虽然处于合理的区间范围，但是仍不足以支撑该产品的营销支出。

为了实现企业的持续增长同时克服价格下行的压力，QOD 试图通过提升 TempraKON 的品牌知名度来增加产品的销售利润。QOD 获得了太空基金会的官方认证，而且它是首家获得太空技术认证的欧洲企业。此外，丹麦国家政府、丹麦地方政府、Tuborg 基金会以及其他一些机构为 QOD 颁发了多个创新奖项。QOD 旗下的产品也通过了 Oeko-Tex 标准 100 的药物和染料检测、丹麦哮喘与过敏协会的过敏检测、NOMITE 的尘螨过敏检测以及 Downafresh（Daunasan）对产品使用的软毛进行的卫生与清洁检测（该检测符合欧洲标准）。QOD 还是欧洲羽绒协会的成员，该协会负责制定羽绒类产品的质量标准。

尽管在初期进行了大量的品牌推广，但是在大部分顾客眼中，被子和枕头始终只是一般的商品。QOD 发现，大多数人实际上并不知道被子品牌的名称。Løgstrup 与施密特下定决心要改变这一现象，他们开始通过受过良好训练的店铺销售人员向消费者传达品牌信息。Løgstrup 对该策略中包含的理论基础进行了如下阐释：

店铺经理在消费者的购买决策中扮演着十分重要的角色。当你走进一间店铺，你其实就已经落入了销售人员的掌控之中。我们的被子相对比较复杂，要解释起来也就相对困难。如果店内的销售人员都不知道如何向顾客介绍自己产品的优点，那情况就有点棘手了。如果一个销售人员对产品不够了解，那么他就会避开该产

---

① 1 欧元 =1.39 美元，汇率以 2010 年 2 月 1 日计算。

品并向顾客推荐另一款更容易介绍的产品。

此外，QOD还会与店铺进行合作，增加广告预算以实现提升品牌意识的目的。

持续改进和产品的多样化发展

在第一代TempraKON产品所取得的成功的驱动下，QOD继续对旗下产品的外观和功能进行创新和实验。例如，为了吸引女性消费者——她们是被子和枕头的典型买家，QOD的管理团队与设计师进行合作，改变产品的设计和包装，提升产品的"情感价值"。QOD也一直在尝试推进产品差异化，希望能够将差异化的产品外观与TempraKON产品的独特技术属性进行结合。

除此之外，QOD还试图通过一个名为Airborn的睡眠理念来展现TempraKON的优点。Airborn也可以被理解为终极"理想中的床"，创意来源于与QOD有着密切合作的设计公司Artlinco。设计"Airborn"一词是为了将TempraKON的设计品牌效应延伸至其他产品，如床垫、床单以及床本身，这一概念的最初雏形首次被介绍给公众是在2005年的一场名为设计邦（DesignBoom）的哥本哈根国际家具博览会。

对于QOD的创始人而言，从被子到床垫并不算是一次大转变——但是从床垫到床就是一次不小的挑战。尽管如此，床类产品市场上的高额利润依然足以说服QOD接受这次挑战。QOD生产的床不仅被陈列在TempraKON的品牌店，开设在全球各个大城市（例如香港）的家具分销店也都可以看见它们的身影。店铺会专门开辟一块区域让消费者体验和了解TempraKON，以及购买采用TempraKON技术生产的床垫、床、被子和枕头等产品。Airborn床并不是QOD旗下最成功的产品，但是所有摆放了Airborn床的TempraKON门店都大获成功。QOD的管理层将Airborn视为与终端消费者建立直接联系的重要桥梁，同时它也能强化消费者对TempraKON的品牌意识。

通过建立QOD与消费者之间的联结能否提升品牌意识？互联网又如何推动上述过程？这些也都是施密特正在思考的问题。2010年公司推出了新的TempraKON网站，其中添加了图像库、产品展示区以及更多信息等功能模块。然而网址中并未包含 Web2.0 的工具，因此，消费者还不能与之进行互动，它也不足以作为在线的销售渠道。

下一个挑战

截至 2010 年，施密特与 Løgstrup 都为 QOD 取得的成果感到骄傲，他们也确信自己能做得更好。随着公司的不断壮大，企业的创新流程也建立起自己的结构，每一步创新工序的结果都必须经过检验才能进入下一步。此外，公司的所有部门（市场营销、销售、采购和财务）和所有的外部合作伙伴（顾问、睡眠中心、研究机构和实验室）都会从始至终参与创新的全过程。

有序进行的创新实践很快就有所收获。首先是新一代的 TempraKON 产品，与第一代产品相比，它们采用的技术更先进也更有效。新产品调节温度的效力大幅提升，它可以吸收更多的能量，更好地调节湿度，营造的环境条件可以使用户获得更高质量的睡眠。新材料中混入了水分（也就是具有亲水性），使其拥有了额外的价值。两位创始人意识到，新技术使企业有机会在市场竞争中与对手拉大差距。

新一代的 TempraKON 在市场中应当如何定位？它与上一代 TempraKON 的关系又该如何界定？这是 QOD 目前面临的主要挑战。施密特认为企业面临着两个至关重要的战略选项。第一种战略，QOD 可以重新推出全套 TempraKON 产品，向消费者介绍新一代的更有效的 TempraKON 技术。如果执行该战略的话，QOD 能够再次与某些国家的合作伙伴就二次授权使用技术以及产品定价等问题进行协商，同时公司还可以将之前获得授权的企业驱逐出自己想要进入的市场，在这些市场中，QOD 希望可以直接将产品卖给零售商。第二种战略，QOD 可以选择保留第一代的 TempraKON 被子，并在此基础上增加一个新的优质产品系列，新产品中都会采用新技术。第二种战略意味着推出一个全新的产品品牌，与已有的 TempraKON 完全独立，产品的目标客户是一个消费水平更高的消费者群体，然而没有人知道那个群体的具体规模或购买潜力。

施密特一整天都在思考这两种战略方案。现在是时候整合下周二的会议中将要展示的 PPT 素材了。尽管他不知道公司会选择哪一个方案，但是他确信很快就会有决断，同时他也知道，这个选择将会决定公司未来十年的财富状况。

案例习题

1. 公司创建者的远见对公司发展来讲有何作用？
2. 与外部创新伙伴合作发展新业务有哪些利弊？
3. 相比普通型床被，功能型床被为何面临不同的困难？QOD 采取了哪些措施来营销 TempraKON？你认为公司还可以做些什么？
4. 公司应该采取何种战略来营销新一代 TempraKON？
5. 制定出 QOD 下一步可以采取的主要战略选择。

附录 相变材料的工作原理

通过使用一种名为"Outlast thermocules"的微型小球，衣料能够与人的身体进行互动从而控制温度和湿度，并且它的效果要优于普通材料。TempraKON® 床上用品与一般的只会捕获热量的布料和绝缘材料不同，它能够根据需要吸收、存储并且释放热量。热量交换过程会利用 thermocules 的变化模式：当产品从一个温暖的身体吸取热量时，该物质就会通过消耗热能从固态转变为液态，从而达到吸收热量的作用；当热量被一个温度较低的身体所摄入时，该物质就会从液态转变为固态，从而释放热能。在转换过程中，该物质虽然从固态变为液态，但它的温度始终保持不变。

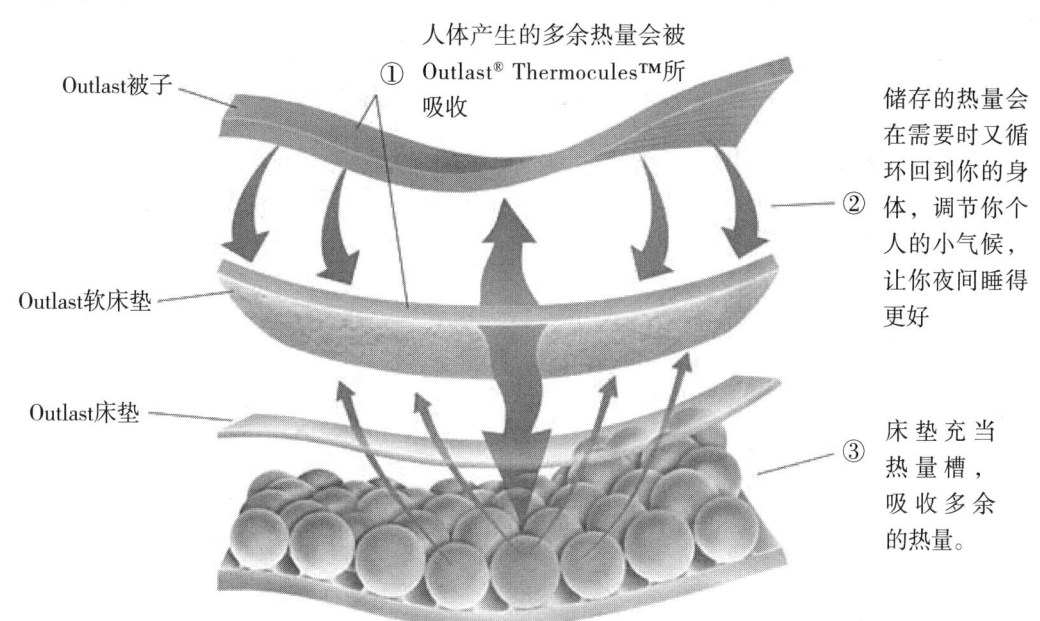

吸收或释放的热量被称为潜伏热。利用潜伏热的转变，TempraKON 羽绒被能够缓冲人体皮肤周围的小气候。结果就是 TempraKON 床上用品减少了过热和出汗的情况，帮助用户睡得更香，醒来时也会觉得休息得更好。

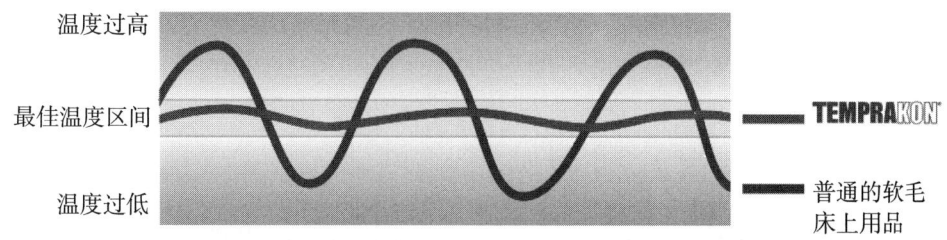

资料来源：公司文件以及 Outlast 睡眠系统，2016 年 11 月 26 日登录，www.outlastsleepsystem.com，附录中的图片是获得许可使用的。

案例十二

ZARA在做什么生意？[①]

对Inditex集团和其有着"快时尚"商业模式的旗舰品牌ZARA而言，2016年在其店铺里会发生什么？新的竞争对手已经花费了好几年的时间来建立能够有效地与ZARA的方法竞争的商业模式。[②]

许多人会回想起早期对ZARA和其反直觉的商业模式的不同看法。为什么会有人投资这样一个服装制造商和零售商：在（和亚洲相比）劳动力市场成本更高的西班牙生产其衣服，在广告上花费很小，为在欧洲时髦的零售商业区布置其高端店面而表面上超支，承载的库存量大大地少于竞争对手，制造的衣服可以认为是有一点质量上的瑕疵，最后一点就是，在收银台少收取15%的费用。总的来说，这种做法在激烈竞争的零售时尚行业中被视为一种灾难的组合。[③]

在当时大多数观察家都不足够有前瞻性的思维以看到ZARA方式的价值。然而，随着时间的推移，Inditex就非常自豪地证明了他们是错的。截止到2014年，

---

* Daniel J.Doiron写这个案例，仅仅是为了给课堂讨论提供材料。本文的作者们并非意在揭示在特定管理情境中处理方式的有效与否。为保密起见，作者隐去了部分名称和其他识别信息。

未经书面授权，禁止任何形式的复制、收藏或转载。本内容不属于任何复制版权组织授权范围。如需订购、复制或引用有关资料，请联系：Ivey Publishing, Ivey Business School, Western University, London, Ontario, Canada, N6G 0N1; phone (519) 661-3208; (e) cases@ivey.ca; www.iveycases.com.

版权@ 2015, Richard Ivey School of Business Foundation　　版本：2015-09-26

[①]本案例仅以公开发表的资料为基础编写。因此，在这个案例中提出的解释和观点不一定就是Inditex集团或其任何雇员的观点。

[②]大多数人都认为，"快时尚"这个词只代表ZARA核心商业模式的一部分，而不是他们成功的全部基础。

[③]Devangshu Dutta, "零售"在时尚的速度, "第三的视野, 2002年, http://thirdeyesight.in/articles/ImagesFashion_ZARA_Part_I.pdf, p.3, 摘录于2015年8月31日"。

ZARA 在许多维度上就已经是世界上排名第一的时装零售商①。正是它独特的商业模式使这一惊人的成功成为现实。

但是 Inditex 不停留在过去的成功上,因为未来也充满了和许多已经渗透市场的新贵和模仿他的竞争对手相关的重大挑战。这些新公司很可能也会获得很大程度的成功。例如,ZARA 的商业模式这样的颠覆性的创新不可避免地被复制了。行业如何围绕颠覆性商业模式演变的例子包括西南航空公司引领的航空业的折扣和沃尔玛主导的打折的百货业。

也许是 Inditex 再一次重新改造行业的商业模式的时候了。

早期

在 1963 年,当 Amancio Ortega Gaona 16 岁的时候,在西班牙的拉科鲁尼亚开设他的小制衣公司,②他从来没有梦想过会成为世界最大的服装零售帝国。他也没有希求成为世界上第四富有的人。③在接下来的十二年里,他开始意识到的是,只要你远离客户哪怕仅一步之遥,纺织制造业就是非常危险的,常常是让人泄气的生意。在快速变化的女性时装细分市场这一点尤其正确。所以,在 1975 年,他在西班牙的拉科鲁尼亚,一个有着 246000 人口的小镇开设了他第一家 ZARA 门店,并且谨守着作为一个时装零售商获得成功的最高原则,即把时装设计、生产以及分销与客户以最快的方式连接起来,以回应其挑剔而且多变的需求。这是 ZARA 过去和增长的唯一基础。它现在仍然是。早期的成功刺激了 ZARA 接下来八年的时间里在西班牙最大的城市开设了 9 家新的门店。④

Ortega 还认识到,要想成功他就必须利用聪明才智并且信任他公司的员工们

---

① Graham Ruddick,"ZARA 是如何成为世界上最大的时装零售商",电报,2014 年 10 月 20 日,www.telegraph.co.uk/finance/newsbysector/retailandconsumer/11172562/How-Inditex-became-the-worlds-biggest-fashion-retailer.html,摘录于 2015 年 8 月 31 日。

② Vivienne Walt,"对话 Amancio Ortega:世界上第三富有的男人,"财富杂志,2003 年 1 月 8 日,http://fortune.com/2013/01/08/meet-amancio-ortega-the-third-richest-man-in-the-world/,摘录于 2015 年 1 月 20 日。

③ 福布斯传媒有限责任公司,"世界的亿万富翁,"福布斯,2015 年 1 月 20 日,www.forbes.com/profile/amancio-ortega/,摘录于 2015 年 1 月 20 日。

④ Inditex 集团,"我们的历史,"www.inditex.com/our_group/our_history,摘录于 2015 年 1 月 20 日。

的判断。①换句话说，一个有关新产品设计和分销的自上而下的决策机制，是会与他要求对客户需求迅速反应这一压倒一切的理念背道而驰。因此，他将产品设计、制造和分销决策的关键过程交到了他公司员工的手里。

正是将尽可能快地制造新衣服来响应客户的需求和欲望与采用一个分散的决策制定过程相结合，才使得ZARA在竞争异常激烈的零售服装产业茁壮成长和发展。自1975年推出ZARA之后的17年来，到2001年5月23日ZARA首次公开上市发行，Ortega开设了超过1000家新门店。通过这次发行募集到的资金为一个巨大的演变提供了燃料，由此我们可以看到Inditex通过8个品牌在88个市场发展运营了6683家门店，在2014财年收入达到181亿欧元②以及行业领先的利润率（表12-1）。③

表12-1 Inditex集团2012~2014年财务状况

（一）损益表

（以百万美元计价）	截至			
	2012年1月31日	2013年1月31日	2014年1月31日	2015年1月31日
收入	15,505	17,925	18,800	20,365
总收入	15,505	17,925	18,800	20,365
减去销货成本	6,309	7,213	7,646	8,484
毛利润	9,196	10,712	11,154	11,811
销售和管理费用，总计	5,530	6,300	6,743	7,259
折旧和摊销，总计	827	895	954	1,016
其他运营费用	4	13	（2）	9
其他运营费用，总计	6,361	7,208	7,695	8,234

---

① Andrew Mcfee, Vincent Dessain 和 Anders Sjoman, "ZARA: 快时尚的IT,"哈佛商业出版社,马萨诸塞州波士顿, 2007年9月6日, 第3页。

② 1欧 = 1.09843美元, 2015年6月31日.

③ Inditex, Inditex集团2014年度报告, www.inditex.com/documents/10279/18789/Inditex_Annual_Report_2014_web.pdf/ a8323597-3932-4357-9f36-6458f55ac099,摘录于2015年7月14日。

续表

运营利润	2,835	3,504	3,459	3,579
利息费用	(4)	(12)	(13)	(11)
利息和投资收入	34	27	25	29
净利息费用	30	15	12	18
股权投资收入（损失）	0	0	0	35
外汇汇兑收入（损失）	23	1	(33)	(2)
营业外收入（支出）	(12)	0	0	0
排除非常规项目的税前利润	2,876	3,520	3,430	3,467
所得税费用	690	859	754	826
少数股东权益	(14)	(7)	(5)	(11)
持续经营业务收益	2,172	2,654	2,671	2,810
净利润	2,172	2,654	2,671	2,810

（二）资产负债表

（以百万美元计价）截至：				
资产	2012年1月31日	2013年1月31日	2014年1月31日	2015年1月31日
现金及等价物	3,898	4,321	4,325	4,270
短期投资	0	293	239	250
总现金和短期投资	3,898	4,614	4,564	4,520
应收账款	243	334	346	403
其他应收款	374	685	678	642
应收款总计	617	1,019	1,024	1.045
存货	1,436	1,778	1,885	2.091
其他流动资产	163	113	132	333
流动资产合计	6,114	7,524	11,154	11,811
厂房及设备总值	8,561	9,714	6,743	7,259
累计折旧	(4083)	(4,472)	954	1,016

续表

厂房及设备净值	4,568	5,242	5,776	6,792
商誉	245	233	229	223
长期投资	11	5	23	170
长期递延所得税资产	401	430	596	723
其他无形资产	691	689	722	769
其他长期资产	293	370	515	623
总资产	12,323	14,493	15,466	17,289
债务和股权				
应付账款	2,067	2,518	2,665	2,791
应计费用	598	901	839	825
一年内到期的长期债务/资本租赁	1	3	3	9
一年内到期资本租赁义务	0	0	0	4
应付所得税	229	186	100	169
其他流动负债	144	310	284	417
流动负债合计	3,039	3,918	3,891	4,215
长期负债	1	4	2	0
资本租赁	1	1	1	3
少数股权	46	40	36	43
退休金及其他退休后福利	43	25	36	69
长期递延税项负债	204	216	244	271
其他非流动负债	651	793	859	960
总负债	3,986	4,997	5,069	5,561
普通股	105	105	105	105
资本公积	23	23	23	23

续表

留存收益	8,161	9,489	10,586	11,577
库存股份	0	0	（52）	(81)
综合收益及其他	48	（121）	（265）	104
总股权	8,337	9,496	10,397	11,728
总负债和股权	12,323	14,493	15,466	17,289

（三）现金流量表

（以百万美元计价）截至：	2012年1月31日	2013年1月31日	2014年1月31日	2015年1月31日
净利润	2,172	2,654	2,671	2,810
折旧&摊销	657	746	774	817
商誉和无形资产摊销	105	99	102	116
折旧&摊销，总计	762	845	876	933
折旧和到期的递延费用	0	12	18	16
来自出售资产的损失（收益）	0	0	41	46
资产减值&成本重组	45	89	13	8
其他经营活动	（59）	39	（318）	（33）
股权投资的损失（收益）	0	0	0	（35）
应收账款的变化	（88）	（319）	28	（74）
存货的变化	（62）	（414）	（157）	（269）
应付账款的变化	（74）	582	（5）	231
营业所得现金	2,696	3,489	3,167	3,633
现金支出	(1,191)	(1,313)	(1,230)	(1,795)

续表

现金收入	(116)	0	12	0
出售（购买）无形资产	（134）	（135）	（147）	（184）
市场及股本证券投资	（14）	（287）	34	34
现金投资	(1,456)	(1,735)	(1,331)	(1,944)
发行短期债务	0	1	0	7
发行长期债务	0	4	0	2
发行债务总计	0	5	0	9
短期偿还债务	（16）	0	（1）	0
长期偿还债务	（26）	0	0	0
偿还债务总计	（41）	5	（1）	9
普通股的购买协议	0	0	（51）	（30）
普通股利的支付	（961）	（1,098）	（1,304）	（1,660）
总债务偿还	（961）	（1,098）	（1,355）	（1,689）
额外红利支付	（137）	（137）	（206）	0
其他金融活动	（7）	（9）	（8）	（4）
来自金融活动的现金	（1,146）	（1,239）	（1.570）	（1,684）
外汇利率调整	16	（20）	（52）	88
现金净变动	110	495	214	92

来源：彭博资讯。"纺织工业（ITX：连续市场（锡伯语），"彭博商业，2015年8月31日，www.bloomberg.com/research/stocks/financials/financials.asp?ticker=ITX:SM&dataset=cashFlow&period=A&currency=US%20Dollar，摘录于2015年8月31日。

全球时装零售行业

这个全球时装零售行业在2013年的收入为1兆3230亿美元，雇用了大约七千五百万人。预计该行业将以每年5.1%的速度增长，到2018年底预估达到大约 1 兆 6850 亿美元。①

这个行业受到许多因素的影响，包括全球人口的结构变化和城市化。到 2050 年 64.4% 的亚洲人口将会城市化，与 2011 年的 45% 相比出现明显增加。同样，欧洲将会有其人口的 82.2% 生活在城市的中心，在北美洲有 88.6%。②根据麦肯锡随后针对未来的时装市场的报告，"到 2020 年，全球财富的四分之一将仅仅会集中在 60 个特大城市中，其中的一些将会比其他的国家都大。"③到 2050 年随着全球人口预计将会从 2014 年 70 亿的水平增长到超过 90 亿，④这行业看上去似乎会有一个巨大的增长的轨迹。

由于在发展中国家，例如在中国和印度，中产阶级不断壮大，这可能会导致时装消费有实质性的增长。在 2010 年，布鲁金斯（Brookings）研究所预言，到 2021 年"按照目前的趋势，可能有超过 20 亿的亚洲中产阶级人口，中国一国 [就占据] 超过 6 亿 7000 万，而今天亚洲只有大约 1 亿 5000 万中产阶级。"⑤到 2030 年中产阶级的支出预期将从今天的 21 兆美元增加到 51 兆美元。⑥这将无疑会刺激未来几年时装零售行业的发展（图 12–1 和图 12–2）。

从 2010 年到 2025 年，女装市场预计每年增长 4.8%，而前六年仅有超过 3.3% 的同比增长。⑦陆等学者表示，"到 2025 年服装销售总额增长最快的城市中约 80% 会在新兴市场。"他们认为，这些城市会在此期间将世界服装市场扩张 1000 亿美

---

①市场再现，服装零售：全球行业指南，2014 年 9 月 5 日，www.researchmoz.us/apparel-retail-global-industry-guide-report.html，摘录于 2015 年 1 月 22 日。

②Krones AG, Krones AG 2013 年度报告，第 57 页，www.krones.com/en/investor_relations/krones-ag-annual-report-2013.php，摘录于 2015 年 1 月 21 日。

③Carsten Keller, Karl-Hendrik Magnus, Saskia Hedrich, Patrick Nava 和 Thomas Tochtermann，"在未来全球时尚市场将取得的成功，"麦肯锡公司，2014 年 9 月，http://mckinseyonmarketingandsales.com/succeeding-in-tomorrows-global-fashion-market，摘录于 2015 年 1 月 22 日。

④迪尔公司，"John Deere 致力于那些与土地相关的—战略概述，2014 年 12 月，第 19 页，http://investor.deere.com/files/doc_presentations/Strategy-Presentation-Final-Web_v001_g81y92.pdf，摘录于 2014 年 1 月 20 日。

⑤Homi Kharas 和 Geoffrey Gertz，"新的全球中产阶级：一个从西向东的跨越，"在布鲁金斯的沃尔芬森发展中心，2010 年，第 2 页；第 2 章中关于中国新兴的中产阶级：经济转型之下的初稿，程丽编著，布鲁金斯学会出版社，华盛顿特区，2010 年。www.brookings.edu/~/media/research/files/papers/2010/3/china%20middle%20class%20kharas/03_china_middle_class_kharas.pdf，摘录于 2015 年 1 月 20 日。

⑥Lily Kuo，"全球中产阶级的人数在 2030 年将达到 50 亿，"石英，2013 年 1 月 14 日，http://qz.com/43411/the-worlds-middle-class-will-number-5-billion-by-2030/，摘录于 2015 年 1 月 20 日。

⑦Nathalie Remy, Jennifer Schmidt, Charlotte Werner 和 Maggie Lu，逐个城市打造时尚增长，麦肯锡，2013 年 10 月，第二页，www.mckinsey.com/search.aspx?q=unleashing+fashion+growth+city+by+city，摘录于 2015 年 1 月 20 日。

元。① 到那时，新兴市场将会占据中端女装市场销售额的55%（图12-3）。

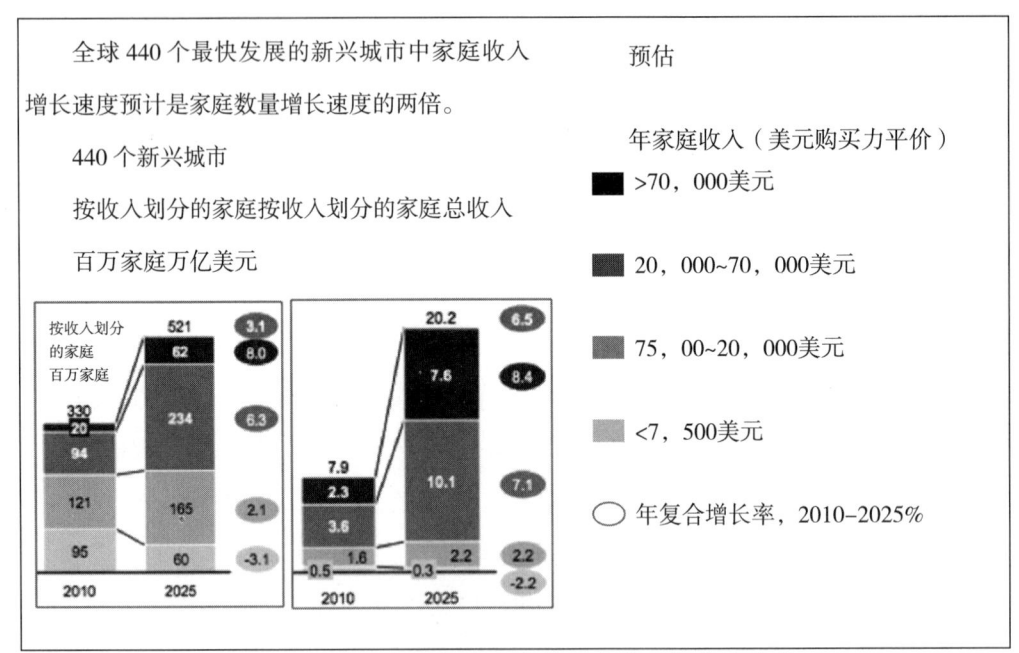

图12-1 成长中的新兴经济体和中产阶级家庭消费

版权所有：麦肯锡公司。

来源：Richard Dobbs，Jaana Remes，James Manyika，Charles Roxburgh，Sven Smit，Fabian Schaer，城市世界：城市与消费阶层的崛起，麦肯锡公司，2012年6月，https://www.mckinsey.com/~/media/McKinsey/dotcom/Insights%20and%20pubs/MGI/Research/Urbanization/Urban%20world%20-%20Rise%20of%20the%20consuming%20class/MGI_Urban_world_Rise_of_the_consuming_class_Full_report.ashx，摘录于2015年2月18日。

NDP集团认为，在2013年美国女装业务本身就达到了1164亿美元，比2012年增长4%。网上购物也在快速增长，占美国女装销售的15%，比2012年惊人地增长了17%。②

---

① Nathalie Remy，Jennifer Schmidt，Charlotte Werner和Maggie Lu"时尚感：服装企业应该考虑城市的增长，"福布斯，2013年4月23日，www.forbes.com/sites/mckinsey/2013/04/23/fashion-sense-apparel-companies-should-look-to-cities-for-growth/，摘录于2015年1月20日。

② NDP集团，"NDP集团关于美国女性服装市场在2013年增长4%的报告，"NPD集团，2014年4月16日，www.npd.com/wps/portal/npd/us/news/press-releases/the-npd-group-reports-us-womens-apparel-market-grew-4-percent-in-2013/，摘录于2015年1月20日。

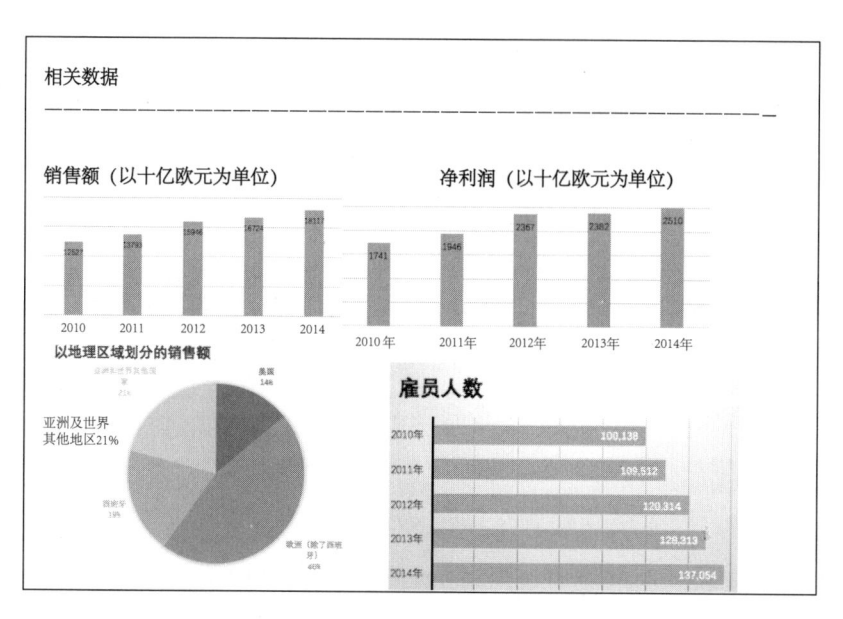

图12-2 Inditex增长率

版权所有：Inditex 集团。

来源：Inditex 集团，2014 年 Inditex 集团年度报告，Inditex，2015 年 6 月，www.inditex.com/documents/10279/18789/Inditex_Annual_Report_2014_web.pdf/a8323597-3932-4357-9f36-6458f55ac099，摘录于 2015 年 7 月 14 日。

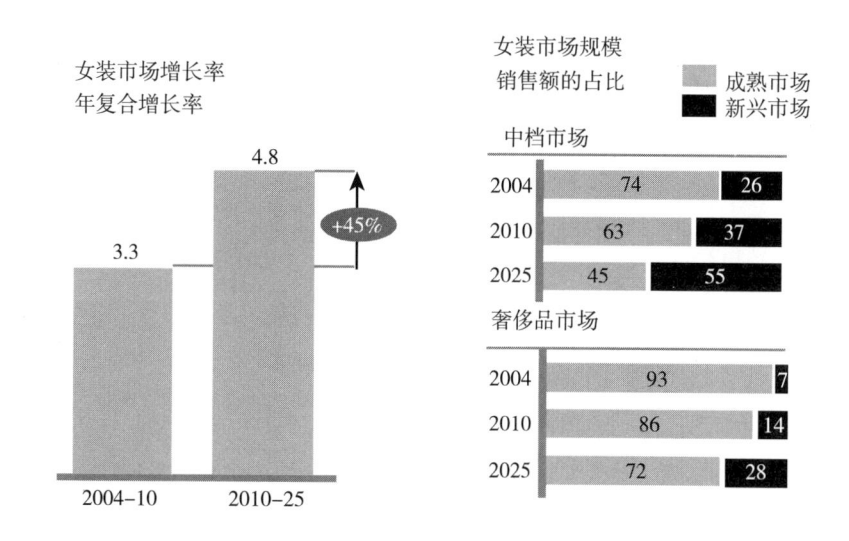

图12-3 全球女装市场增长

版权所有：麦肯锡公司。

来源：麦肯锡公司。"城市之间时尚增长报告"，麦肯锡公司，2014 年 9 月，www.mckinsey.com/search.aspx?q=unleashing+fashion+growth+city+by+city，摘录于 2015 年 1 月 22 日。

这个市场的趋势和挑战很多。负责任的采购，包括在整个供应链中有更大的透明度，常常成为人们街谈巷议的话题。2012年十一月孟加拉的Tazreen服装厂的大火这类悲剧，[1]将人们要求纺织品制造商和零售商加强供应链管理以保证公平贸易、安全的工作环境、基本生活工资，社会承诺和有节制地资源开发的呼声推到了顶点。

行业增长的机会，特别是在发达国家中，在于大尺码服装领域。这在美国到2014年4月结束的12个月里是价值175亿美元的市场，比起前一年增长了5%，[2]并且这是发达国家肥胖症流行的一个直接的反映，现在十个美国人中就有七个人是超重的。[3]

服装产业的发展紧密伴随着全球经济的波动，2009年至2010年的经济衰退对行业产生了显著的负面影响。根据comScore在2011的一项研究，消费者购买他们最想要的品牌的意愿有了一个显著的下降，从2010年的54%降低到2010年的45%。[4]在经济衰退时期，价格显然成为一个决定性的因素，像Gap和H&M（Hennes and Mauritz）这些品牌零售商受影响最大。

影响该行业的其他因素包括与石油价格有关的全球运输成本。可以看出，在2015年年中石油价格接近或低于每桶60美元的时候，这些成本是趋近一个向下波动。纺织制造业的技术创新除了降低成本之外，对行业内的重要指标也有影响。大规模定制、小批量制造和上市时间成为了关键的风险管理因素。这些都在整个供应链中引起了深切关注。新的面料创新也对服装业，特别是运动服装业的成长，产生了积极的影响。

大宗商品价格显著影响着行业的成本结构，特别是占纺织纤维市场约36%的

---

[1] 经济学人，"一个'明显的南亚的'悲剧，"2012年12月6日，www.economist.com/blogs/banyan/2012/12/garment-factory-fires，摘录于2015年8月31日。

[2] NPD集团，"估量大尺码服装市场：细分市场上涨5%，达到175亿美元，，"https://www.npd.com/wps/portal/npd/us/news/press-releases/sizing-up-the-plus-sized-market-segment-up-5-percent-reaching-17-billion/，摘录于2015年1月20日。

[3] Katie Little，"巨大的增长，对市场服务不足：租金为赛道加码，"美国全国广播公司财经频道，2013年9月29日，www.cnbc.com/id/101065567#，摘录于2015年1月20日。

[4] Robin Bowmer，"经济衰退对品牌忠诚度和'购买'行为的影响：2011年更新，"IAB欧洲，2011年10月，第三页，www.iabeurope.eu/files/3213/6852/2155/comscore20study20on20brand20purchasing.pdf，摘录于2015年1月20日。

棉花。① 因为需求的降低，2014年全球棉花价格下跌了20美分/磅至1美元/磅的平均价格，② 全球棉花总产量在1亿1670万包，比上一年下降了5%。③

此外，60岁以上的老龄人口消费者迅速增长，在发达国家被称为是"人口地震"，考虑到他们在服装方面的支出，其将成为最快增长的细分市场之一。④

消费者行为

也许促使零售服装行业变革最重要的因素是和消费者行为改变相关的。顾客购买行为和模式可能直接影响一个公司成功的能力，并且在许多情况下，这些行为将决定一个公司的路径，并最终决定行业的商业模式。ZARA所运营的城市时装零售市场，⑤ 和两个关键客户行为是密不可分的。

难以预测和影响

时装客户是一个变幻莫测的很难预测和影响的群体。他们很容易受到不可预知的因素的影响，例如名人时尚、朋友的时尚选择或在一个拥挤的城市环境中将他们自己区分开来的需要。这些变量使得预测下一个时尚卖点是非常具有挑战性的，并且导致了在时装零售行业的最大风险："错过时尚"。反过来，错过时尚导

---

① Janet Bealer Rodie，"纤维第一——环保原材料和纤维生产是纺织品可持续生产链条中的第一环，"纺织世界，2011年9月/10月刊，www.textileworld.com/Issues/2011/September-October/Features/Fiber_First，摘录于2015年1月22日。

② Inam Ahmed，"在艰难道路上的纺织行业，"每日之星，2014年8月24日，www.thedailystar.net/textile-industry-on-a-rocky-road-38398，摘录于2015年1月21日。

③ James Johnson，Stephen MacDonald，Leslie Meyer，Bryan Norrington和Carol Skelly，"对世界和美国棉花的展望，"2014年2月21日，www.usda.gov/oce/forum/2014_Speeches/Cotton.pdf，摘录于2015年8月31日。

④ A. T. 科尔尼，"理解大龄消费者的需求和重要性，"2013年3月，https://www.atkearney.com/paper/-/asset_publisher/dVxv4Hz2h8bS/content/understanding-the-needs-and-consequences-of-the-ageing-consumer/10192，摘录于2015年8月31日。

⑤ ZARA定义它们自己的目标客户为"年轻、价格敏感和对最新的流行趋势高度敏感的人。"Arif Harbott，"分析ZARA的商业模式，"数字执行，2011年3月3日，www.harbott.com/2011/03/03/analysing-ZARAs-business-model/，摘录于2015年8月31日。

致了折扣和降价以腾出空间给新的库存。例如，在2014年，H&M的整个在线产品打折折让了24.2%，有接近10%的产品打折50%或者更多。①研究表明，许多专业服装零售商的库存折价都从30%~40%最终折到平均60%。②为了降低这种风险，许多服装零售商花费大量的金钱在广告上，专注于建立品牌知名度和忠诚度。它在一定程度上起作用了。例如，在2013年GAP的销售额达到161亿4800万美元时，就花费了6亿3700万美元在广告上，占销售额的3.9%，占毛利润的10.1%。③在竞争激烈的时装行业，这可能是一个决定性的利润率驱动力。

品位经常变化

流行趋势有时也是众所周知的短暂，尤其是在都市女性服饰细分市场。潮流来了又走，这促使时装零售商更频繁地引入新的时尚，并且避免补旧货因为旧商品可能需要潜在的折扣。在H&M公司，其目前的在线销售的产品已经有超过23.1%的产品补过货了；④这既影响了他们的存货周转率，也影响了他们以全价或接近全价的价格销售产品的能力。频繁地引入新时装对诱惑客户更经常地回到门店是有积极的预期的效果的。一个普通的客户每年会莅临一家典型的时装店面4次，然而一些时装零售商，如ZARA通过更经常出现新鲜时尚的选择能够吸引他们的客户每年多达17次回头光顾。⑤一个时装零售商快速反应以转化时尚偏好的能力可能是一个决定性的成功因素。

---

① Katie Smith, "ZARA对比H&M—谁是全球领导者？"网络博客,编辑后,2014年4月15日, https://editd.com/blog/2014/04/ZARA-vs-hm-whos-in-the-global-lead/，摘录于2015年1月22日。

② Doug Hardman, Simon Harper 和 Ashok Notaney, "保持库存—和利润—除去折扣后," 2008年, 第2页, www.strategyand.pwc.com/media/file/Keeping_Inventory_and_Profits_Off_the_Discount_Rack.pdf，摘录于2015年1月20日。

③ Gap有限公司, "拥抱这个新的客户现实—2013年度报告," 第60和69页, www.gapinc.com/content/attachments/gapinc/GPS_AR13.pdf，摘录于2015年1月20日。

④ Smith，同上。

⑤ Adrian Swinscoe, "行为中的客户焦点：为什么ZARA商店变成了一个客户磁铁," 2011年12月21日, www.adrianswinscoe.com/customer-focus-in-action-why-ZARA-stores-became-a-customer-magnet/，摘录于2015年8月31日。

Inditex 和 ZARA——一条独特的路径

Inditex 是 ZARA 和七个其他零售品牌的公共持股公司，包括 Bershka，Massimo Dutti，Pull & Bear 以及 Stradivarius。对这些新的类别经过 23 年的开拓后，ZARA 仍然占据了 Inditex 销售额（和利润[①]）的绝大部分。在 2014 年，ZARA 通过 2085 家门店占据了 Inditex 收入的 64%[②]（表 12-2 和表 12-3）以及其息税前利润的 66.4%。[③]

表12-2　Inditex品牌一览

品牌	净销售额（百万欧元）	店铺数量（个）	在2014年净开张的店（家）	服务的市场	在线市场
ZARA	11594	2085	94	88	26
Pull&Bear	1284	898	24	65	21
Massimo Dutti	1413	706	41	68	24
Bershka	1664	1006	52	68	17
Stradivarius	1130	910	52	59	17
Oysho	416	575	26	40	15
ZARA Home	548	437	43	48	23
Uterque	68	66	-10	12	14

版权所有：Inditex 集团。

来源：Inditex。"集团 2013 年度报告"，Inditex，2015 年 6 月 www.inditex.com/documents/10279/18789/Inditex_Group_Annual_Report_2013.pdf/88b623b8-b6b0-4d38-b45e-45822932ff72，摘录于 2015 年 2 月 2 日。

[①] 2013 年，ZARA 在 Inditex 集团的 20 亿 8900 万的息税前盈利收入占据了 30 亿 7100 万欧元。Inditex 集团，"Inditex 集团 2013 财年结果展示"，2014 年 3 月 19 日，第 18 页，www.inditex.com/documents/10279/98254/Results+FY2013.pdf/8c54eb89-6319-446c-ac34-9a78d8ccb2e3，摘录于 2015 年 1 月 20 日。

[②] 6683 家门店中占据 2085 家，是 Inditex 商店的 31.2%。"Inditex 集团 2013 年度报告"，Inditex 集团，2014 年 6 月，www.inditex.com/documents/10279/18789/Inditex_Group_ Annual_Report_2013.pdf/88b623b8-b6b0-4d38-b45e-45822932ff72，摘录于 2015 年 2 月 2 日。

[③] Inditex 集团，"2014 全年结果展示"，2015 年 3 月 13 日，第 25 页，https://www.inditex.com/documents/10279/144578/FY+Results+2014.pdf/71be7a85-1b3c-421f-af83-c312ae0c2043，摘录于 2015 年 6 月 20 日。

表12-3 ZARA的指标

主要指标					
净销售额 （以百万欧元计）	门店数量 （在财政年度结束）	净开店数	市场	2013年的 新市场	线上市场 （在财政年度结束）
10804	1991	66	87	1	22

版权所有：Inditex 集团。

来源：Inditex, Inditex 2013 年度报告, Inditex, 2014 年 6 月, www.inditex.com/documents/10279/18789/Inditex_Group_Annual_Report_2013.pdf/88b623b8-b6b0-4d38-b45e-45822932ff72, 摘录于 2015 年 2 月。

Inditex 在过去十多年都保持着高歌猛进。它已经将其销售额从 2004 财年的 56.7 亿欧元[①]提升到了 2014 财年的 181 亿欧元。[②]这是通过集中化的地理扩张而完成的，可以看到公司在 88 个国家中平均每天会有 1.22 个门店开业。[③]其近期地理扩张聚焦重点主要是在亚洲，到 2014 年底仅在中国就开设了 450 家门店。[④]

该公司的做法与其传统的竞争对手大不相同。举个例子，它是高度垂直整合的，不像它所有的竞争对手，它制造了大部分自己的衣服。事实上，它在大多数人认为是高成本劳动力市场的西班牙、葡萄牙或其他邻近国家制造了大约一半的产品，较少依赖于第三世界外包生产。[⑤]相比之下，它的竞争对手外包了他们生产的绝大部分。

[①] Inditex 集团，"2004 年度报告，" 2005 年 6 月，第 13 页，www.inditex.com/documents/10279/18789/Grupo_INDITEX_informe_anual04.pdf/b8b53824-f2b7-4a2c-9a2f-8b0877cdf5b4，摘录于 2015 年 1 月 20 日。

[②] Inditex 集团，"2014 年度报告，" 2015 年 3 月，第 2 页，www.inditex.com/documents/10279/18789/Inditex_Annual_Report_2014_web.pdf/a8323597-3932-4357-9f36-6458f55ac099，摘录于 2015 年 8 月 31 日。

[③] 计算如下：到 2014 年底有 6,683 家门店（"Inditex 集团 2014 年度报告"），和 2004 年 2,244 家门店对比（"Inditex 集团 2004 年度报告"）经过了 3,653 天。

[④] Graham Ruddick，"ZARA 是如何变为世界上最大的时装零售商的"，电讯报，2014 年 10 月 20 日，www.telegraph.co.uk/finance/newsbysector/retailandconsumer/11172562/How-Inditex-became-the-worlds-biggest-fashion-retailer.html，摘录于 2015 年 1 月 23 日。

[⑤] Susan Berfield 和 Manual Baigorri，"ZARA 的快时尚边缘"，2013 年 11 月 14 日，www.bloomberg.com/bw/articles/2013-11-14/2014-outlook-ZARAs-fashion-supply-chain-edge，摘录于 2015 年 8 月 31 日。

独特的能力

Inditex 集团已经建成了很多决定性的核心竞争力,这些它的竞争对手是不具备的。第一个是和上市的时间相关的。这个公司可以在短短两周内将一个粗浅的想法转化为一个可以上架的商品。① 这恰恰是为什么 ZARA 在相对较新的"快时尚"产业被称为领先的冠军。然而,Pablo Isla,Inditex 的首席执行官(CEO)和集团主席,没有支持这个说法。"我不认同快时尚的概念,"他说。"我们不是尽快地去卖掉一百万件条纹 T 恤,"他接着说,成功"不是基于速度的,而是基于准确性的,基于确切地理解顾客想要什么,一周接着一周,一家门店接着一家门店。"②

这突出了 Inditexde 一个关键能力——其识别顾客的需求和欲望,并且将这些关键输入翻译反馈给在拉科鲁尼亚(La Coruña)的设计团队的能力。ZARA 通过被称为"商业团队"的员工群体实现了这个。在 ZARA 有三个密切合作的商业团队层级。设计商业团队通常由四名员工组成,其中两名产品经理和两名负责设计特定类别产品,例如女式运动服的设计师。他们拥有成功所需的所有决策权,包括决定设计、面料订购、生产数量和定价等。这些团队决定了 ZARA 生产和销售。事实上,他们每年提供了为 ZARA 门店让人惊讶的 18000 件新的独立设计。这些团队由跨越某些地理区域,负责与店经理(和客户)沟通的区域商业团队支持。后者的首要职责是确定可以在他们的市场上销售的服装款式。他们通过观察人们穿什么(以及很重要的想穿什么)以及来自商店经理的洞察力(和订单)来做到这一点。③

商店经理是第三级的商业团队。他们的主要职责是选择他们相信会在他们的商店中销售的存货,通过与顾客交谈和观察客户来完成。他们还必须随时密切地关注他们商店的库存水平和销售。他们每周两次对商店内的每一个品类订购新的存货。多年来,ZARA 坚持不采用全店的库存管理系统,而要求商店经理手动清点库存。

---

① Stephanie Huang,"为什么时尚变得越来越快了:ZARA 的两周时尚周期,"www.thescrippsvoice.com/archives/2013/11/08/why-fashion-is-getting-faster-ZARAs-two-week-fashion-cycle,摘录于 2015 年 8 月 31 日。

② Tobias Buck,"市场:一个更好的商业模式,"财经时间,2014 年 6 月 18 日,www.ft.com/intl/cms/s/2/a7008958-f2f3-11e3-a3f8-00144feabdc0.html#slide0,摘录于 2015 年 1 月 22 日。

③ Graham Ruddick,"ZARA 是如何变为世界上最大的时装零售商的,"2014 年 10 月 20 日,www.telegraph.co.uk/finance/newsbysector/retailandconsumer/11172562/How-Inditex-became-the-worlds-biggest-fashion-retailer.html,摘录于 2015 年 8 月 31 日。

这使商店经理们要去门店里，并且自然会与顾客进行互动。从这种互动中获得的见解有助于管理者为他们的商店购买那些和客户更相关并且更吸引客户的存货。然而，商店经理不是总能收到他们订购的商品。有时，区域商业团队会将新的商品陈列在商店中"看下他们会怎么卖。"他们通常将这些新衣服小批量生产以避免万一它们不受欢迎而产生任何明显的降价促销活动。① 这种方法把 ZARA 新产品的时尚失败率降低到了 1%，这比起行业平均 10% 的水平是相当低了。②

ZARA 商业团队每周引入新产品的时候都会保持警惕性并且不要重新进货旧的产品，从而使其补货率仅为 2.8%。③ 这导致了两个独特的消费者行为。首先，ZARA 的客户经常访问门店（每年 17 次④）因为总会有新的款式。其次，一旦当客户找到他们喜欢的东西，他们会尽力避免推迟做出购买决策，因为 ZARA 创造了一种稀缺的感觉，下一次你来它就不会在那儿了。这两种行为促使 ZARA 在 2013 年凭借 29.58% 的存货周转率成为业界领袖。⑤

作为首席执行官 Pablo Isla 也曾暗示过，这三个层次的商业团队是 ZARA 成功的核心，并且他们最终代表了 ZARA 如何在消费者需要的时候提供给消费者需要的东西。

ZARA 的一个核心能力与其能以小批量有效地制造衣服的能力是相关的。它不仅能很快地将一个新产品从概念推向市场，而且能够做到在小批量生产的情况下冒着很小的风险来测试市场。⑥ 不能低估为了达到这个大规模定制水平面临的挑战。Inditex 集团在其制造工厂的自动化领域投入了巨资，将其整个供应链进行有效管理，以便打破在制造过程中的任何瓶颈。例如，它在拉科鲁尼亚靠近其工厂旁运营了一个本地的染整工厂，并且在将产品运输给其缝制分包商之前自己已经

---

① Kerry Capell，"ZARA 通过打破所有的规则得到的繁荣，"2008 年 10 月 8 日，www.bloomberg.com/bw/stories/2008-10-08/ZARA-thrives-by-breaking-all-the-rules，摘录于 2015 年 8 月 31 日。

② Andrew Pearson，"ZARA 的故事——加速的子弹，"独一无二的商业战略，第 2 页，www.uniquebusinessstrategies.co.uk/pdfs/case%20studies/ZARAthespeedingbullet.pdf，a 摘录于 2015 年 1 月 22 日。

③ Katie Smith，"ZARA 对比 H&M — 谁是全球领袖？"2014 年 4 月 15 日，https://editd.com/blog/2014/04/ZARA-vs-hm-whos-in-the-global-lead/，摘录于 2015 年 8 月 31 日。

④ Pearson，同上，第 1 页。

⑤ Hokey Min，"ZARA 作为一个炫酷的供应链标志的迅速崛起"，2015 年 6 月 25 日，www.ftpress.com/articles/article.aspx?p=2359420&seqNum=12，摘录于 2015 年 8 月 31 日。

⑥ Gemma Goldfingle，"在 Inditex 集团内部：ZARA 如何变成一个全球时装现象级企业"，2014 年 10 月 20 日，www.retail-week.com/sectors/fashion/inside-inditex-how-ZARA-became-a-global-fashion-phenomenon/5065325.article，摘录于 2015 年 8 月 31 日。

做了大部分的预切割工作。这并非是不影响成本。它的服装通常比那些在第三世界国家大量生产的竞争者的生产成本高出 20%。①

物流通过位于拉科鲁尼亚的一个大型物流配送中心集中管控。由 ZARA 出售的所有衣服，即使是那些在葡萄牙或摩洛哥（或在中国）制造的，都会被送到西班牙进行配送。据彭博社报道：

"在配送中心上面有 11 个 ZARA 自有的工厂。在那里制造的每件衬衫、毛衣和衣服都是通过自动地下轨道被直接送到配送中心。轨道长 124 英里。在加利西亚自治区周边地区有很多分包商，他们中的一些人自从阿曼西奥·奥特加（Amancio Ortega）1975 年成立该公司的时候就为这公司工作了。"②

这使得 ZARA 能够至少一周两次地将其新产品运输到网络中的每个商店。货品通常在商店提出订单后的两天到达。

此外，ZARA 通过专注于用低成本材料制作那些被设计完只穿几次的服装努力管理其生产成本。对于那些喜欢经常改变他们时装的客户而言，这似乎不是一个问题。

营销

ZARA 的市场营销策略的根本一直是它的门店。新的门店以令人眼花缭乱的速度开业，在过去十年中每天有 1.22 家门店开业。③ 这个公司非常重视门店位置选择，门店橱窗设计和商品摆设。橱窗设计被认为是广告业的突出表现形式。事实上，ZARA 有一个"完整的橱窗设计师团队，经常在全球各地旅行来了解每个门店的文化和客户。然后他们量身定做这个门店独特的橱窗设计，并且把所有的支架和辅件接着运到每个门店，在严格的规程指导下进行安装"④。ZARA 一贯对其门

---

① Hardman 等人，同前文。
② Susan Berfield, Manuel Baigorri, "ZARA 的快时尚边缘"，澎湃商业，2013 年 11 月 14 日，www.businessweek.com/articles/2013-11-14/2014-outlook-ZARAs-fashion-supply-chain-edge，摘录于 2015 年 1 月 22 日。
③ 计算如下：到 2014 年年底有 6683 家门店（"Inditex 集团 2014 年度报告"），和 2004 年 2244 家门店对比（"Inditex 集团 2004 年度报告"）经过了 3653 天。
④ Belle Kwan, "西班牙的统治 — ZARA 品牌简介"，营销杂志，2011 年 9 月 23 日，www.marketingmag.com.au/blogs/spanish-domination-6575/#.VNJL7lXF_uI，摘录于 2015 年 2 月 4 日。

店不惜重金。事实上，它每四到五年就会对每家门店进行彻底的改造，期间也会有小修小补。所以其门店特点就是高端的外观和感觉，以及相对较低的库存。相比那些喜欢用库存填充他们的商店以试图优化其零售空间投资收入比的竞争对手们而言，ZARA 的做法是有点反常的。相反，ZARA 一直专注于使其客户的购物体验尽可能地愉快，以吸引他们更多地回来光顾。

到 2014 年年底，ZARA 门店在 88 个市场上有 2085 家。这些门店主要位于多数城市中心的高端零售区域。Inditex 最近宣布了以惊人的 2 亿 8000 万美元购买在纽约 SoHo 区心脏地带的 4400 平方米的商业地产。他们还宣布了在世贸中心开设一个 2800 平方米门店的计划。

ZARA 在广告上的花费很少；只给（一些）新的门店开业和一年两次的销售活动做广告。据称它花费了其收入的 0.3% 在广告上，而对比行业标准为 3%~5%。其财务报告中没有广告类目，因为这一类别并没有实质性开支。营销杂志的助理编辑 Belle Kwan 说得最好：

"没有光滑印刷的四折页，也没有花哨的有用俗气的艺术字气泡夸张显示折扣信息的红色海报，更没有有着完美发型的半裸 B 级名人在广告牌上活蹦乱跳。

这是一个不靠广告，没有合约支持，几乎也没有什么主流营销形式来打造品牌的故事。并且当我们说"打造"的时候，我们说的是一个在 78 个国家中有全球忠诚追随者，并且有一个能引起消费者兴奋尖叫和行业专家尊重点头的名字"。[1]

ZARA 通常对其衣服的定价平均比其竞争对手的定价低 15%。[2] 自从阿曼西奥·奥特加（Amancio Ortega）在 1975 年于拉科鲁尼亚开了不大的门店后，能够以合理的价格提供优质的服装就已经是他的目标了。[3] 区别是 ZARA 不像市场上的任何折扣时装店。正如大西洋杂志 Derek Thompson 所说的那样，ZARA 喜欢"与世界上最著名的品牌套近乎来满足他们做奢侈品的野心，而他们恰恰是利用廉价供应链的短和精，靠物美价廉来盈利的。"[4]。ZARA 喜欢把其门店选在奢侈品牌旁边，如普

---

[1] 同前文。

[2] Hardman 等人，同前文。

[3] Mike Bird, "Amancio Ortega 如何从贫穷变成欧洲最富有的男人"，2015 年 5 月 29 日，http://uk.businessinsider.com/the-rags-to-riches-story-of-europes-richest-man-ZARA-founder-amancio-ortega-2015-5，摘录于 2015 年 8 月 31 日。

[4] Derek Thompson, "ZARA 的大创意：世界顶级时装零售商告诉我们什么是创新"，美国大西洋月刊，2012 年 11 月 13 日，www.theatlantic.com/business/archive/2012/11/ZARAs-big-idea-what-the-worlds-top-fashion-retailer-tells-us-about-innovation/265126/，摘录于 2015 年 1 月 23 日。

拉达和古琦，当然，这些奢侈品店都试图尽可能远离 ZARA。

竞争行业的商业模式

传统上，像 GAP 这样的行业巨头，推出他们大部分的新品时装发布就是在一年两次的春秋时装季期间。介绍这些新品之前，有长达 9 个月的集中规划、生产和营销造势。新的项目线在时装要在 T 台上向全球发布，并且由一群精英时装设计师和企业高管审核通过。批量时装是在第三世界生产，然后运往集散中心，再被审查一次，改版然后整理定型。这时，大订单给到这些制造商生产就会获得超低的单位成本。订单成品往往会被运输并储存在与零售门店相对较近的区域仓库内。零售店现场销售策略和店面布局也会得到策划和设计。库存时装由总部集中控制运往各门店。随后，广告和销售队伍会开足马力向潜在的客户推销产品。[1]

这种做法带来了错失时尚的风险，传统上，错失时尚的损失将远远超出外包生产的超低成本。这使得在 2014 年行业标准毛利率大约为 35%。[2] 时装业的增长通常是通过地理扩张和品牌扩张来实现的。例如，GAP 从 2004 年的 1640 家门店[3]增长到 2014 年的巅峰有 3700 家门店。[4] 他们也依靠在不同细分市场推出多个品牌来成长，其中包括 GAP，香蕉共和国（Banana Republic），老海军（Old Navy），Piperlime（一个在线精品），竞技和混合（Athletica and Intermix）。[5] 在一个购物商场或购物区有多个 GAP 集团品牌的商店也并不稀奇。

---

[1] Hiroko Tabuchi, Hilary Stout, "GAP 的落后于时尚的时刻", 2015 年 6 月 20 日, www.nytimes.com/2015/06/21/business/gaps-fashion-backward-moment.html?_r=0，摘录于 2015 年 8 月 31 日。
[2] CSI 市场公司, "零售服装行业利润率", CSI 市场, http://csimarket.com/Industry/industry_Profitability_Ratios.php?ind=1301，摘录于 2015 年 1 月 29 日。
[3] GAP 公司, "2004 年度报告——GAP 公司", 第 9 页, http://media.corporateir.net/media_files/IROL/11/111302/GPS_AR_04.pdf，摘录于 2015 年 1 月 29 日。
[4] GAP 公司, "关键事实", www.gapinc.com/content/gapinc/html/aboutus/keyfacts.html，摘录于 2015 年 8 月 31 日。
[5] Intermix 是一个横跨加拿大和美国有 30 家精品店的品牌，于 2012 年 12 月被 GAP 收购。

创新的新时尚竞争者

正如任何成功的新的商业模式都会改变一个行业一样,许多新的竞争者不可避免地会出现,他们要么带来模式的多种变化,要么采用全新的商业模式。ZARA也正在首次经历如优衣库和Topshop这样的竞争对手的出现。

优衣库是一家日本的公司,其被认为是一家技术公司而不是一个时装公司,因为其关注时装的革命性变化仅仅围绕产品的技术创新而非时尚潮流。Kensuke Suwa,优衣库的全球营销总监,这样解释它的商业模式:

"时尚与体育之间是一个新领域。正在发生的时尚潮流有很多,但没有真正地影响你实际生活的创新。如何使你的生活更好可以是介于时尚和体育之间的。例如,运动员穿的是技术精良的服装;这些精品中的一些技术有可能会生产出更好的衣服,从而改变服装材料本身,而不仅仅是追随时尚潮流。"[1]

这一方法帮助优衣库迅速增长到1574家门店[2],预计其2014财年(截至2015年8月31日)销售额为137亿美元。[3] 在2014年优衣库是亚洲最大的服装连锁商,目标成为世界第一,并且制定了在美国发展的一个短期目标。

Topshop,一家英国的服装零售商,一直试图用自己擅长的方式击败ZARA,并且可以被恰当地定义为"独辟蹊径的更快时尚"。它声称每周有超过300个新产品面市傲视ZARA每周的200个。[4] 其市场定位和ZARA稍有不同的是,更高价位的衣服也可以说是更高质量的。"Topshop在英国有超过300家门店,每周有超过250000名的购物者到访简直令人瞠目结舌的牛津广场旗舰店,并且在国际

---

[1] Vikram Alexei Kansara,"优衣库用一个进化的方法的目的是创建新的类别",时装业务,2013年4月19日,披露:Vikram Kansara作为优衣库的一个客人来到了巴黎,www.businessoffashion.com/2013/04/with-an-evolutionary-approach-uniqlo-aims-to-create-new-category.html,摘录于2015年2月2日。

[2] 仅在中国就有342家。

[3] Walter Loeb,"优衣库的目标是成为世界上排名第一的服装品牌",福布斯,2015年4月17日,www.forbes.com/sites/walterloeb/2015/04/17/uniqlo-aims-to-be-the-worlds-number-one-apparel-brand/,摘录于2015年8月31日。

[4] Katherine P. Harvey,"Topshop / Topman带来极速时尚",圣地亚哥联合论坛报,2014年10月30日,www.utsandiego.com/news/2014/oct/30/topshop-topman-store-opens-fashion-valley/,摘录于2015年2月2日。

上有超过 140 家门店，毫不夸张地说，Topshop 就是一个购物的天堂。"①Topshop 出现在欧洲、亚洲和拉丁美洲的 31 个国家里开有门店②，并且着眼于在美国进行扩张。它有一个蓬勃发展的在线业务每周吸引 190 万名用户。③Topshop 是一个很好地采用了 ZARA 的商业模式，加以改造并在市场上独创了自身价值的例子。

接下来的步骤

竞争的格局正在发生变化。ZARA 创造并且占主导地位的快时尚世界正在发生变化。也许是时候要在这个不断变化的竞争世界中重新定位 ZARA 和其他 Inditex 的品牌了。ZARA 已经改变过服装零售行业一次了，它还能再做一次吗？

案例习题

1. 为什么 ZARA 的方法看起来如此的不理性？
2. 评估最终转化为服装行业财务风险的关键外部风险因素。
3. 讨论该行业如何处理风险因素以及如何将其转化为业务模型。
4. 为了减轻这些风险，企业必须管理哪些关键业务指标？
5. 讨论 ZARA（对比 Gap）如何管理这些指标。
6. 请界定 ZARA 的业务，并画出公司的商业模式。

---

① 阿卡迪亚集团有限公司，"我们的品牌—Topshop"，阿卡迪亚，www.arcadiagroup.co.uk/about-us/our-brands/topshop，摘录于 2015 年 2 月 2 日。

② Andrew Clark，"Topshop 咬了一口大苹果"，2009 年 4 月 2 日，www.theguardian.com/business/2009/apr/02/top-shop-opens-in-new-york，摘录于 2015 年 8 月 31 日。

③ 阿卡迪亚，"Topshop — 关于我们"，https://www.arcadiagroup.co.uk/about-us/our-brands/topshop，摘录于 2015 年 8 月 31 日。

案例十三

巴宝莉的新挑战①

在安吉拉·阿伦茨于2014年离开她担任的巴宝莉首席执行官之时②，巴宝莉品牌形象已大大改善。在公司创意总监克里斯托弗·贝利的帮助下，阿伦茨任职的七年中成功领导了这家奢侈品时装公司，克里斯托弗·贝利也将取代她成为下一任首席执行官。然而，在同一时间内，时尚界的一些变化对整个奢侈品时尚产业产生了重大影响。快速时尚、数字技术，新的交流场所改变了全球领先奢侈品牌的运营方式。时尚产业确实经历了同比增长。③巴宝莉和其他奢侈品牌继续保持着增长并成为行业的潮流引领者。然而，在艺术和财务上控制其品牌形象方面，奢侈品公司正在慢慢失去一些权力。作为新任首席执行官，贝利必须考虑改变巴宝莉的商业策略，以能帮助公司适应这种变化环境。

　　Marta Jarosinski 在 June Cotte 教授的督导下写这个案例，仅仅是为了给课堂讨论提供材料。本文的作者们并无意揭示在特定管理情境中处理方式的有效与否。为保密起见，作者隐去了部分名称和其他识别信息。

　　未经书面授权，禁止任何形式的复制、收藏或转载。本内容不属于任何复制版权组织授权范围。如需订购、复制或引用有关资料，请联系：Ivey Publishing, Ivey Business School, Western University, London, Ontario, Canada, N6G 0N1; phone (519) 661-3208; (e) cases@ivey.ca; www.iveycases.com.

　　版权@ 2017, Richard Ivey School of Business Foundation　　版本：2017-03-18

　　①本案例是根据已发表的资料编写的。因此，在这种情况下提出的解释和观点不一定是巴宝莉或其任何员工的解释和观点。

　　②Peter Stiff，安吉拉·阿伦兹离任后，叶克里斯托弗·贝利执掌巴宝莉；贝利先生将保留其首席创意官和首席执行官的角色，华尔街日报，2014年5月1日，2016年12月28日访问，www.wsj.com/articles/SB10001424052702303678404579535613256845456.

　　③Claudia D'Arpizio、Federica Levato、Daniele Zito 和 Joelle de Montgolfier，《2015年秋冬全球奢侈品市场：行动时刻——奢侈品品牌如何重新取胜》，贝恩，2015年12月21日，2016年5月17日访问，www.bain.com/Images/BAIN_REPORT_Global_Luxury_2015.pdf.

巴宝莉的历史

▶ 开端

1856年，巴宝莉·托马斯在英国汉普郡贝辛斯托克开了一家旅行用品小商店，巴宝莉是一位21岁的布匹学徒。①巴宝莉的客户群在整个19世纪都有增长。然而，1880年发明斜纹防水布料——一种透气、防水、防撕裂的面料在后来被证明在巴宝莉的发展中具有里程碑的意义，②公司从此屹立于服装业的世界版图上。"到本世纪初，巴宝莉为男性和女性提供了一系列外衣。该公司设计的帽子、夹克、裤子和绑腿尤其适用于狩猎、钓鱼、打高尔夫球、网球、滑雪、射箭和登山。"③在巴宝莉风衣的开拓下业务持续增长。1901年，巴宝莉受到了英国政府部门战争办公室的委托——为英国军官设计一套新的制服。关于第一风衣设计师身份的争论很多，包括巴宝莉和雅格狮丹——另一家英国服装公司，都声称率先设计了风衣。④尽管如此，这场冲突并没有损害巴宝莉的地位，品牌也越来越受欢迎。

多年来，巴宝莉通过其质量设计和名人效应继续赢得公众的声誉。通过参与和使用巴宝莉产品进行各种探险、体育赛事和短途旅行，巴宝莉获得了质量声誉。例如，1911年短途旅行中，罗尔德阿蒙森和他的团队穿着巴宝莉斜纹防水布料服装，使用巴宝莉斜纹防水布料帐篷，成为第一批到达南极的人。1915年欧内斯特·沙克尔顿也穿着巴宝莉完成了他的南极横穿之旅。⑤

另外，巴宝莉风衣的标志性时尚地位因其在知名演员中的受欢迎程度而得到加强。例如，1942年亨弗莱·鲍嘉在奥斯卡颁奖典礼上穿着巴宝莉获得了最佳电

---

① 公司历史，巴宝莉，2017年2月20日访问，www.burberryplc.com/about_burberry/company-history?WT.ac=Company+History。
② 巴宝莉首次公开募股，美国合众国际新闻社，2002年6月24日，2014年3月28日，www.upi.com/Business_News/2002/06/24/Burberry-prices-IPO/UPI-70381024936201。
③ "巴宝莉有限公司历史"，Funding Universe，2014年3月4日访问，http://www.fundinguniverse.com/company-histories/burberry-ltd-history/。
④ Harriet Walker："Trench风衣之争：巴宝莉还是雅格狮丹"，The Independent，2012年4月17日，2014年3月28日访问，www.independent.co.uk/news/business/analysis-and-features/trench-warfare-burberry-vs-aquascutum-7654738.html。
⑤ 巴宝莉，同前文

影《卡萨布兰卡》。1961 年的大片《蒂芙尼的早餐》中，奥黛丽·赫本也穿着巴宝莉风衣扮演她的角色霍莉·戈莱特丽。①

在公司建立了声誉和名称的同时，巴宝莉还开发了品牌徽标以及品牌梦想。1909 年，该公司注册了"马术骑士"商标。②1920 年，标志性的"巴宝莉格子"被注册为商标，并作为衬里添加到风衣上。③格纹在 20 世纪 60 年代后期被纳入配件。④

▶ 最近的历史

多年来，随着巴宝莉品牌奢侈品地位日益衰落，巴宝莉的公众形象开始发生变化。1997 年，罗斯·玛丽·布拉沃担任首席执行官，并重塑品牌的形象。⑤在布拉沃的领导下，巴宝莉的年销售额从 4.6 亿美元⑥增长近三倍至 13 亿美元⑦。在她带领的转型中，推出 Prorsum 系列、时尚跑道品牌线以及香水、配饰、童装和鞋履和家居用品。⑧

当布拉沃结束任期时，阿伦茨取代她成为首席执行官，并且巴宝莉的收入再次翻了三倍超过 31 亿美元，⑨与此同时，公司的股价飙升。⑩各种举措推动了增长，

---

① Katya Foreman："Trench 风衣：四季的外套"，英国广播公司，2014 年 10 月 21 日，2014 年 3 月 5 日访问，www.bbc.com/culture/story/20131024-the-trench-coat-for-all-seasons。

② 巴宝莉，同前文

③ "巴宝莉的历史"，《泰晤士报》，2011 年 4 月 17 日，2014 年 4 月 1 日访问，www.telegraph.co.uk/finance/newsbysector/retailandconsumer/8455689/Burberry-a-history.html。

④ 巴宝莉有限责任公司，"国际公司历史"，百科全书，2001 年，2014 年 4 月 1 日访问，www.encyclopedia.com/doc/1G2-2844500027.html。

⑤ Paula Reed，"拯救一个英伦品牌，巴宝莉要么灭亡要么适应：决定走出自由风格地带继续向前"，国家邮报，1999 年 2 月 20 日，2016 年 6 月 25 日，www.lib.uwo.ca/cgi-bin/ezpauthn.cgi?url=http://search.proquest.com/docview/329347704?accountid=15115。

⑥ 除非另有说明，所有货币单位均为美元。

⑦ Susan Delson："管理：罗斯·玛丽·布拉沃"，《福布斯》，2008 年 11 月 14 日，2016 年 3 月 5 日访问，www.forbes.com/2008/11/06/048.html。

⑧ 女装日报工作人员，"布拉沃离任：巴宝莉的首席执行官将于 2006 年 7 月离开公司"，女装时报，12，2016 年 12 月 30 日访问，http://wwd.com/business-news/financial/bravo-to-check-out-burberry-ceo-will-exit-company-in-july-2006-559385/。

⑨ 安吉拉·阿伦茨——苹果零售与在线商店高级副总裁，董事会内部人士简介，2014 年 11 月 10 日，2016 年 3 月 7 日访问，www.boardroominsiders.com/show_profile-2015a.php?pid=11748。

⑩ Clare O'Connor，"苹果聘用巴宝莉的安吉拉·阿伦茨展示了其未来在于生活方式而不是科技"，福布斯，2016 年 6 月 26 日访问，www.forbes.com/sites/clareoconnor/2013/10/15/apples-hire-of-burberrys-angela-ahrendts-shows-its-future-is-in-lifestyle-not-tech/#601ac829210c。

包括开设新的零售店、①最大限度地减少许可、外包生产,并加强对设计的控制,②几项服装许可证被撤销,包括西班牙和日本的公司,并且巴宝莉收购了其在中国的特许经营合作伙伴。这些变动加上新的制造外包巩固了总部对品牌的控制。③

为了确保一致的品牌形象,阿伦茨聘请了有前途的年轻设计师贝利担任首席创意总监,并要求所有巴宝莉产品在可能成为系列中产品前都要获得贝利的批准。④阿伦茨通过将设计团队集中于伦敦来改变巴宝莉的品牌形象,尽量减少对公司产品的检查模式的使用,并利用标志性风衣产品。⑤

除了巩固对品牌和设计的控制外,阿伦茨专注于培育巴宝莉的品牌数字化的行动是显而易见的:

前同事说,她在其他奢侈品牌远离电子商务时,强调要加强巴宝莉网站的发展。她将苹果 iPad 放入商店,播放巴宝莉的秀场直播,并采用新软件来降低成本并提高盈利能力。⑥

在一个缓慢接受电子商务的行业中,巴宝莉推出了第一个奢侈品网站,向客户提供全面的在线销售。公司通过其"沟通艺术"网站以及与谷歌公司的合作积极参与社交媒体,鼓励人们通过电子邮件在世界各地发送"巴宝莉之吻"。⑦

▶ 现在的巴宝莉

从 2004 到 2014 年,巴宝莉经历了几年一贯的收入增长的总体趋势(图 13-1)。当阿伦茨离开时,巴宝莉发展蓬勃。2014 年春天,贝利成为巴宝莉的首席执行官,同时保留了他作为首席创意官的职位。⑧为了维持公司的发展和定位,贝利需要

---

① Richard Edgar,"上层视角:巴宝莉首席执行官安吉拉·阿伦茨",金融时报,2009 年 9 月 18 日,2016 年 3 月 7 日访问,www.ft.com/cms/s/0/9e55064c-a3ea-11de-9fed-00144feabdc0.html?ft_site=falcon&desktop=true。

② 安吉拉·阿伦茨,"巴宝莉的首席执行官将年迈的英国形象转变为全球奢侈品品牌",哈佛商业评论,2013 年 1~2 月,从 Ivey 出版社获得,编号:R1301A。

③ Kathy Gordon,"科技的天分与巴宝莉的'检查':安吉拉·阿伦茨成为苹果数字布道者",华尔街日报,2013 年 10 月 15 日,2016 年 3 月 7 日,http://www.wsj.com/articles/SB10001424052702304561004579137604292219473885。

④ Gabriella Griffith,巴宝莉的商业课程:品牌如何打败竞争对手,今日管理,2013 年 7 月 12 日,2016 年 6 月 27 日,http://www.managementtoday.co.uk/features/1190484/business-lessons-burberry-brand-smashed-its-competitors/。

⑤ 同上。

⑥ Kathy Gordon、Ian Sherr,和 Joann S. Lublin,因为零售的魔力褪去,苹果聘用时尚产业首席执行官,华尔街日报,2013 年 10 月 15 日,2016 年 3 月 7 日,www.wsj.com/articles/SB10001424052702304561004579136642448489128。

⑦ Gordon,同前文。

⑧ Gordon,同前文。

确保自己积极主动地快速响应巴宝莉市场、奢侈品行业、时尚界以及全球市场的变化。他需要考虑整个行业的变化，包括各种奢侈品客户群及其不断变化的角色、全球客户市场的快速发展、快时尚、时装秀、百货公司，以及向体验式奢华迈进。此外，贝利需要考虑数字技术对奢侈品市场的影响，以及巴宝莉如何在数字环境中竞争。贝利必须决定是否有公司战略上任何关键的变化需要落实到位。

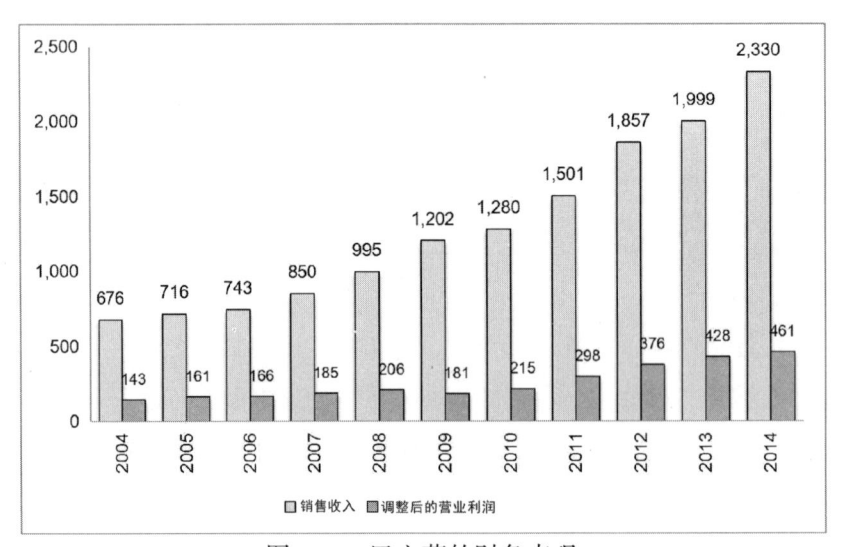

单位：百万英镑

年份	销售收入	调整后的营业利润
2004	676	143
2005	716	161
2006	743	166
2007	850	185
2008	995	206
2009	1,202	181
2010	1,280	215
2011	1,501	298
2012	1,857	376
2013	1,999	428
2014	2,330	461

图13-1 巴宝莉的财务表现

注 £= GBP = 英镑；2014年12月31日，1.00美元 = 0.64英镑。
资料来源：Jean-Noël Kapferer 和 Vincent Bastien《奢侈品战略——打破营销规则以建立奢侈品牌》，第2版，（英国，伦敦：科乾图书出版有限公司，2012），55。

奢侈品产业的特点和趋势

巴宝莉参与全球服装、配饰和奢侈品市场的竞争，其中包括服装、珠宝、手表、皮革制品和化妆品。这个行业（表13-1）是个人奢侈品，以及更大的奢侈品行业（其中包括服装、配饰、化妆品、葡萄酒和烈酒、汽车、酒店、家居食品、户外食品、家居用品和游艇等）的一部分。[1] 奢侈品的新组成部分——以体验为基

---

[1] Claudia D'Arpizio，2013年全球奢侈品市场研究，贝恩，2013年10月28日，2016年3月27日访问，www.bain.com/publications/articles/luxury-goods-worldwide-market-study-fall-2013.aspx。

础的奢侈品——成为奢侈品市场不断增长的部分。"人们正在消费更多的无形奢侈品，如狩猎和休假，喜欢在手袋或手表上花钱留下回忆。"① 随着文化的转变，对奢侈品店内体验的需求正成为个人购买奢侈品的一部分。

表13-1 奢侈品行业的监管机构

组织机构	国家/成立年份/宗旨	详情
美国时装设计师协会（CFDA）	美国/1962/致力于支持美国时尚的发展	● 非盈利行业协会 ● 会员资格仅来自于邀请 ● 拥有超过400名美国领先的女装、男装、珠宝和饰品品牌的设计师 ● 发起的项目、基金会和活动包括年度时装奖（表彰对美国时尚的杰出贡献）、年度CFDA时尚奖（表彰业内顶尖创意人才）、支持专业发展计划、奖学金的项目（例如CFDA/Vogue时尚基金）
意大利国家时装商会	意大利/1958年/旨在"代表意大利时尚的最高价值，并保护、协调和强化意大利在海内外的时尚形象，以及其合作伙伴的技术、艺术和经济利益"	● 非盈利协会 ● 发起活动包括组织米兰时装周，负责建立代表意大利时尚的国际协议——包括国际流行日历和巩固全球联盟（例如与法国女装成衣协会的协议，法国——意大利协议）
法国高级时装和成衣设计师协会	法国/1973（尽管该协会在此之前已展开工作）/建立了法国的行业标准	● 三个独立行业协会的执行机构，拥有约100名具有国际影响力的企业会员 ● 法国联邦，但成员包括来自国外的非法国公司 ● 一些举措：制定行业标准，安排法国时装周的日期和地点，创办全球认可的时装学校
英国时装协会	英国/1983/旨在"培养、支持和推动英国时尚人才进入全球市场"	● 英国时装设计师的非赢利贸易组织 ● 任务包括：给与设计师各个阶段的支持（例如，支持计划、监督时尚教育、奖学金）；组织每年的英国时尚奖；组织伦敦时装周；帮助新兴设计师进入关键的国际市场，增加曝光机会；帮助设计师建立合作机会（例如，Future British项目）

---

① Sanjay Kapoor, 体验式奢侈超过炫耀式消费, 今日印度, 2015年10月26日, 2016年3月8日访问, http://indiatoday.intoday.in/story/experiential-luxury-over-conspicuous-consumption/1/498947.html.

资料来源:"关于 CFDA"美国时装设计师协会,2016 年 3 月 9 日访问 https://cfda.com/about-cfda;"Pharrell Williams 将于 2015 年 6 月 1 日与施华洛世奇的合作,使之在 2015 年 CFDA 时尚大奖中荣获时尚偶像奖,"2015 年 3 月 18 日,美通社新闻稿,2016 年 3 月 9 日访问 www.prnewswire.com/news-releases/pharrell-williams-to-be-honored-with-the-cfda-fashion-icon-award-at-the-2015-cfda-fashion-awards-in-collaboration-with-swarovski-on-june-1st-300052570.html;意大利国家时装室主页,2016 年 7 月 6 日访问 www.cameramoda.it/en/associazione/cosa-e-la-cnmi/;"联邦",巴黎时装协会,2016 年 3 月 9 日访问,www.modeaparis.com/2/federation/;"关于英国时装协会",英国时装协会官网,于 2016 年 7 月 6 日访问 www.britishfashioncouncil.com/About/;"Boden 和英国时装协会宣布成立 Future British 计划",2015 年 11 月 3 日英国时装协会新闻稿,2017 年 2 月 20 日访问 www.britishfashioncouncil.com/pressreleases/Future-British。

2015 年个人奢侈品市场价值超过 2500 亿欧元,[①]比 2014 年增长 13%。[②]对于这个市场,欧元汇率在财务业绩和增长中发挥了重要作用。这有两个关键的原因。首先,主要的个人奢侈品行业制造销售都是在欧洲,是美国和日本之后的第三大奢侈品消费市场。[③]其次,向来欧洲旅游的美国和中国游客提供免税商品,促进了欧洲市场的增长因为他们的货币相对欧元得到升值。[④]

市场上出现了一些重要的趋势,巴宝莉需要理解这些趋势并采取行动。首先是以前用严格的定价划分奢侈品和非奢侈品正变得模糊。与过去几十年家庭购买力的增长一致,顶级的奢侈品价格呈上升趋势(图 13-2)。高品质且大量消费的商品(高档消费)以前没有被视为奢侈品,但价格却出现了类似的上涨趋势。然而,同期入门级奢侈品价格略有下降趋势。这些转变导致高档消费品价格与入门级奢侈品价格重叠,模糊了奢侈品和高档消费品之间的界线。[⑤]

第二个重要趋势是在美国和欧洲,以实体消费衰弱为代价的网上购物的增长。虽然在线部分仍然很小,但在 2015 年,在线销售额实现了 7% 的购物收入份额,几乎是 2012 年在线销售额的两倍。[⑥]任何想要保持竞争力的奢侈品牌都需要认识

[①] € 代表欧元,2014 年 12 月 31 日,1 美元 =0.83 欧元。
[②] D'Arpizio、Levato、Zito 和 de Montgolfier,同前文。
[③] 同上。
[④] 同上。
[⑤] Jean-Noël Kapferer 和 Vincent Bastien,《奢侈品战略——打破营销规则、构建奢侈品牌》,第 2 版,2012 年英国伦敦 Kogan 出版有限公司,55。
[⑥] D'Arpizio、Levato、Zito 和 de Montgolfier,同前文。

到这一趋势并整合在线销售进入品牌未来的销售战略。① 贝利似乎有意继续阿伦茨的战略，把巴宝莉所做的一切融入到网络。② 这一点在 2014~2015 年巴宝莉财务报表中首席执行官的信件中得到了明确的传达：

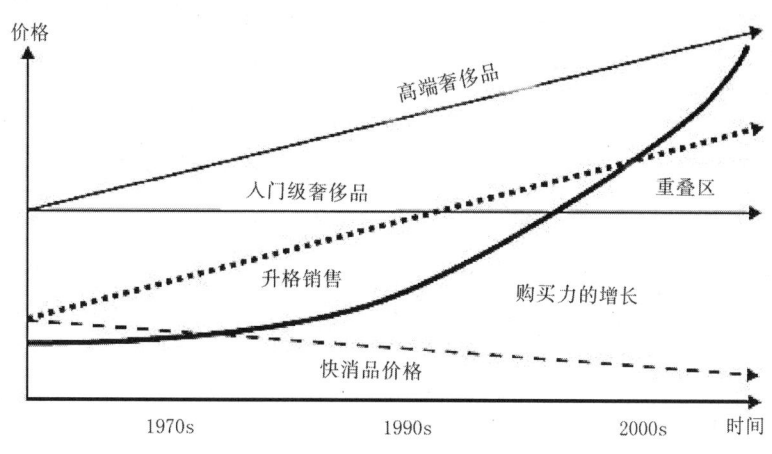

图13-2　高档消费品与奢侈品混淆的原因

注　升格销售 = 高档品牌；FMCG= 快速消费品。
资料来源：Jean-Noël Kapferer 和 Vincent Bastien《奢侈品战略——打破营销规则以建立奢侈品牌》，第 2 版，（英国，伦敦：科乾图书出版有限公司，2012），55。

"线上和线下世界的融合仍然是我们努力成果的标志，因为我们要给更加全球化、更数字化奢侈品消费者提供卓越的体验。包括重新启动我们的移动网站以及推出的"商店自取"计划产生了强烈的共鸣，第三方数字化也在扩大伙伴关系——为全球领先平台上的客户提供我们品牌更真实的体验。我们继续投资于增强我们的数据和洞察能力，因为我们知道更好地服务客户的关键是更好地理解客户"。③

为了保持巴宝莉在个人奢侈品市场上的竞争力，巴宝莉需要考虑其战略与行业趋势保持一致。贝利和他的团队需要决定巴宝莉是否继续在数字环境中追求更

---

① Victoria Hailey，消费者关系管理与零售全渠道战略绩效相关性研究，博士论文，中北大学，2015，2017 年 2 月 20 日访问，http://gradworks.umi.com/36/87/3687831.html。
② Maureen Morrison，对数字化对聚焦使得巴宝莉与新一代建立了联系，广告时代，2012 年 12 月 10 日，2016 年 5 月 17 日访问，http://adage.com/article/cmo-strategy/a-focus-digital-makes-burberry-relevant-a-generation/238671/。
③ 巴宝莉集团 2014-2015 财年年报，巴宝莉，2016 年 5 月 17 日访问，http://www.burberryplc.com/documents/ar-1415/burberry_annual_report_2014-15。

具风险但潜在有价值的领导地位,以及公司需要如何做以改善其未来的定位。

▶ 奢侈品消费者细分

奢侈品行业由三个顾客群体组成:绝对奢侈的、渴望奢侈的和入门级奢侈消费者。①绝对奢侈的细分市场的人数最少,但代表着巨大的购买力。这些客户被定义为超高财富净值个人。对这些消费者,钱不是问题。这个群体的需求不受经济状况的影响,因此他们的需求稳定。每位消费者的购买力非常高并且对客户服务和高质量商品的要求更高,他们的需求不容忽视。这些消费者期望获得极高品质的体验以及完美的商品和服务。②

绝对奢侈市场消费者崇尚品牌历史和传统。他们想要自己购买的商品是独一无二的,以突显他们的精英地位。他们购买现成的和定制的(个性化或量身定制)顶级奢华时装。这部分人喜欢低调时装,既体现品质又掩饰富裕,③重要的是能体现他们的审美取向以及时装的精良做工。这一消费人群在有限的圈子中通过口碑传播支撑着相关品牌的作品。所以同绝对奢侈市场消费者的有效沟通一定要围绕这一集团的利益,例如手表和他(她)可能期望的出价、自身的专业眼光独家收藏的讨论,要由手表制作者或人道主义倡议者发起。该细分市场内的收藏家根据产品的价值,以及对所提供服务的相关讨论做出购买决定。④宾至如归、独一无二的专属购物体验,让奢侈品牌傲然独立于行业之中。因为隐私非常重要,奢侈品牌会对这一消费人群配备专门的服务团队。⑤

第二个客户群是渴望奢侈者。这个群体包括拥有大量可支配收入的名人、专业人士以及商业人士。虽然他们消费能力很高,但是这个群体的一些人在经济低迷时期会少买或者根本不买。渴望奢侈者理解绝对奢侈人群的生活方式,并且渴

---

① 贝恩咨询及意大利奢侈品贸易协会 Altagamma,《2016 年全球奢侈品行业研究报告》,2016,2016 年 12 月 30 日访问,http://www.pradagroup.com/pradasphere/e4f74ca298b9eeaeb23436599fa34f63/wp-content/uploads/2016/06/Luxury_Market_Monitor.pdf.

② Loretta Chao,奢侈品品牌试水电子商务:路易威登、香奈儿和其他奢侈品正在提高消费者需求的在线反应能力,根据麦肯锡的报告,在线销售额占据奢侈品总销售额的 6%,是 2009 年的 3 倍,华尔街日报,2015 年 7 月 8 日,2016 年 6 月 8 日,www.wsj.com/articles/luxury-brands-dip-toe-in-e-commerce-waters-1436385723.

③ 同上。

④ Marija Tisovski,奢侈品零售业的消费者类型介绍,中欧商业评论(4),14-19,2016 年 5 月 18 日访问,http://cebr.vse.cz/cebr/article/view/147.

⑤ Kapferer 和 Bastien,同前文,58。

望拥有这样的生活方式，希望成为绝对奢侈者。为了满足这一消费人群，品牌需要"重新创造情感和创意世界，让这些消费者从文化和心理方面接受其价格的合理性。"①这一消费人群重视一定程度的排他性，特别是在购买体验方面。同时，渴望奢侈人群仍然希望被他人认同，成为奢华的代表。因此，品牌辨识度——特别是对品牌排他性的认可非常重要。这部分消费人群适用于通过会员的共同爱好而举办活动专门针对高净值人群开展的营销活动，需要营造限量购买的环境，比如俱乐部会员制或贵宾优待等。俱乐部会员制；贵宾优待包括 VIP 服务。这两种方法都是在创建排他性的同时将同类人群广泛网络在一起。②这个群体重视多样化、质量和快速变化的产品线，以及时装款式、艺术性、设计和穿着效果。

第三类奢侈品消费者是入门级奢侈品消费者。这一类人群由中产阶级和中上层阶级组成。这个人群的出现证明"奢侈品不再是法国国王和王后的独家专享，而是日常生活的大众营销现象。"③入门级奢侈品消费者成员试图通过其穿着的品牌来显示自己的地位，尽管他们的收入水平限制了他们可以购买的奢侈品的种类。社交方面对这个群体至关重要，④因为奢侈品就像是通往富裕阶层的会徽标识，象征着财富和地位。入门级奢侈品消费人群通常只会选择品牌标识明显的商品，无论看中的是品牌独特设计、字母组合、徽标或品牌符号，但并不在意个性化的贵宾服务。因此，整合式营销和客户服务是一种有效的沟通方式。⑤由于个人支出能力有限，时装价格成为了一个重要的考虑因素。与富裕阶层联系的愿望使得这一人群中部分成员购买假冒商品。与个人奢侈品价格呈上涨趋势时，这便成了一个特别重要的因素。"从 2002 年到 2012 年，他们的手袋价格每年平均增长 14%……因此，许多奢侈品牌都有推出了他们最知名手袋的更小型号版本——并配以更低的价格。"⑥

---

①范思哲在 IPREX 会议上说，奢侈品市场成功有三层方式，商业资讯，2010 年 10 月 19 日，2014 年 3 月 27 日，www.businesswire.com/news/home/20101019006030/en/ "Three-Tier-Approach-Luxury-Market-Crucial-Success" -Versace#.Ux6MLdweVg0。

②Tisovski，同上。

③Ian Yeoman 和 Una McMahon-Beattie，奢侈品市场和优质商品定价，收入与定价管理期刊，4（2006）：319-328，2017 年 2 月 20 日，http://ww.tomorrowstourist.com/pdf/luxury.pdf。

④Tisovski，同上。

⑤Tisovski，同上。

⑥Helena Pike，大型号使我畏惧：小手袋的兴起，时尚周刊，2016 年 2 月 10 日，2016 年 5 月 17 日访问，www.businessoffashion.com/articles/intelligence/super-shrink-me-the-rise-of-the-mini-handbag。

多年来，渴望级和入门级的奢侈品细分市场的增长速度高于绝对奢侈品市场。① 总体市场需求的这种变化影响着奢侈品牌的营销和品牌形象维护决策。与此同时，"普通消费者受教育及周游世界的程度也比上一代高得多，他们对生活中更美好事物的品位也开始形成。"② 每个消费者细分市场都更了解奢侈品牌、其品质、制作地点以及其形象（图13-3）。

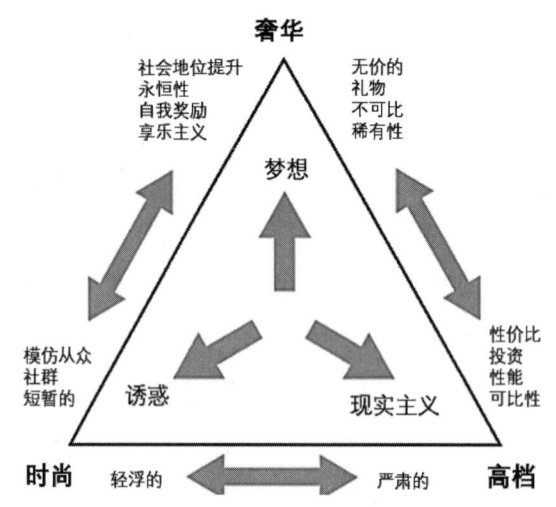

图13-3 奢侈品、时尚品与高档消费品定位三角形

资料来源：Jean-Noël Kapferer 和 Vincent Bastien《奢侈品战略——打破营销规则以建立奢侈品牌》，第2版，（英国，伦敦：科乾图书出版有限公司，2012），43。

（如果不是全部的话）贝利需要考虑哪些消费者群体应该成为巴宝莉的重点。他需要考虑行业变化将如何影响每个细分市场的最佳营销方法。贝利和他的团队还需要筹划各种变化对公司供应链、营销、战略定位以及产品组合的影响。

新兴市场

2015年，北美和南美是个人奢侈品行业的第二大市场，占全球市场总值的

---

① 贝恩咨询及意大利奢侈品贸易协会 Altagamma，同前文。
② Dana Thomas, Deluxe,《奢侈品是如何失去其荣誉的》（英国伦敦：企鹅出版社，2007），8。

24%，欧洲排名第三，为18%。然而，中国市场的规模超过了这些地区，占据了31%的市场份额，并在全球奢侈品消费增长中发挥关键作用。①

▶ 中国

尽管还没有像欧洲和美国市场那么成熟，但亚洲市场——特别是中国地区——正在成为最大的奢侈品消费群体。②经济繁荣发展的几十年来，中国富人越来越多，奢侈品销售也不断增长。③中国消费者在旅游时是无国界客户。中国购物者在国外的消费额高于国内。中国大陆仅占其全球的购买额20%，这一趋势得到了国际政策鼓励，支持中国人更多出国消费。④"在全球范围内，政府正在修改签证政策以吸引中国游客。"⑤

2012年以后，由于经济衰退、礼品反腐措施以及人民币贬值⑥等原因，中国大陆奢侈品市场经历了减速。⑦然而，这对无国界的中国消费者影响甚微。"在2015年的前六个月，中国消费者通过Global Blue在欧洲的平均消费为981欧元（1112美元），比一年前增加了7%。"⑧

奢侈品市场专家已经明确了中国奢侈品消费者的一些共同特征。就个人层面而言，中国人强调外表。在社会层面上，中国人奢侈品消费者与大部分奉行个人主义的西方消费者相比，受到了社会规范强烈的影响。集体意识很强的中国消费

---

① D'Arpizio、Levato、Zito 和 de Montgolfier，同前文。

②《中国奢侈品服装和配饰市场报告——以及2015年预测》，美通社，2013年12月5日，2016年5月20日访问，www.prnewswire.com/news-releases/china-luxury-apparel-and-accessories-market-report---includes-forecast-to-2015-234605751.html。

③ 中国富人寻找奢侈品：第三大消费者市场，国家邮报，2006年4月22日，2014年3月31日访问，http://search.proquest.com/docview/330479797?accountid=15115。

④ D'Arpizio、Levato、Zito 和 de Montgolfier，同前文。

⑤ 2014-2019年全球奢侈品零售：营销和品类支出预测、趋势和竞争形式，新闻稿，美通社，2015年12月1日，2016年5月20日，www.prnewswire.com/news-releases/global-luxury-goods-retailing-2014-2019--market-and-category-expenditure-and-forecasts-trends-and-competitive-landscape-300186253.html。

⑥ 中国奢侈品服装和配饰市场报告——包括到2015年的预测，新闻稿，美通社，2013年12月5日，2016年5月20日访问，www.prnewswire.com/news-releases/china-luxury-apparel-and-accessories-market-report---includes-forecast-to-2015-234605751.html。

⑦ 2014-2019年全球奢侈品零售：营销和品类支出预测、趋势和竞争形式，新闻稿，美通社，2015年12月1日，2016年5月20日，www.prnewswire.com/news-releases/global-luxury-goods-retailing-2014-2019--market-and-category-expenditure-and-forecasts-trends-and-competitive-landscape-300186253.html。

⑧ Jason Chow，中国奢侈品消费者说欧元；中国的设计师商品销售艰难，但海外购物高涨，华尔街日报，2015年9月14日，2016年5月20日，www.wsj.com/articles/chinese-open-luxury-wallets-for-europe-1442261511。

者更关注于知名品牌。① 然而，自中国经济繁荣以来，中国奢侈品消费者越来越复杂，对产品的质量和服务有更高的期望，并且不再那么重视外表层的东西。② 尽管中国奢侈品消费者的总人口有所增加，但是大部分奢侈品采购仍由上层阶级所为，2015 年，约占人口 4% 的这一群人，消费了约占 74% 的奢侈品。③ 因此，了解这一顶级阶层对于奢侈品牌的成功至关重要。

▶ 巴西、俄罗斯和印度

奢侈品行业也不能忽视金砖四国中的其他三大新兴国家经济体，即巴西、俄罗斯、印度。巴西和俄罗斯的市场增长都一直受到这些国家政治和经济不确定性的阻碍。④ 另一方面，印度奢侈品市场的增长率为 13%，高于包括中国在内的其他任何金砖国家。⑤

每个国家都拥有独特的消费者：

- 巴西市场正在增长，但富裕人口长期在海外消费扩张的趋势，以及巴西的高关税都限制了市场的扩张。⑥
- 俄罗斯消费者拥有在奢侈品上知识和经验，并期望传统、谦逊与财富。但是，他们愿意花更多的钱购买有价值的产品来炫耀自己的财富。
- 相比之下，印度奢侈品消费者具有价值意识，并一直在寻找时尚和奢华的产品。因为印度消费者看重工艺和价值，奢侈品牌进入和发展该国的业务具有挑战性。⑦

---

① Shan Chen 和 Lucio Lamberti，进入龙的世界：探究中国上层消费者对奢侈品的认知，营销定性研究，18（1），2015：4-29，doi:10.1108/QMR-01-2013-0002。

② 中国奢侈品服装和配饰市场报告——包括到 2015 年的预测，新闻稿，美通社，2013 年 12 月 5 日，2016 年 5 月 20 日访问，www.prnewswire.com/news-releases/china-luxury-apparel-and-accessories-market-report---includes-forecast-to-2015-234605751.html。

③ Chen 和 Lamberti，同前文。

④ 全球奢侈品产业：市场规模、份额、增长因素以及 2015 年预测分析，新闻稿，美通社，2015 年 4 月 7 日，2016 年 6 月 3 日访问，http://www.lib.uwo.ca/cgi-bin/ezpauthn.cgi?url=http://search.proquest.com/docview/1670243998?accountid=15115。

⑤ 印度奢侈品市场年均增速高于其他金砖国家 13%：Amadeus 报告，TravelBiz Monitor，2016 年 5 月 26 日，2017 年 1 月 2 日，www.travelbizmonitor.com/Trade-News/indian-luxury-markets-13-cagr-above-other-bric-nations-amadeus-report-30599。

⑥ Vincent Bevins，繁文缛节和高昂的成本使得巴西奢侈品市场难以销售，金融时报，2014 年 5 月 14 日，2017 年 1 月 2 日访问，www.ft.com/content/a457e074-d120-11e3-9f90-00144feabdc0。

⑦ Ashok Som，金砖国家对奢侈品热爱的逻辑，商业时报，2013 年 7 月 3 日，2016 年 6 月 3 日访问，www.lib.uwo.ca/cgi-bin/ezpauthn.cgi?url=http://search.proquest.com/docview/1498280899?accountid=15115。

巴宝莉通过在各个地区的业务运营和战略建立了具体的销售趋势（图13-4）。但是，制定战略决策时需要考虑未来的市场趋势。贝利必须考虑和预测这些新兴市场的规模，他们在个人奢侈品行业未来的角色，以及这些决策对每个市场的重要性。他需要考虑到日益增长的全球消费者以及他的最终决定将如何影响这些消费者的品牌认知。

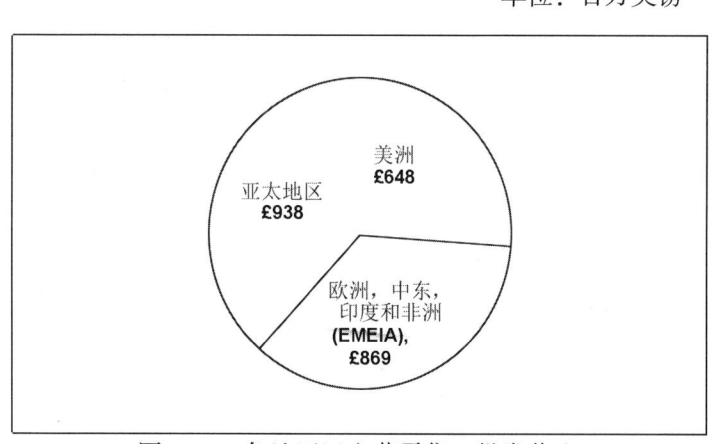

单位：百万英镑

[饼图：亚太地区 £938；美洲 £648；欧洲、中东、印度和非洲（EMEIA），£869]

图13-4 各地区巴宝莉零售、批发收入

注 特定于巴宝莉，可以分为三个区域市场：亚太地区；欧洲、中东、印度和非洲（EMEIA）；美洲。在2014/15财年，EMEIA市场的潜在增长率为12%，而来自美洲的收入增加了16%，亚太地区收入增长了9%。三个地区的零售表现均十分强劲，分别占总收入的65%、65%和85%。£ = GBP = 英镑；2014年12月31日，1美元 = 0.64英镑。

资料来源：公司文件。

奢侈品产业与环境的最新变化

▶ 对传统的挑战：快时尚

自2000年开始，[1]快速时尚品牌（即快速生产出来因应潮流变化的短命潮品）

---

[1] Liz Barnes 和 Gaynor Lea-Greenwood，零售商店环境中的快速时尚，国际零售与分销管理杂志，38（10），2010，760-772，doi:10.1108/09590551011076533。

改变了时尚产业的趋势——特别是 ZARA 和 H&M——利用它们在供应链和消费者理解上的优势，填补了当时由慢腾腾小规模生产为主的奢侈品行业速度上的缺失。不像其他时尚零售商那样采取遵循奢侈潮流的战略，他们"率先采用了不同的商业模式，并认为商店购买行为是预测消费者想要什么的最好指标，并且一半以上产品本地化采购。"[1]

由于其独特的战略，快速时尚品牌掌握了几周内便可将 T 台上看见的新款时装制成商品的能力，并且几乎不需或很少需要营销造势。例如，ZARA 凭借其先进的供应链、无针对性的风格以及大量的商品供人选购而取得成功，并将门店纷纷开在世界各地顶级奢侈品旁边和时装街道上。

"虽然从西班牙和葡萄牙采购更昂贵，但供应链更短，而且公司可以更快速地做出反应——通常在几周内——迎接新的季节性趋势。因此，ZARA 没有不需要的库存，并且很少降低价格。这个模式的好处在于它可以满足每一种趋势，但从不与任何一种风格相关：ZARA 为每个人每周提供无数的选择并常变常新。与其他时尚品牌不同，ZARA 没有任何广告，它选择依靠扩张，在 73 个以上的国家和地区时尚大街开店，并设有美观大方的橱窗展示。"[2]

快速时尚品牌并没有通过竞争成为风格领导者，取代时尚市场奢侈品牌或增加自己的利润来打入时装市场。相反，快速时尚品牌塑造了将高价和低价商品混合起来的现象。随着这种新的购物方式开始为顾客节省资金并为他们提供尤其是在潮流产品额外的选择时，大多数消费者被迅速吸引到快时尚中。由于负担得起，快速时尚允许个人形象重塑可以在大众市场层面上完成。[3] 除了成衣产品，这些商店也通过提供一系列时尚产品为消费者提供一站式购物服务，包括化妆品、配饰和其他个人修饰产品。[4]

既然快速时尚公司将长期在市场存在，许多奢侈品牌都采取了"如果你不能打败他们，加入他们"的战略措施。奢侈品牌包括 Lanvin、Sonia Rykiel、Jimmy

---

[1] Joy Annamma，快速时尚、奢侈品品牌与可持续性，欧洲金融评论，2015 年 6 月 22 日，2016 年 7 月 4 日，www.europeanfinancialreview.com/?p=4589。

[2] 同上。

[3] Joy Annamma，快速时尚、奢侈品品牌与可持续性，欧洲金融评论，2015 年 6 月 22 日，2016 年 7 月 4 日，www.europeanfinancialreview.com/?p=4589。

[4] Diana Verde Nieto，奢侈品还是快速时尚：实战还是模糊化边界？奢侈品社会，2015 年 12 月 16 日，2016 年 11 月 24 日访问，http://luxurysociety.com/en/articles/2015/12/luxury-vs-fast-fashion-live-battle-or-blurred-lines/。

Choo、Karl Lagerfeld、Stella McCartney 和 Viktor & Rolf 分别与 H & M 合作，[①] 创建其各自的限量版产品。合作为 H & M 和奢侈品分别带来了优势。H & M 获得了高净值消费者的认可，奢侈品牌也获得更多的品牌粉丝，这为奢侈品品牌进军渴望奢侈消费者的更大市场铺平了道路。[②]

受到快速时尚的影响，奢侈品时尚品牌也在重新思考和改变它们战略的某些方面。为了响应快速时尚，奢侈品增加了他们生产的产品系列，并加快了从秀场到门店的速度。他们投资现代生产技术并致力于开发管理更好的供应链。通过这个，他们每年都能够交付至少两个女装成衣系列和两个女装时装系列，以及早秋、度假、男装和配饰系列。奢侈品公司也增加了它们在线和实体店铺的库存。[③]

为了响应快速时尚，奢侈品品牌的发展和变化是以资本投入和高知名度设计师的损失为代价的。知名设计师辞去优越工作，因为他们不愿承受每年几场演出秀的压力，这不能营造出使他们的创造力蓬勃发展的工作氛围。[④] 在巴宝莉，贝利需要考虑在与快速时尚的竞争中，他需要采取什么样的被动和积极主动的反应。他想知道他是否应该采取先发制人的措施，正如他的前任阿伦茨为巴宝莉制定的数字技术战略那样，还是采取观望或从众的方式回应来自快速时尚的威胁。

▶ 时尚秀

时装秀的概念可以追溯到 14 世纪的西欧，当时富有的女性会用玩偶展示女性时装。娃娃穿着微型版的服装，然后被交给制衣商作为真人版的参考。大约在 18 世纪晚期到 19 世纪初，时装版画或插图取代了娃娃模型。这些插图更精确，因为它们允许裁缝师增加更多的细节，也更容易生产，这促进了快速时尚市场的发展。[⑤]

第一届美国时装秀于 1903 年在纽约举行。到 1910 年，时尚秀节目已蔓延到大型百货商店，并在 1920 年蔓延到美国其他零售商店。这些商店希望通过展示高级礼服来表明他们对时尚的理解，并通过展示时尚之都如巴黎的女装礼服吸引消

---

① Miranda Furtado，H&M 和奢侈品品牌 Lanvin 合作，The Vancouver Sun，2010 年 11 月 9 日，2016 年 5 月 23 日访问，www.lib.uwo.ca/cgi-bin/ezpauthn.cgi?url=http://search.proquest.com/docview/763451046?accountid=15115。

② Alexandra Atsalis，H&M 通过与巴尔曼合作向更复杂市场进军，Marquette Wire，2015 年 11 月 5 日，2017 年 2 月 20 日访问，https://marquettewire.org/3936586/ae/balmain-x-hm-es1-ks2/。

③ Verde Nieto，同前文。

④ 同上。

⑤ 在时尚坛上：时装秀是外表崇拜的极限运动，金融邮报，1995 年 4 月，2016 年 5 月 24 日访问，http://www.lib.uwo.ca/cgi-bin/ezpauthn.cgi?url=http://search.proquest.com/docview/355379251?accounti。

费者。①20 世纪 90 年代迎来了奢侈品季节性时装表演和超级名模的崛起。一直到 1991 年，詹尼·范思哲都在依靠精心制作的走秀，眼花缭乱的灯光配置来吸引消费者、②零售买家以及报纸和杂志编辑。③

在 20 世纪 90 年代和 2010 年代之间，被称为时装周的主要时装秀变得越来越频繁。到 2012 年，纽约和伦敦的时装周越办越长，以至于米兰时装周威胁与它们同时举办。巴黎的时装周最终延续了 10 天。2014 年以来，包括巴宝莉在内的一些大品牌试用了秀场直播向公众展示。一些数字形式的时装表演的讨论和尝试相继出现，但仍有许多时尚纯粹主义者依赖于现场表演，并以此为生。④尽管如此，快速时尚推动了"现在展示，现在就买"的趋势，并在 2016 年持续强劲。观看时装秀的巴宝莉消费者现在可以立即在店内或在线购买这些时装。⑤这对商业运营从营销到供应链的各个方面都产生了影响。贝利在规划战略时必须考虑到这一点。

▶ 百货公司的角色

随着独立的快速时尚商店和网上购物的兴起，百货公司开始逐渐失去在时尚产业的传统势力。美国商务部 2013 年 11 月发布的《零售销售报告》显示，"百货商店的销售额现在仅占零售额的 6.1%……而 20 年前是 15.6%。"⑥百货公司面临各种内部和外部挑战，这其中就包括奢侈品购买和销售的重大变化。

相比奢侈品百货公司，传统百货公司的内部商业模式阻碍了周转速度和灵活性。"百货商店是一个'高成本的运营商'，有很多大商场处在昂贵的购物中心地段……这使得其与像重视价值的 T.J. Maxx 零售商店、快速时尚店铺以及在线购物

---

① Cheryl Tillman Lee，时装秀的历史是模糊的，Sentinel，2012 年 1 月，2016 年 5 月 24 日，www.lib.uwo.ca/cgi-bin/ezpauthn.cgi?url=http://search.proquest.com/docview/923595311?accountid=15115。

② Joyce Carter，米兰天才的意大利设计师詹妮范思哲采用奢华的方式展示时尚款式，环球邮报，1991 年 4 月 4 日，2016 年 5 月 28 日，www.lib.uwo.ca/cgi-bin/ezpauthn.cgi?url=http://search.proquest.com/docview/385870931?accountid=15115。

③ Christina Binkley，公司新闻：对于时装秀，电子猫步是新风尚，华尔街日报，2012 年 1 月 23 日，2017 年 2 月 20 日，www.wsj.com/articles/SB10001424052970203806504577177251392311874。

④ 同上。

⑤ Jane-Frances Kelly，设计师的目标是更快的时尚，英国广播公司新闻，2016 年 9 月 8 日，2016 年 9 月 13 日，www.bbc.com/news/business-37304522。

⑥ Justin Lahart，Penney Pinches 在百货商店 Sears 的销售额：零售额显示百货公司销售继续艰难，但是 J.C. Penney 最终发现停滞不前的出路，华尔街日报，2013 年 12 月 12 日，2016 年 3 月 9 日，www.wsj.com/articles/SB10001424052702304202204579254571727536710。

的竞争变得困难，这些商店出售类似商品会采用更低价格的商业模式。"[1]

电子商务的发展和技术的进步促成了更多受过教育的消费者和奢侈品牌自由使用各种销售渠道，减少对奢侈品商店的销售依赖。[2]在供应商和奢侈品消费者的压力下，百货商店试图保持竞争力。

尽管百货公司努力追赶 Net-a-Porter 等对手，提供比过去更好的客户服务，比如到店取物等，实体经济和网络经济之间的你争我夺已将成为过去。相反，其实消费者自己发生了变化：她或他更有识别力，受教育程度更高，而且无论是浏览网址还是参观铺满地毯的销售楼层他们比以往任何时候都有更多要求。今天的消费者不仅要求获得最好的价格，他们也更愿意在时间研究消费。[3]

奢侈品牌正在利用数字世界带来的自由优势，既可以向消费者销售，也可以直接与他们进行沟通。奢侈品牌正在转向在线销售和独家门店，这使他们可以选择直接接触顾客。[4]这也给奢侈品牌更大的利润率，并让他们获得了向消费者展示全系列产品的自由，而不仅仅是在百货公司做有限展售。这使得与客户的沟通更加清晰，以及传达定义更为明确、更可控的品牌形象。

奢侈品行业的权力转移也影响了时装秀的角色。贝利需要决定是否需要采取果断的或额外措施来给巴宝莉定位未来？他应该利用这些变化吗？这是巴宝莉新机会的信号吗？

▶ 体验式奢侈品

奢侈品消费体验的重要性与体验式奢侈品发展趋势是一致的。在消费者关系管理工作方面，奢侈品品牌试图在大数据和新消费者服务或"以消费者为中心"之间取得平衡：

"以消费者为中心，将零售商/消费者关系提升到一个全新的水平。通过详细记录购买行为喜好、不喜欢的点点滴滴，你能够准确而详细地洞察消费者来提供

---

[1] Lauren Zumbach，随着销售额的萎靡，百货公司寻求发展，The State，2016 年 3 月 6 日，2016 年 3 月 10 日访问，www.thestate.com/news/business/article64378147.html#storylink=cpy。

[2] Dun 和 Bradstreet，百货商店季报 2015 年 11 月 16 日，First Research Industry Profiles，2015 年 11 月 16 日，2016 年 3 月 29 日，http://www.lib.uwo.ca/cgi-bin/ezpauthn.cgi?url=http://search.proquest.com/docview/1733626407?accountid=15115。

[3] Lauren Sherman，美国百货商店的下一步是什么？时尚商业，2016 年 1 月 3 日，2016 年 3 月 10 日，www.businessoffashion.com/articles/intelligence/whats-next-for-the-american-department-store。

[4] Dun 和 Bradstreet，同前文。

个性化的服务,这其实与无差错的消费者服务与留住消费者和一以贯之、令人难忘的品牌体验异曲同工"。①

消费者到访奢侈品的实体店,寻找个人互动。这需要门店员工不仅要销售产品,还要销售品牌独特的生活方式和价值。②奢侈品购买体验——也被称为销售仪式——是"以消费者为中心"的一个关键。无论你关注与否,销售仪式都是品牌独特的欢迎和告别仪式。③

奢侈品牌之前曾将重点放在百货公司,作为出售自己品牌的地方,但是他们正在摆脱这种模式,并转向他们可控的独特品牌体验模式。这一转变是整个行业非常重视的战略。"从 Prada 纽约门店的文化展示到路易威登香榭丽舍大道旗舰店的艺术画廊和书店,奢侈品牌日益相信光有产品是不够的。"④

品牌使用体验吸引顾客进入他们的商店,让他们看到产品的同时也努力打造品牌的口碑:

为了共同创造价值,营销人员会引导消费者自发产生超越商品使用价值的主观无形满足感……创造审美吸引力是一个过程,需要吸引消费者,无论消费者是购物还是观察,使得价值共创能持续,同时带来多种好处;橱窗的展示吸引了人们进店,也能激发人们灵感,还能宣传营销活动的主题以及品牌的核心。⑤

奢侈品公司也通过将品牌延伸到不同的产品和服务中来创造轰动。例如,古驰在其东京旗舰店内开设咖啡店和画廊,让人们体验式奢华。在商店内营造垂直空间布局,并将咖啡店和画廊设在店内较高层面,使得店内的人流量更大,让潜在消费者可直接接触最新的产品。⑥

---

①全球全渠道零售,客户解决方案与消费者关系管理:消费者服务质量的关键因素,全球全渠道零售,2016 年 5 月 15 日,2016 年 7 月 6 日,http://globalomnichannel.com/clienteling-crm-key-factors-for-luxury-success/。

②ThoughtWorks 零售店列出了前五大要为 2015 年假期做准备的客户解决方案,美国商业咨询,2015 年 10 月 21 日,2017 年 2 月 20 日,http://www.businesswire.com/news/home/20151021006175/en/ThoughtWorks-Retail-Lists-Top-Clienteling-Tasks-Retailers。

③Marie-Cécile Cervellon 和 Rachael Coudriet,奢侈品零售的品牌社交能力,国际零售与营销管理期刊,41(11/12),2013,869-884,doi:10.1108/IJRDM-01-2013-0016。

④Vanessa Friedman,古驰的销售仪式,金融时报,2006 年 11 月 3 日,2017 年 2 月 20 日访问,www.ft.com/cms/s/0/8346dd44-6ae0-11db-83d9-0000779e2340.html?ft_site=falcon&desktop=true#axzz4ZHHxtjdX。

⑤Tisovski,同前文。

⑥Friedman,同上。

▶ 数字化／社交化

奢侈品牌需要了解客户的决策过程才能制定与潜在客户沟通的最佳战略。数字世界影响了奢侈品消费者的方方面面。这个过程从单向沟通（品牌到顾客）变得越来越互动。品牌与消费者之间不仅相互对话频繁，各种在线评论社交媒体和博客也对消费者的认知、品牌形象和购买决定产生了影响。品牌形象以及顾客的购买决定。由于数字渠道带来的产品选择的增加既扩大了竞争范围，也创造了更加挑三拣四、了解更多的消费者。这个更复杂的决策新过程被描绘成一个，包含四个阶段的循环：初始考虑、积极评估、不买／购买以及购买后[①]（图 13-5）。随着消息不断通过各种渠道传递给消费者，购买后的阶段对消费者再次光顾消费变得至关重要。

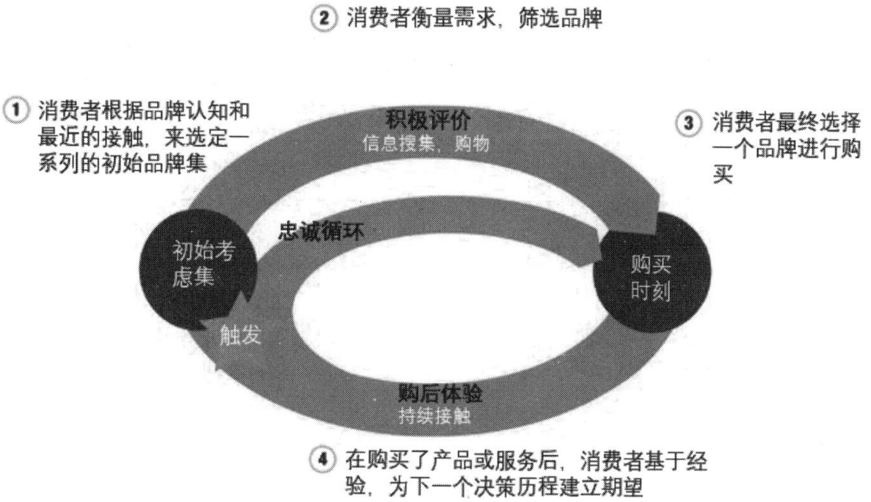

② 消费者衡量需求，筛选品牌

① 消费者根据品牌认知和最近的接触，来选定一系列的初始品牌集

积极评价
信息搜集，购物

③ 消费者最终选择一个品牌进行购买

初始考虑集

忠诚循环

购买时刻

触发

购后体验
持续接触

④ 在购买了产品或服务后，消费者基于经验，为下一个决策历程建立期望

图13-5 最新顾客决策过程示意图

资料来源：David Court，Dave Elzinga，Susan Mulder 和 Ole Jørgen Vetvik，"消费者决策之旅"，2009 年 6 月，麦肯锡季刊，2016 年 11 月 24 日访问 www.mckinsey.com/business-functions/marketing-and-sales/our-insights/the-consumer-decision-journey。

贝利需要在配置营销与沟通资源及考虑巴宝莉该如何保持与顾客紧密联系时，认真思考顾客决策过程的所有这些变化。

---

①同前文。

竞争对手及其数字化战略

在巴宝莉从事的行业中存在众多竞争对手。每个奢侈品牌都有独特的方法以及对数字化的独特观点，这些观点受到每个品牌独特的历史的影响（表13-2）。巴宝莉的主要竞争对手包括开云集团（以前称为PPR）、路威酩轩集团（LVMH）、爱马仕、普拉达（Prada）和香奈儿。

表13-2 巴宝莉独特的数字竞争手段

奢侈品公司	巴宝莉主要的竞争对手品牌组合	独特的数字化方法
开云集团（Kering，原名为PPR）	Gucci，Bottega Veneta，Yves Saint Laurent，Alexander McQueen，Balenciaga，Boucheron，Brioni，Christopher Kane，Pomellato，Qeelin，Stella McCartney，Sowind和Ulysse Nardin	●作为开云旗下最大的奢侈品品牌，古驰（Gucci）是数字领域的领导者，其原因有很多：其网站的产品详情页面上的查询店内库存的功能；重点关注品牌移动体验；开发应用程序（2008年）——第一个由奢侈品品牌开发的应用程序；持续对移动体验进行大量投资；在数字广告中处于领先地位。 ●与Yoox合资，通过单一的集成解决方案为每个品牌提供在线商店和机构网站，将商业和内容无缝结合在一起，提供完美的在线体验在2012-13年度，通过Yoox合资企业推出的六个开云品牌，其业绩比LVMH的同类产品高出30%。
路威酩轩（LVMH）	Louis Vuitton，Fendi，Donna Karan，Loewe，Marc Jacobs，Céline，Kenzo，Givenchy，Thomas Pink，Pucci，Berluti，Rossimoda和Edun手表和珠宝部包括世界著名品牌如TAG Heuer，Hublot，Zenith，Bvlgari，Chaumet，Fred和De Beers	●LVMH与广告公司德高集团（JCDecaux）合作，在纽约肯尼迪机场安装了巨型双高清（HD）数字标牌。肯尼迪机场有巨大的客流，每年有460万乘客前往欧洲、亚洲和墨西哥。巨型标牌以完全同步的内容为特色。LVMH是第一家独家承包了18个月的双高清数字标牌的北美品牌。 ●能够利用LVMH集团内其他产品的数字化优势，包括丝芙兰先进的全渠道方法和Benefit Cosmetics的多渠道战略先行方法。

续表

奢侈品公司	巴宝莉主要的竞争对手品牌组合	独特的数字化方法
爱马仕（Hermès）	Hermès	●爱马仕更专注于使用技术来区分与品牌核心无关的产品和服务，而不是专注于创造数字化存在。举措包括与一系列Apple智能手表设计师建立合作伙伴关系，以及在英国提供的次日送达服务。 ●爱马仕确实追随其他品牌进行品牌在线教育。爱马仕建立了Le MANifeste d'Hermes，这是一个致力于男性产品的新网站。 2015财年末，爱马仕对网站进行了重新设计，现在在全球范围内能够提供五个在线销售平台。
普拉达（Prada）	Prada，Miu Miu，Church's和Car Shoe	●联合首席执行官帕特里齐奥·贝尔泰利（Patrizio Bertelli）计划在不削减房屋整体广告预算的情况下使用更多数字广告。他相信普拉达应该能够在不影响商业和工业运营现状的情况下节省一些开支普拉达计划跟随其他品牌，也提供附加的数字内容（例如，一个名为"未来档案"的新栏目，其特征是包括所有的收藏品、特殊项目和视频）。
香奈儿（Chanel）	Chanel，Eres（内衣和泳装品牌），以及香奈儿的"高级手工坊"——Paraffection公司旗下的七大品牌	●数字技术并不仅仅是香奈儿的一个部门，而是遍布整个公司的。香奈儿的管理侧重于能够让"所有客户阅读自己的品牌之旅。如果他坐在家里的平板电脑前，想在巴黎看一场时装秀，他可以深入了解品牌，发现包包和夹克的故事，以及可可小姐（香奈儿的创始人）是如何在90年代初为女性展开这场革命的。"

资料来源：Rachel Strugatz，"Gucci，Coach在数字学习中的纽带"女装日报，2014年12月11日，2016年12月28日访问 wwd.com/business-news/media/gallery/gucci-coach-tie-for-top-spot-in-l2-digital-study/；"François-Henri Pinault——开云集团首席执行官兼董事会主席"，董事会内部人士简介，2013年12月17日，2016年6月6日访问 www.boardroominsiders.com/executive-profiles/11892/Kering/Fran%C3%83%C6%92%C3%86%E2%80%99%C3%83%E2%80%

9A%C3%82%C2%A7ois-Henri-Pinault；"德高与LVMH路威酩轩在肯尼迪国际机场联合推出巨型双高清数字标牌"，美通社，2013年7月22日，2016年7月21日访问 www.prnewswire.com/news-releases/jcdecaux-launches-giant-twin-hd-digital-signs-at-john-f-kennedy-international-airport-in-partnership-with-lvmh-moet-hennessy-louis-vuitton-216459501.html；LVMH，LVMH 2014年度报告，LVMH公司出版物，2017年2月20日访问 https://r.lvmh-static.com/uploads/2015/04/lvmh_ra2014_gb.pdf；亚当·汤姆森（Adam Thomson），"随着奢侈品集团对数字化的重视，人才流动实现逆转"，"金融时报"，2015年9月11日，2016年11月24日访问 www.ft.com/content/f14f0c66-5637-11e5-

9846-de406ccb37f2；爱马仕，"爱马仕2015年度报告集团业务回顾概述"，2016年4月14日，2017年2月20日访问http://finance.hermes.com/var/finances/storage/original/application/630394b9a95603bf81b399744dbbf044.pdf；Manuela Mesco，"Prada在缓慢销售中做出调整：品牌失去些许亮点，首席执行官Patrizio Bertelli再次重塑意大利时装屋，"华尔街日报，2015年12月15日，2016年6月7日访问www.wsj.com/articles/pradas-net-profit-plunges-26-1450190933；Seb Joseph，"Chanel：'数字化不应该只是一个部门'，"营销周刊，2013年4月24日，2016年6月27日访问www.marketingweek.com/2013/04/24/chanel-digital-should-not-be-a-department/。

▶ 开云集团

奢侈品业务在开云集团的占比高达68%，是世界上最大的奢侈品集团之一，并为2014财年开云集团100亿欧元的销售额贡献了67.59亿欧元。[1] 奢侈品部门由众多知名奢侈品牌构成。这些品牌在个人奢侈品行业的许多领域进行竞争，包括成衣、手袋、行李箱、小皮件、鞋子、钟表、珠宝、领带、围巾、眼镜、香水、化妆品和护肤产品。[2] 开云把战略重点放在了品牌的数字化展示上：

"电子商务是一项战略重点，不仅是因为集团品牌在线开展业务，也因为它影响所有销售渠道的需求。由于开云的品牌是全球性的，所以它们需要能够在世界各地都可以访问在线旗舰店。古驰是奢侈品电子商务的先驱：在2002年推出，其网站被公认为同类最好水平，具有很高的数字竞争能力。"[3]

▶ 路威酩轩集团

路威酩轩集团是高品质产品的全球领先者。[4] 由伯纳德·阿诺特——法国最富有的人创立。[5] 集团控股的品牌在众多奢侈品行业竞争中脱颖而出，一共分为六大商业板块：葡萄酒和烈酒、时装和皮革制品、香水和化妆品、手表和珠宝、精选零售和其他活动。路威酩轩集团由大约70个品牌构成。[6] 时尚/皮革制品品牌中包括

---

[1] 同前文。

[2] 2014年参考文件，开云集团，开云集团出版物，http://www.kering.com/sites/default/files/document/kering_2014financialdocument.pdf。

[3] 同上。

[4] 路威酩轩集团、Catterton和Groupe Arnault合作创建L Catterton，一家全球领先的以消费者为中心的私募股权公司，新闻稿，加拿大新闻专线，2016年1月5日，2017年1月2日访问www.newswire.ca/news-releases/lvmh-catterton-and-groupe-arnault-partner-to-create-l-catterton-the-leading-global-consumer-focused-private-equity-firm-564253951.html。

[5] Jonathan Buck，全球最佳首席执行官简历：Bernard Arnault，Barron's，2016年3月19日，2017年2月20日访问，www.barrons.com/articles/profiles-of-the-worlds-best-ceos-1458364872。

[6] 公司，路威酩轩集团，2016年6月6日访问，www.lvmh.com/houses/。

一些世界上最知名的品牌。路威酩轩集团报告 2014 财年的销售额为 306 亿欧元，其中 35% 和 9% 的收入分别来自时装、皮具和皮革制品以及手表/珠宝两大类别。

路威酩轩集团最早认识到数字技术对奢侈品业务影响的重要性。其 2014 年度报告包括了对集团总经理的采访，强调了数字技术在集团战略中的重要作用：

数字世界使我们的商店和品牌能够提供丰富且符合我们品牌魅力的内容。我们认为这是一个强有力的竞争杠杆，我们支持我们品牌采取的举措。丝芙兰是多渠道中走在最前面。路易威登是全球社交网络中最受关注的品牌之一。高田贤三正在将数字世界引入其商店。而宇舶则在世界杯期间使用数字平台与数百万球迷进行沟通。①

▶ 爱马仕

爱马仕是拥有 177 年历史的奢侈品牌，被认为是顶级奢侈品品牌。自 1837 年成立以来，爱马仕的大部分生产方式保持不变。公司无可挑剔的质量、历史和传统使其自成一类。②品牌的产品需求和稀缺性使爱马仕免受中国经济放缓的影响，而许多其他竞争对手则深受影响。③爱马仕生产的产品主要有三大类：皮革制品和马具、服装和配饰以及丝绸和纺织品。该品牌传统上被称为马鞍制造商和丝绸和领带生产商，但它在国际上以其两个标志性手袋而闻名：凯利和柏金。④虽然它在巴黎的泛欧证券交易所上市，但爱马仕却是由杜马创始家族的第六代控制。⑤这使得公司更有创造性，决策更具有灵活性。收入 41 亿欧元的爱马仕是一个奢侈品时尚行业的重要角色者。⑥

就其数字化而言，爱马仕采取了更加谨慎的方式，即"在保持品牌忠诚的同时利用互联网的便利性……爱马仕讲述故事，而数字世界是讲故事、创造梦想的好方法。"⑦

---

① 同前文。

② Adam Thomson，因为奢侈品集团认真对待数字化，人才开始回流，金融时报，2015 年 9 月 11 日，2017 年 1 月 2 日，www.ft.com/content/f14f0c66-5637-11e5-9846-de406ccb37f2。

③ Christina Passariello，公司新闻——老板谈话：爱马仕有话要对路威酩轩集团说：套现，华尔街日报，2014 年 3 月 26 日，2016 年 1 月 2 日访问，www.wsj.com/articles/SB10001424052702303725404579461091109758208。

④ Song Jung-a，爱马仕手袋销售额提高并获得共鸣，金融时报，2009 年 7 月 23 日，2017 年 1 月 2 日访问，www.ft.com/content/b9524504-76bd-11de-9877-00144feabdc0。

⑤ Susan Adams，爱马仕：奢侈品神秘帝国，福布斯，2014 年 9 月 8 日，2016 年 7 月 24 日访问，www.forbes.com/sites/susanadams/2014/08/20/inside-hermes-luxury-secret-empire/#41e19c724370。

⑥ 彭博社，爱马仕在美洲盈利后分红，时尚商业，2015 年 3 月 25 日，2016 年 7 月 24 日访问，www.businessoffashion.com/articles/news-analysis/hermes-pay-bonus-dividend-2014-profit-rises-americas。

⑦ Thomson，同前文。

▶ 普拉达

普拉达是一家在香港证券交易所上市的上市公司。① 与像路威酩轩集团这样的竞争对手相比,即使考虑到将品牌扩展到眼镜和香水,普拉达也很小并且很专注。②2014 年,普拉达的销售总额达到 35.9 亿欧元③,这只是一个大型集团竞争对手销售额的一小部分。普拉达以其豪华皮具和手袋而闻名,④ 品牌可追溯到 1913 年,当时马里奥·普拉达在米兰的埃马努埃莱二世长廊开了一家奢侈品店,销售皮革手袋、旅行箱、梳妆盒、精致的奢侈品配饰、珠宝和其他价值不菲的商品。

数字化上的毫无作为是普拉达衰退和增长滞后的原因。2014 年普拉达 L2 数字 IQ 指数排名低于其竞争对手。⑤ 普拉达在其年度报告中没有提及数字战略或电子商务。⑥

▶ 香奈儿

香奈儿是一家私人控股公司,由 Alain 和 Gerard Wertheimer 兄弟共同拥有。⑦Wertheimers 兄弟拥有 100% 的股份,包括享有香奈儿名称的全球权利,并且没有披露公司的收入或制造信息。⑧ 香奈儿以帽子制造商起家,通过在简单设计上使用平针织物来彻底改变运动服装行业。香奈儿也以黑色小礼服、量身定制的西装以及香水而闻名——尤其是香奈儿 5 号香水。⑨ 香奈儿经营时装、化妆品、手表和珠宝业务。该公司唯一的眼镜经营许可授予了 Luxottica,这是一家为全球 80%

---

① Luisa Zargani,普拉达首次公开募股价值 150 亿美元,女装时报,2011 年 5 月 26 日,2017 年 1 月 2 日,http://wwd.com/wwd-publications/wwd/2011-06-13-2105506/。

② Dimitra DeFotis,普拉达:股市销售,Barron's,2014 年 7 月 12 日,2017 年 1 月 2 日访问,www.barrons.com/articles/SB50001424053111903684104580015273357128944。

③ 普拉达集团,普拉达:2014 年年报,2017 年 1 月 2 日访问,www.pradagroup.com/uploads/prada/document/document/44/e-Annual_Report_2014.pdf。

④ Ivan Castano,在奢侈品繁荣中寻求财富管理简报:通过首次公开募股走到前面,just—style,2007 年 10 月,9-12,2014 年 3 月 27 日访问,http://search.proquest.com/docview/212404456?accountid=15115。

⑤ Homa Zaryouni,根据 Venmo 的支出趋势:普拉达在数字化上的迟缓影响了利润,L2 日报(博客),2015 年 4 月 2 日,2017 年 2 月 20 日访问,www.l2inc.com/spending-trends-according-to-venmo-pradas-digital-lag-weighs-profits/2015/blog。

⑥ 普拉达集团,同前文。

⑦ Hoover's 公司深度记录,2014 年 3 月 25 日,LexisNexis Academic,2014 年 3 月 27 日访问。

⑧ Phyllis Berman 和 Zina Sawaya,香奈儿后的亿万富翁,福布斯,1989 年 4 月 3 日,2014 年 3 月 27 日访问,http://search.proquest.com/docview/194944861?accountid=15115。

⑨ Paul Gregg,香奈儿成功神话,古董与收藏杂志,2005 年 8 月,2014 年 3 月 27 日访问,http://search.proquest.com/docview/197173671?accountid=15115。

的主要眼镜品牌加工生产的制造商。[①]

卡尔·拉格菲尔德于1983年接任香奈儿的设计主管。[②] 他通过挖掘年轻人的市场重新激活了香奈儿。一方面由于公司早期对此有所投入，另一方面也是由于香奈儿是一个富有创造力的品牌，对千禧一代顾客的关注要求有较强的数字化表现力。公司相信数字技术将帮助消费者更加接近品牌，并使得公司更容易与他们交流。

▶ 数字领域的竞争排名

作为比较奢侈品数字性能的一种方式，巴宝莉和竞争对手考虑每年都会参考纽约数字营销研究机构L2的时尚数字智商指数。这一指数能够帮助品牌对比数字发展表现，并识别数字领域的优势和劣势（表13-3）。贝利需要在制定战略决策时考虑其主要竞争对手的决定和立场。

表13-3　L2研究所2015年时尚数字IQ指数排名（仅列出巴宝莉的直接竞争对手）

品牌	公司	排名	行业地位	数字化（IQ）指数
巴宝莉Burberry	巴宝莉集团Burberry Group	1	领先的	141
路易·威登Louis Vuitton	路威酩轩LVMH	4	有潜力的	137
古驰Gucci	开云集团Kering	7	有潜力的	134
马克·雅可布Marc Jacobs	路威酩轩LVMH	13	有潜力的	124
DVF	黛安·冯芙丝汀宝Diane von Furstenberg	14	有潜力的	123
杜嘉班纳Dolce&Gabbana	杜嘉班纳公司Dolce&Gabbana Holding S.r.l.	16	有潜力的	119
爱马仕 Hermès	爱马仕国际有限公司Hermès International S.A.	16	有潜力的	119
葆蝶家Bottega Veneta	开云集团Kering	20	有潜力的	114

---

① Dean Crutchfield，Luxottica将自己视为国王，并提出关于品牌真实性的问题，福布斯，2012年11月27日，2014年3月31日访问，www.forbes.com/sites/deancrutchfield/2012/11/27/luxottica-sees-itself-as-king-raising-questions-about-brand-authenticity/。

② 以前的年报,巴宝莉,2017年2月20日访问,www.burberryplc.com/investor_relations/annual_reports/previous_annual_reports。

续表

品牌	公司	排名	行业地位	数字化（IQ）指数
芬迪Fendi	路威酩轩LVMH	20	有潜力的	114
范思哲Versace	詹尼·范思哲公司Gianni Versace S.p.A.	22	有潜力的	113
华伦天奴Valentino	卡塔尔皇室Mayhoola for Investments S.P.C.	25	有潜力的	110
香奈儿Chanel	香奈儿Chanel	26	平均的	109
巴黎世家Balenciaga	开云集团Kering	31	平均的	107
普拉达Prada	普拉达集团Prada Group	33	平均的	106
奥斯卡·德拉伦塔 Oscar de la Renta	奥斯卡-德拉伦塔有限责任公司 Oscar de la Renta LLC	34	平均的	105
菲拉格慕Salvatore Ferragamo	菲拉格慕Salvatore Ferragamo	36	平均的	104
亚历山大·麦昆Alexander McQueen	意大利责任有限公司Italia S.p.A.	37	平均的	103
杰尼亚Zegna	杰尼亚集团Ermenegildo Zegna	42	平均的	102
斯特拉·麦卡特尼 Stella McCartney	开云集团Kering	42	平均的	102
亚历山大·王 Alexander Wang	亚历山大王股份有限公司 Alexander Wang Inc.	44	平均的	101
圣罗兰Saint Laurent	开云集团Kering	47	平均的	99
罗伯特·卡沃利 Roberto Cavalli	罗伯托·卡沃利公司 Roberto Cavalli S.p.A.	49	平均的	96
爱斯卡达Escada	爱斯卡达集团Escada Group	52	平均的	93
巴尔曼Balmain	皮尔巴尔曼公司Pierre Balmain, SA	53	平均的	92
迪奥Dior	路威酩轩LVMH	54	平均的	91
朗雯Lanvin	爱梦妮亚公司Harmonie SA	54	平均的	91
迈宝瑞Mulberry	迈宝瑞集团Mulberry Group PLC	54	平均的	91

续表

品牌	公司	排名	行业地位	数字化（IQ）指数
米索尼Missoni	米索尼责任有限公司Missoni S.p.A.	58	发展不佳的	87
缪缪Miu Miu	普拉达集团Prada Group	62	发展不佳的	81
塞乔·罗西Sergio Rossi	开云集团Kering	64	发展不佳的	80
诺悠翩雅Loro Piana	路威酩轩LVMH	65	发展不佳的	79
凯卓Kenzo	路威酩轩LVMH	67	发展不佳的	78
纪梵希Givency	路威酩轩LVMH	73	发展不佳的	72
蔻依Chloé	历峰集团Compagnie Financiere Richemont S.A.	74	疲软无力的	68
璞琪Emilio Pucci	路威酩轩LVMH	77	疲软无力的	63
赛琳Céline	路威酩轩LVMH	82	疲软无力的	54
高缇耶 Jean Paul Gaultier	普伊格Puig	83	疲软无力的	41

来源：L2智库，L2数字化IQ指数：时尚类，2015年11月30日，2016年7月6日访问www.rankingthebrands.com/PDF/Digital%20IQ%20Index%20Fashion%202015,%20L2%20ThinkTank.pdf。

困境

贝利需要考虑巴宝莉如何应对最新的全球时尚趋势以及如何加强对其品牌传播的控制力。贝利还需要在改变其门店及时装秀、应对快时尚冲击以及清晰整合数字化营销战略上究竟是采取引领还是追随的策略做抉择。

案例习题

1. Burberry面临的主要挑战有哪些？作为CEO，你将采取哪些措施来应对这些挑战？你将把公司资源集中在哪里？

2. 在数字化时代，时装秀很快传播到大众，快时尚品牌在几周内就能模仿奢侈品的秀设计，消费者的需求也在不断变化中。在这种新形势下，类似Burberry

这样的奢侈品品牌，他们如何能够不同于快时尚品牌并保持竞争优势？

3. 奢侈品品牌应该采取何种措施以应对数字技术对消费者品牌认知的影响？

4. 面对行业所面临的挑战，Burberry 应该采取何种措施？Burberry 应该采取行业领头人还是观望策略呢？

案例十四

绫致时装——面临中国市场新的激烈竞争[①]

1996年秋天，绫致时装成为第一批进军中国零售市场的国际时尚公司之一。[②] 该年年初，由于感觉到中国商机很多，互为好友王沛德和他的好友丹飞就绫致时装品牌在中国销售的前途问题与绫致时装 A/S 的首席执行官 Troels Holch Povlsen 进行了接触[③]。Holch Povlsen 觉得他可以相信这两位企业家，而且也被他们对中国市场的热情所说服。与此同时，他在绫致时装香港和北京的采购点也需要一些帮助[④]。他们的计划在绫致中国时装集团有限公司的成立中实现了，ONLY 品牌的第一个店面在北京一家百货公司迅速地建立起来[⑤]。

王沛德和丹飞很快证明了他们对中国市场的看法是正确的。在一年的时间里，绫致时装在中国9个城市里共开设了24家店面，并在新千年伊始又把两个品牌 JACK & JONES 和 VERO MODA 引进了中国[⑥]。自第一家店面开张后的十多年时间

---

* 本案例由 Michael W. Hansen，副教授 Marcus Moller Larsen and Torben Pedersen 教授下编写。此案例仅作为课堂讨论的材料。作者无意阐明案例是否有效地应对了一个管理情景。为了保密，作者可能在案例中有意隐去了一些真实姓名或其他信息。

未经书面授权，Ivey Management Services 禁止任何形式的复制、收藏或转载。本内容不属于任何复制版权组织授权范围。如需订购，复制或引用有关资料，请联系：Ivey Publishing, Ivey Management Services, c/o Richard Ivey School of Business, The University of Western Ontario, London, Ontario, Canada, N6A 3K7; phone (519) 661-3208; fax (519) 661-3882; e-mail cases@ivey.uwo.ca.

版权@ 2011, Ivey Management Services   版本：2011-08-12

[①] 这个案例是根据出版资料创作的，其中的解释以及观点并不完全代表绫致时装 A/S 和其员工。
[②] "Dansk modetøj 绫致时装 i Kina," Børsen, 1998.
[③] "Kinesere går i dansk tøj," Jyllands-Posten, 2004.
[④] J. Brink, M. Stiller and J. Törnblom, "China success — a gateway to global success? A case study of how to create a foreign home market," Stockholm University, 2005, p. 46.
[⑤] "绫致时装 åbner egne butikker i Kina," Børsen, 1997.
[⑥] "Dansk modetøj 绫致时装 i Kina," Børsen, 1998; "Kinesere går i dansk tøj," Jyllands-Posten, 2004.

里，绫致中国已在中国拥有将近 2000 家店面，其业绩占绫致时装 A/S 总营业额的 1/3 以上。① 绫致时装巨大成功的秘诀在于其将有价格竞争力的欧洲设计进行了中国本土化的改良的能力②。这个能力是通过将所有生产线都置于中国本土并以适应中国中产阶级的消费市场及消费品位为目标而调整设计风格来达到的。

绫致时装先声夺人，比潜在的对手提早了十年进入中国市场，在 2007 年年底，其已经建立了稳固的市场根基。然而，中国经济的迅速增长以及中产阶级的扩大使得中国市场对其他公司也产生了极大的吸引力。Troesl Holch Povlsen 十分清楚地认识到，"中国是一个在增长而且对于许多消费品而言都适合发展的市场，但这也意味着竞争将会越来越激烈"。③ 不过，在 Holch Povlsen 看来，尽管像 ZARA、H&M 这样的国际服装巨头为进入中国市场和争夺市场份额投入了大量的资金，但这并不是他最大的顾虑。④ 依其所见，"我们看到的竞争并不是来自美国或欧洲，而是本土公司……未来，我们不仅将看到中国制造的商品，更将在国际市场中见到中国的企业——这一点是可以肯定的。"⑤

绫致时装 A/S 简介

Troels Holch Povlsen 在 1975 年成立了家族企业——绫致时装 A/S，并在丹麦灵克宾开设了他的第一家服装店。公司的目标是以较低的价格出售高质量的时尚服装。成立 30 年以来公司一直保持着发展重心，绫致时装 A/S 与其旗下的一些知名品牌，如 VERO MODA，JACK & JONES 和 ONLY 共同发展，一举成为一个大型的跨国时装公司，并在 41 个国家拥有超过 4100 家商店，营业额高达 102 亿丹麦克朗（13.97 亿欧元；中国营业额未包含其中；见表 14-1）。⑥ 在这 30 年里，绫致时装的持续增长和两倍于最大竞争者的营业额确保了它作为丹麦行业领头羊的

---

① "Nyt rekord-resultat fra 绫致时装," Børsen, 2005; "Kinesiske forbrugere er med fremme," Berlingske Tidende, 2007.

② "Kinesere går i dansk tøj," Jyllands-Posten, 2004.

③ "Kinesiske forbrugere er med fremme," Berlingske Tidende, 2007.

④ "H&M vil sælge tøj til kineserne," Børsen, 2006; "绫致时装 rival er ren pengemaskine," Børsen, 2007.

⑤ "Kinesiske forbrugere er med fremme," Berlingske Tidende, 2007.

⑥ www.bestseller.com，绫致时装 annual report 2006/2007.

地位。①

表14-1 绫致时装 A/S主要财务数据（中国销售数据未包含在内）

	2003	2004	2005	2006	2007
利润和亏损（百万DDK为单位）					
销售额	4924	5336	6713	8672	10182
欧洲销售额	4881	5272	6516	8305	9722
世界其他地区销售额	43	64	197	367	460
税前利润	997	875	1316	1497	1869
全年利润	685	597	939	1055	1372
净资产	1287	1527	1869	2505	3091
资产总值	2829	2888	3794	4390	5452
主要比率					
销售利润率%	19.4	18.7	18.7	16	17.2
资产回报率%（ROA）	33.8	28.9	33	31.7	32.2
资本权益报酬率%（ROE）	67.5	46.3	61.5	56.5	54.8
偿债能力比率%	45.5	52.9	49.3	57.1	56.7
员工	1285	1819	2372	2950	4108

数据来源：Greens Online。

依照绫致时装 A/S 的说法，公司的首要目标是"创立一个把发展员工放在开展业务之上的公司"，这在公司的"一个世界——一个哲学——一个家庭"的愿景和在 1975 年公司制定的 10 项基本原则之中有所体现（参见附录1）。②Troels Holch Povlsen强调充分培训员工是公司发展的前提条件。他说，"如果公司的业绩是单纯地以财务数据的好坏来衡量的话，我会为此感到悲哀"，"真正的成功是公司的良好状态与员工能力的提高"。③基本原则中包括了如诚实、忠诚和配合的软性价值观，与此同时，好的业务心态以及对结果的关注也被认为十分重要。

2001 年，Anders Holch Povlsen 成为绫致时装公司的拥有者之一，并接替了他

---

① "En simpel vej til succes," Børsen, August 11, 2004.
② www.bestseller.com.
③ "En simple vej til succes," Børsen Magasiner, April 14, 2004. "Interview: 绫致时装 går globalt," Berlingske Tidende, February 13, 2005, "Mellemøsten nyt vækstområde," Børsen, 2002.

父亲的 CEO 职位。尽管如此，Troels Holch Povlsen 仍保持了他在绫致时装 A/S 的权威形象，专注于业务的发展以及进军新市场的活动。①

产品和市场

最初，绫致时装 A/S 只销售女性时装，可是多年来公司已经将其品牌范围扩大至童装、男装及饰品。② 通过多样化品牌的途径，绫致时装 A/S 将会建立一个广泛的品牌组合，使它能涵盖不同的客户群，同时共享各品牌的多种后台功能。例如，VERO MODA 以"时尚和清新的风格"为理念，将年轻女孩和女人作为主要目标客户群。而 JACK & JONES 则以"融合国际潮流的时尚牛仔"的理念将 18~30 岁的男性作为中心。ONLY 用它的街头服饰风格，将焦点放在了具有个性的年轻女孩上（表14-2）。这导致了消费者对绫致时装的名称并不熟悉，因为商品是以不同的品牌名称呈现在市场中的。所以，确保多品牌战略不会导致品牌间的销售出现此消彼长的状况是绫致时装 A/S 面临的一大挑战。③

表14-2 绫致时装夏/秋 品牌投资组合表

品牌	目标人群	商品提供	价格（欧元）	款式	创立年份（年）
EXIT	年龄2~10岁儿童（男、女）	衣柜、内衣、常规服装、外套、鞋	牛仔：20~30 上装：13~18	帅气、有趣、但是功能性强经久耐穿的	1986
VERO MODA	青年人 女性	裙子、上衣、裤子、外套、一些配饰和鞋类	群类：35~50 上衣：17~25	潮流、清新	1987

---

① "En simple vej til succes," Børsen Magasiner, April 14, 2004. "Interview: 绫致时装 går globalt," Berlingske Tidende, February 13, 2005, "Mellemøsten nyt vækstområde," Børsen, 2002.

② www.bestseller.com. The websites referenced in this case were all accessed in October, 2010.

③ MENTEL report.

续表

品牌	目标人群	商品提供	价格（欧元）	款式	创立年份（年）
Jack&jones	男性 年龄在18~30岁	核心牛仔、配合日常搭配的广泛系列、鞋、配饰	裤子：40~60 T恤：15~25	带有全球风向的帅气牛仔服饰	1990
vila	女性 年龄在25岁以上	设计性和优雅的女装、些许外套	裙类：40~60 牛仔：50~60	柔美和优雅，经典款式	1993
Name it（正式命名为EXIT）	男孩和女孩 年龄在0~3岁	上装、裤子、裙子、季节性产品（泳装）	上衣：10 裤子：15	功能性日常穿着	1996
ONLY	有个性的年轻女性	牛仔核心服装、配合日常搭配的广泛系列	n/a	帅气、以街头服饰为方向、不断推陈出新、潮流	1996
Selected	男性 年龄在20~35岁	剪裁干练的设计、休闲服	n/a	引领潮流、简洁性和风格性	1997
Tdk	年轻男性	牛仔和潮流商品	n/a	从日常到特立独行的牛仔系列	1999
PH industries	男孩 年龄在8~16岁	牛仔、T恤、针织品、毛衫、外套	牛仔：20~35 长袖运动衫：15~35	日常穿着、注重舒适性和功能性	1999
Phink industries	女孩 年龄在8~16岁	牛仔系列和其相匹配的物件、外套	牛仔：20~45 衬衫：25~30	休闲潮流服饰或者都市边缘	2003

续表

品牌	目标人群	商品提供	价格（欧元）	款式	创立年份（年）
Object collection item	有个性的年轻女性	牛仔系列和街服ONLY的旗下品牌	n/a	带有设计的帅气风格	2003
Pieces accessories	女性	袜子、比基尼、腰带、包袋、鞋类、珠宝	n/a	特意为城市潮流人群设计	2003
Gosha by vero moda	女性	奢华系列女性服饰（在vero moda店销售）	n/a	优雅、精致、高品质潮流	2005
Mama-licious	怀孕的女性	裤子、裙子、上衣	群类：30~40 牛仔：45~75	时髦、性感、夺目	2005
Outfitters Nation	中性风格青少年	牛仔服饰、运动服装、少女衣裙和户外服装	n/a	潮流帅气少儿风格	2007

绫致时装 A/S 在世界各地出售其商品。尽管新兴市场的重要性变得越来越明显，斯堪的纳维亚仍被认为是其最大的市场（表14-3）。[①] Troels Holch Povlsen 解释道，"我们很难对新的市场说不，我们没有考虑一些像美国和法国的国家，但却接受了一些不太显著的市场，例如沙特阿拉伯和俄罗斯"。"现如今我们的衣服在全世界范围内销售，这令人难以置信，但我为此感到骄傲。"[②]

[①] www.bestseller.com

[②] "Interview: 绫致时装 går globalt," Berlingske Tidende, February 13, 2005.

表14-3 绫致时装公司夏/秋季欧洲和欧洲以外其他地区零售店2007年9月

	JACK&JONES	VEROMODA	ONLY	EXIT	vila	selected	pieces	other	total
奥地利	7	16	4	3				1	31
比利时	9	19	5						33
克罗地亚	2	2							4
塞浦路斯		1							1
捷克		3	1						4
丹麦	46	67	37	27	32	9	7	16	241
爱沙尼亚	1	2			1				4
芬兰	22	26	9	2	7		1		67
德国	46	80	23	2			1		152
冰岛	2	2	1	2	1			1	9
爱尔兰	19	19	1	11	4				54
拉脱维亚	1	1	1						3
立陶宛		6	2						8
卢森堡	1	1							2
荷兰	57	75	39	4	13	4	7		199
挪威	65	72	26	21	10	5		1	200
波兰	10	23						4	37
俄罗斯	6	6							12
斯洛伐克	3	1	1						5
斯洛文尼亚		3							3
西班牙	58	10	5	1		14			88
瑞典	45	71	10	20	23	1			170
瑞士	4	24	1						29
英国	13	4	1		2				20
总计	417	534	167	93	93	33	16	23	1376

	JACK&JONES	VEROMODA	EXIT	ONLY	total				
巴林	1	1		1	3				
埃及	1	1	1		3				
约旦			1		1				
黎巴嫩	3	4	5		12				
卡塔尔		1			1				
沙特阿拉伯	2	5	6		13				
叙利亚	1	1			2				
土耳其	3	3			6				
阿联酋	3	3			6				
以上总计	14	19	13	1	47				

全球价值链

绫致时装 A/S 的国际化和其显著的增长极大地影响了公司的结构；大批的国内外子公司被设立以处理零售、批发和采购等活动（图 14-1）。[①] 同时，Troels Holch Povlsen 以个人身份拥有一家香港公司以及与绫致时装集团（中国公司）。

Bestseller A/S

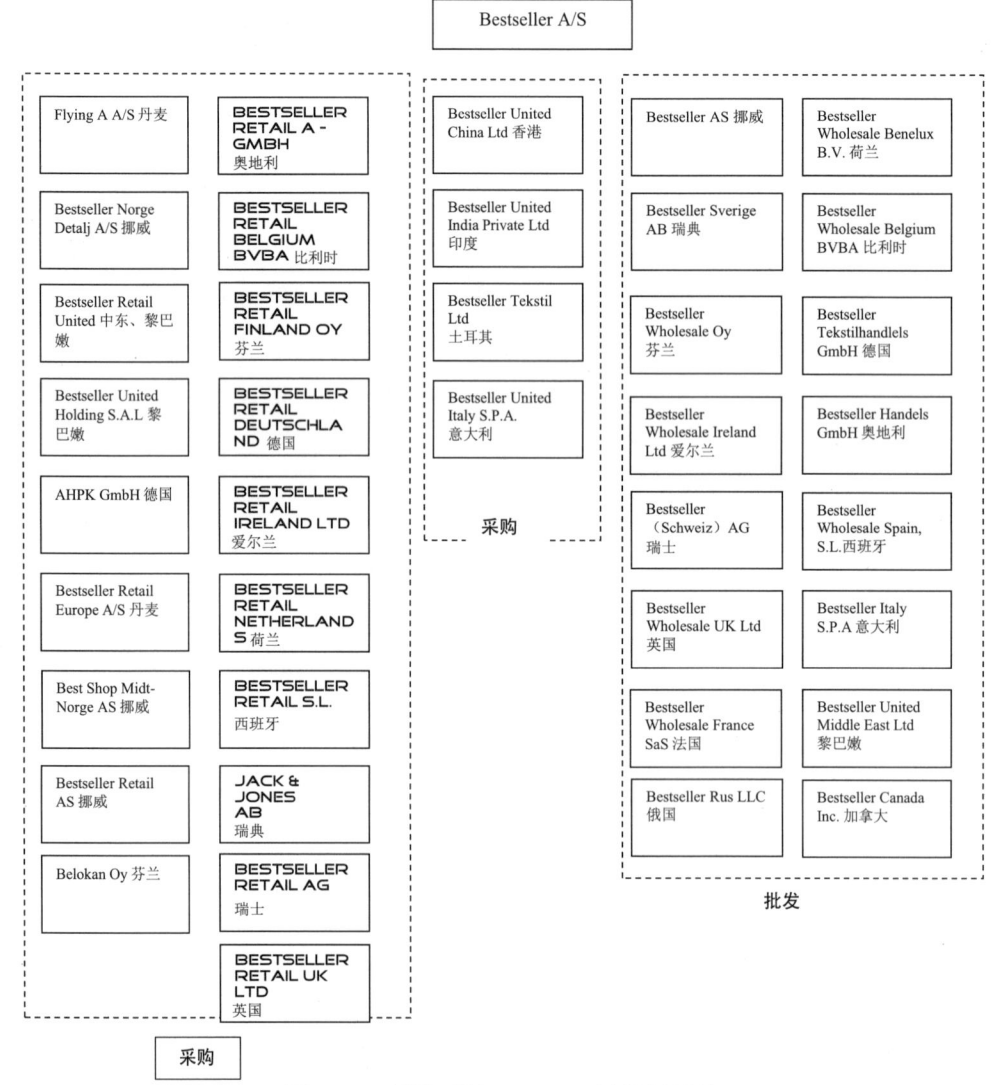

采购：
- Flying A A/S 丹麦
- Bestseller Norge Detalj A/S 挪威
- Bestseller Retail United 中东、黎巴嫩
- Bestseller United Holding S.A.L 黎巴嫩
- AHPK GmbH 德国
- Bestseller Retail Europe A/S 丹麦
- Best Shop Midt-Norge AS 挪威
- Bestseller Retail AS 挪威
- Belokan Oy 芬兰
- BESTSELLER RETAIL A - GMBH 奥地利
- BESTSELLER RETAIL BELGIUM BVBA 比利时
- BESTSELLER RETAIL FINLAND OY 芬兰
- BESTSELLER RETAIL DEUTSCHLAND 德国
- BESTSELLER RETAIL IRELAND LTD 爱尔兰
- BESTSELLER RETAIL NETHERLANDS 荷兰
- BESTSELLER RETAIL S.L. 西班牙
- JACK & JONES AB 瑞典
- BESTSELLER RETAIL AG 瑞士
- BESTSELLER RETAIL UK LTD 英国
- Bestseller United China Ltd 香港
- Bestseller United India Private Ltd 印度
- Bestseller Tekstil Ltd 土耳其
- Bestseller United Italy S.P.A. 意大利

批发：
- Bestseller AS 挪威
- Bestseller Sverige AB 瑞典
- Bestseller Wholesale Oy 芬兰
- Bestseller Wholesale Ireland Ltd 爱尔兰
- Bestseller（Schweiz）AG 瑞士
- Bestseller Wholesale UK Ltd 英国
- Bestseller Wholesale France SaS 法国
- Bestseller Rus LLC 俄国
- Bestseller Wholesale Benelux B.V. 荷兰
- Bestseller Wholesale Belgium BVBA 比利时
- Bestseller Tekstilhandels GmbH 德国
- Bestseller Handels GmbH 奥地利
- Bestseller Wholesale Spain, S.L. 西班牙
- Bestseller Italy S.P.A 意大利
- Bestseller United Middle East Ltd 黎巴嫩
- Bestseller Canada Inc. 加拿大

图14-1　绫致时装 A/S 2007年组织结构

信息来源：Bestseller 年度报告。

[①] 绫致时装 annual report 2006/07.

中国绫致时装集团并不是绫致时装A/S的一部分，所以绫致时装集团从中国业务所取得的业绩不包括在绫致时装 A/S的年度财务结算当中。其他重要成员，如Anders Holch Povlsen及董事总经理Finn Povlsen，在相关公司也拥有相似的股权。[1]

在20世纪80年代初，当绫致时装 A/S摒弃传统方式，将生产扩张到海外时，其目的是探索在其他国家的商机。Troels Holch Povlsen 回忆道，"在25年前我们开始跨国生产时，所设想的并不是外包。我们觉得走出国门，看看我们能生产出什么样的东西是一件令人兴奋的事。"[2] 绫致时装 A/S精通于服装的设计、销售以及市场营销，然而公司处理外包生产的能力和经验才是公司持续取得成功的核心要素。[3] 整个生产是通过绫致时装 A/S 设在意大利、土耳其、中国和印度的采购办事处进行管理的，供货则由公司在欧洲、中东和亚洲的不同供应商提供。[4] 为确保产品质量，对供应商严格把关是公司采购战略的核心。2002年，绫致时装 A/S制定了公司行为守则，以明确公司对供应商、分包商的最低标准，以及对工厂工作条件、社会责任、环境问题的期望（见附录2）。[5]

绫致时装 A / S 的产品设计和市场营销活动的大部分位于丹麦的总部。每个品牌会在那里接受分别处理，并享用部分集中的后台职能服务。多渠道运销模式使得绫致时装 A/S可以通过公司所拥有的店面，批发商以及特许专营商对产品进行分发。事实上，以VERO MODA、ONLY、JACK & JONES、Selected、name it 以及VILA 为名的专营连锁店占据了其销售额的主要部分。以绫致时装 A/S 作为唯一供应商的加盟者的密切关系为基础，其连锁店在1998年推出。[6] 产品线也通过12000多个独立的批发经销商（图14-2）在世界范围内销售。[7] 庞大的销售网络对价值链的后勤方面、货物快速传递以及小量存货以降低成本的物流管理有很高的要求，这些被视为关键的竞争参数。[8]

---

[1] "En simpel vej til succes," Børsen Magasiner, 2004.
[2] "Interview: 绫致时装 går globalt," Berlingske Tiderne, February 13, 2005.
[3] "绫致时装 åbner egne butikker i Kina," Børsen, May 27, 1997.
[4] www.bestseller.com.
[5] "Den simple vej til Succes," Børsen Magasiner, 2004; "Code of Conduct," 绫致时装, 2007.
[6] www.bestseller.com.
[7] lbid.
[8] "绫致时装 tjener mere på at sælge billigere," Detailbladet, January 21, 2002.

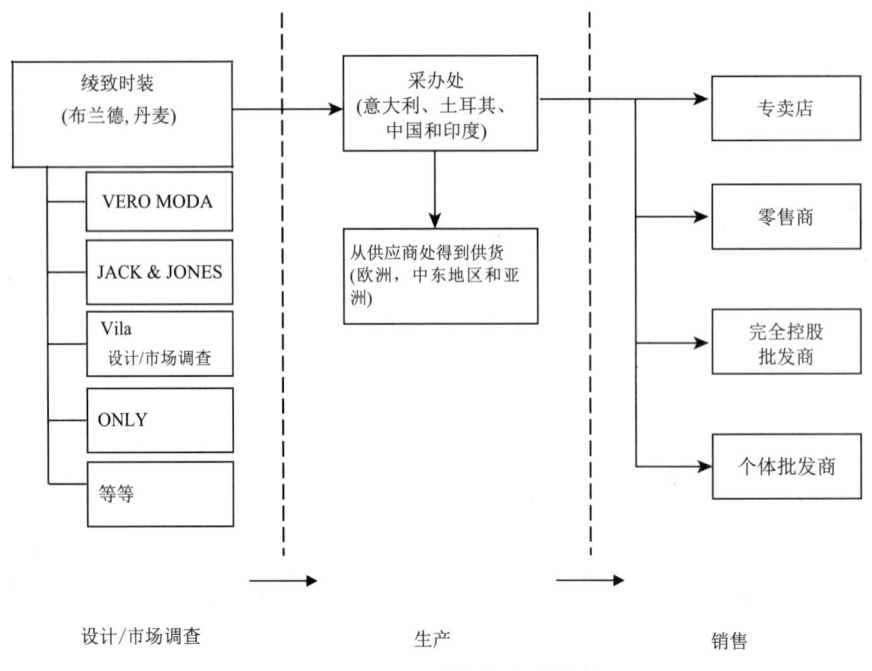

图14-2 绫致时装全球价值链

资料来源：Own Development。

竞争者

绫致时装 A/S 是目前该行业在丹麦遥遥领先的领头羊，其营业额近两倍于本土最大的竞争对手——IC Companys 和 Brandte。这两家公司也对价格敏感的女性、儿童和男士的时尚用品市场参与了竞争。这些公司遵循多品牌的战略，但是在目标段上与绫致时装有略微的差异。IC Companys，其较高档的品牌，如 Peak Performance、InWear 和 Tiger of Sweden，目标群体为注重服装质量的男性和女性；Brandtex 则以 Brandtex、b.young、Fransa 的商标专注于有竞争力价格的高品质女装（表14-4）。[1] 绫致时装 A/S 的区域覆盖率明显大于 Brandtex 及 IC 的公司。Brandtex 销往 19 个欧洲国家[2]；IC Companys 主要在欧洲、加拿大、香港地区[3]竞争；而绫致

---

[1] www.brandtex.dk; www.iccompanys.dk。

[2] www.brandtex.dk。

[3] www.iccompanys.dk。

时装 A/S 将它的衣服销往包括加拿大、中国、中东和欧洲在内的 41 个国家。[1]

表14-4　绫致时装 A/S在丹麦的竞争者

2003~2007年主要数据					
	2003年	2004年	2005年	2006年	2007年
IC Companys					
销售额（以百万丹麦克朗为单位）	2706	2612	2819	3022	3354
净利润（以百万丹麦克朗为单位）	1	(309)	173	224	241
员工	2199	2095	2019	1989	2199
Brandtex					
销售额（以百万丹麦克朗为单位）	3048	3282	3371	3369	3194
净利润（以百万丹麦克朗为单位）	74	68	46	29	72
员工	2397	2360	1871	1752	1593
绫致时装					
销售额（以百万丹麦克朗为单位）	4924	5336	6713	8672	10182
净利润（以百万丹麦克朗为单位）	685	597	939	1055	1372
员工	1285	1819	2372	2950	4108

IC Companys 旗下品牌包括：Peak Performance, InWear, Jackpot, Tiger of Sweden, Cottonfield, Matinique, Part Two, Saint Tropez, By Malene Birger, Soaked in Luxury, Designers Remix Collection.

Brandtex 旗下品牌包括：Brandtex, SHARE, Ciso, Blend, BlendShe, b.young, Fransa, Edamae, Psycho Cowboy, Jensen Women, Gestuz, Freeze, Ichi, Silbor, Veto, Frank Q, Dranella, Signature.

数据来源：www.iccompanys.com，www.brandtex.com Greens Online.

由于公司在国际上的表现，绫致时装 A/S 需要密切关注国际上的竞争对手。事实上，Troels Holch Povlsen 说过"绫致时装 A/S 最厉害的竞争对手不在丹麦"[2]。在时装零售行业经常被提到的大巨头是：ZARA（西班牙），Gap Inc.（美国）和 H&M（瑞典）。他们广泛运营于全球市场并且和绫致时装 A/S 有着相同的市场定位。从营业额、成果和员工数量上看，这三家公司远远超过了绫致时装 A/S。在国际竞争中，丹麦的公司只能在商铺的数量上进行匹敌（表 14-5）。

---

[1] www.绫致时装.dk.
[2] "绫致时装 tæt på milliard-resultat," Børsen, 2002.

表14-5 绫致时装A/S与国际竞争对手的市场表现

2003~2007年主要数据					
	2003年	2004年	2005年	2006年	2007年
Gap Inc					
销售净值（以百万美元为单位）	15854	16267	16019	15923	15763
净利润（以百万美元为单位）	1031	1150	1113	778	833
员工	153000	152000	153000	154000	150000
H&M					
销售净值（以百万美元为单位）	9413	10485	11966	13330	15335
净利润（以百万美元为单位）	1063	1211	1539	1797	2262
员工	28409	31701	34614	40368	47029
ZARA					
销售额值（以百万美元为单位）	7219	8742	10582	13996	14810
净利润（以百万美元为单位）	702	1003	1261	1573	1962
员工	39760	47046	58190	69240	79517
绫致时装					
销售额值（以百万美元为单位）	1036	1123	1412	1824	2142
净利润（以百万美元为单位）	144	126	198	222	289
员工	1285	1819	2372	2950	4108

店面位置			
	Gap Inc	H&M	ZARA
欧洲	176	1383	1140
美国	2869	192	154
亚洲	132	7	78
中东	—	12	54
非洲	—	—	5
总计	3177	1594	1431

注 H&M 的财务数据于 2008 年 7 月 9 日由瑞典克朗转化为美元（www.oanda.com）ZARA 的财务数据来源于 ZARA 的母公司 Inditex，并于 2008 年 7 月 9 日由欧元转化为美元（www.oanda.com）。

数据来源：www.gapinc.com.hm.com, www.inditex.com.

国际竞争者在地域范围上的竞争是大大不同的。营业额最多的 Gap Inc. 在美国、英国、法国和日本运营，因此它也就不会出现在任何新兴市场上。① 在欧洲有着牢固的地位而在美国也有少数门店的 H&M 也是一样。② 只有 ZARA 拥有一个广泛的地域覆盖率，其在欧洲、美国、北非、亚太和中东地区的 56 个国家都拥有门店。③ 但是，大部分 ZARA 的销售额来自欧洲市场，实际上，90% 的 ZARA 商店坐落在欧洲和美国，相对于公司总体规模来讲只有一小部分出现在新兴的市场上。然而，随着需求的增长，新兴市场的重要性也在不断增长，全球的业者也开始对这些地区的发展进行更多的关注。④

绫致时装集团（中国公司）

1996 年，Warburg 和 Friis 分别决定放弃在东亚公司和麦肯锡公司的工作，与 Troels Holch Povlsen 一同成立绫致时装集团（中国）有限公司（绫致时装中国）。他们的抱负是建立一个大规模的公司。⑤Warburg 解释道："回到丹麦是不是一个真正的选择，因为在我看来中国才是新兴市场根据地。这里存在着机会和市场潜力。"⑥ 于是，800 万丹麦克朗被投入公司，其中一半是由 Troels Holch Povlsen 出资，另一半则由 Warburg 和 Friis 提供。但是由于他们俩自己没有足够的资本，他们通过求助丹麦的发展中国家产业化基金（IFU）筹集到了所需资金的 30%。Warburg 和 Friis 各自出资 10%，并且于 2001 年将 IFU 所持股权买回（图 14-3）。⑦ 绫致时装集团（中国）有限公司作为独立的公司注册，与绫致时装 A/S 在中国的外包生产是相独立的，由北京办事处的 Warburg 和 Friis 负责管理。

---

① www.inditex.com.
② www.hm.com.
③ www.inditex.com.
④ "Kampen om de modebevidste kinesere," www.business.dk.
⑤ Brink et al., 2005, pp. 41-42.
⑥ Ibid, p. 41.
⑦ "绫致时装 åbner egne butikker i Kina," Børsen, May 27, 1997; "绫致时装, Kina," IFU, 2005; Brink et al., 2005, p. 45. "Kinesere går i dansk tøj," Jyllands-Posten, 2004.

1996 年

- IFU: 30%
- Dan Friis/Allan Warburg: 20%
- Troels Holch Provlsen: 50%

2001 年

- Dan Friis/Allan Warburg: 50%
- Troels Holch Provlsen: 50%

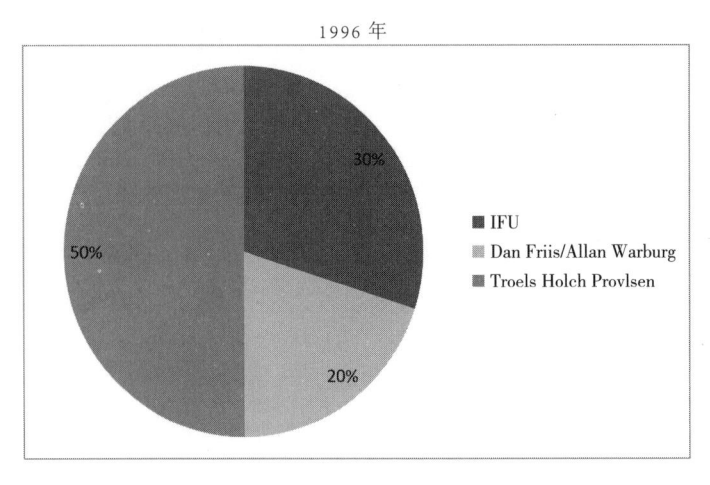

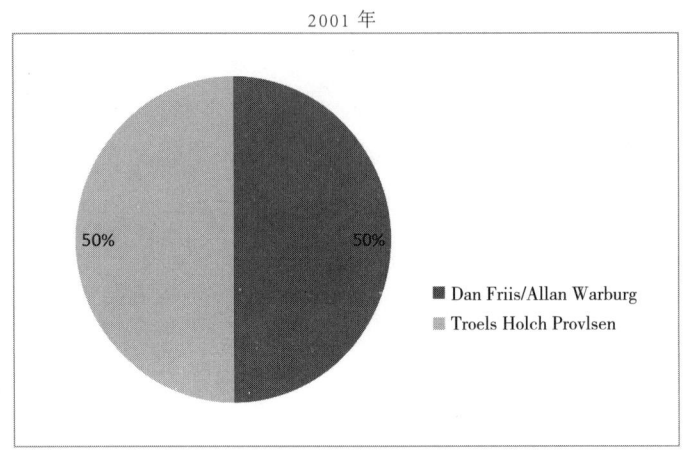

图14-3 绫致时装中国股权结构

来源：IFU，2005。

绫致时装集团（中国）有限公司迅速得到了显著的增长，尤其在店面的发展方面的相关数据尤为显著（表14-6）。1996年，一些全资的ONLY门店在北京建立起来。在短短的5年时间里，VERO MODA，JACK&JONES以及其他两个绫致时装的畅销品牌都已被引入这个新市场，并建立起163家分布在中国不同的城市的分店。自绫致时装在中国成立的十余年里，公司已拥有将近2000家独资或专营店。对于绫致时装在丹麦的管理团队而言，公司在中国的成功是有些出乎意料的。作为绫致时装合伙人之一及欧洲区的CEO Finn Poulsen说道："这实际上是一个长期的投资，但是我对目前的成功感到惊讶。那里有想要购买并且具有购买力的年轻人——在未来会有更多这样的人。"①

表14-6　1996~2007年绫致时装在中国的发展

类型＼年份（年）	1996	1997	1998	1999	2000	2001	2002	2003	2004	2005	2006	2007
店面	3	24	45	56	82	163	282	484	710	852	1200	1800
直营店	3	16	23	26	48	55	175	274	357	412	675	960
特许专营店	0	8	22	30	34	108	107	210	353	440	525	840

注　2007年的数据根据Jyllands-Posten "Bestseller spurter frem" 2007年度和其自己的估测，2006年的数据是根据Børsen "Bestseller strammer konceptet til" 2006年度及其自己的估测。
来源：Brink et al，2005年。

中国市场

1997~2003年，中国的总消费开支增加了64.2%，而在服装和鞋类上的支出增加了22%。同期，中国的城镇地区人均可支配收入增加了64.2%。②生活在大城市，具有时尚意识的年轻人群的增长意味着绫致时装集团（中国）可以以丹麦市场价格的85%在中国出售。Warburg描述他的典型客户是在外企工作的20来岁的女孩，拥有大约3000丹麦克朗（400欧元）的月薪，③其中三分之一花费在衣服和鞋子上。她们可以这样是因为她们仍与父母居住，没有食物及租金上的花销。他估计，仅在北京就大约有30万的女性有充足的收入购买ONLY或VERO MODA的衣服。④

在公司进入中国市场时，中国服装零售市场是非常分散的。国外奢侈品牌在高档百货商场或授权的店铺销售，迎合了较高的价格区间；而其他产品的市场由

---

① "绫致时装 åbner egne butikker i Kina," Børsen, 1997.
② "China's Consumer Market — Opportunities and Risks," Deloitte, 2005, p. 2, www.bglegis.com/China_Consumer.pdf.
③ www.oanda.com; converted from DKK to EUR on July 14, 2008.
④ "Dansk modetøj 绫致时装 i Kina," Børsen, 1998.

几家大的公司占据。① 然而中档时尚市场的情况却截然不同。② 绫致时装中国也因此能在短时间内建立起一个广泛的销售网络。这意味着，像 JACK & JONES 在 2000 年进入中国市场时仅面临着极小的竞争。Warburg 解释道："由于没有太多的竞争，JACK & JONES 至今仍然是市场的领导者。在中国，男士服装市场相对比较传统，不像女性服装市场的大幅度发展。男士运动服，如耐克、阿迪达斯、彪马、李宁等大公司之间存在着很大的竞争，但幸运的是我们并不在运动服行业。"③

生产

绫致时装 A/S 已有的一个涉及中国供应商的大型采购运行系统对绫致时装中国很有帮助，因为这能够促进本地生产，使得一些供应商在尽管最初量不是很大的情况下也愿意合作。因此，新公司在一开始就受益于绫致时装 A/S 建立的生产网络。④ 为了制定出有效的价格策略，绫致时装在中国需要进行本地生产，否则这些衣服对于中产阶级来说将会过于昂贵。⑤

在绫致时装中国股权的结构意味着 Warburg 和 Friis 拥有很大的自由，他们一年只需要与董事会见 1~2 次。初期绫致时装 A/S 与三个合伙人之间的协议中也包括了在香港和北京购买绫致时装 A/S 的办公场所，但这个计划运行得并不顺利。对于 Troels Holch Povlsen 来说，这次合作也让他有机会从两个在北京努力着的丹麦人身上获得了对于公司在中国采购问题的帮助⑥。在中国绫致时装建立最开始的五年间，Warburg 和 Friis 帮助绫致时装 A/S 建立了北京办事处和上海采购代表处，但是 2001 年股东大会的一次重新商议意味着两个企业家可以将他们的全部精力投入到绫致时装（中国）上。⑦ 虽然他们不再直接协助在中国地区的供货，但新公

---

① "China's Consumer Market — Opportunities and Risks," Deloitte, 2005, p. 5. www.bglegis.com/China_Consumer.pdf.
② "Dansk modetøj 绫致时装 i Kina," Børsen, 1998.
③ Brink et al., 2005, p. 50.
④ Ibid, p. 44.
⑤ "IC Companys åbner i Kina," Berlingske Tidende, 2005.
⑥ Brink et al., 2005, p. 46
⑦ bid, pp. 42-45.

司的不断成功提高了对中国供应商的品牌知名度，从而影响了在欧洲的绫致时装 A/S。Warburg 提出"我认为在中国做大有助于采购，绫致时装 A/S 就是个实例。所有的供应商现在都知道了这个品牌，他们都非常认真地对待绫致时装的产品"[1]。

绫致时装（中国）战略的一个关键要素是因地制宜。虽然其在这个观念上与绫致时装 A/S 保持一致，中国门店在外表上也与世界其他地区的门店一样，但是实际的风格和店里出售的型号都跟当地的条件进行过匹配修改。在这方面 Warburg 表示，"中国女性的体形不同于西方国家的女性。她们更苗条。通常她们比西方的女性穿得更有女人味。我们的产品应该反映出这一点。"[2] 颜色方面也根据中国人的口味进行了改变，例如，所有的军事颜色都被排除在外了。[3] 为了适应产品范围，每一个品牌的设计都从丹麦寄给一位在中国的丹麦设计师负责指导中国的设计师团队进行修改。这个流程意味着包括 Warburg 和 Friis 在内，绫致时装（中国）总共雇用了三个丹麦人。绫致时装（中国）的成功关键在于产品的欧洲风格，这也解释了设计团队的构成。"只有一件事我们不想或不能在设计阶段本土化的，是每一个品牌都有一个丹麦设计师。"Warburg 说："我们所销售的，是一种欧洲的生活方式。"[4] 整个西方的设计都被保留了下来，而衣服都适当地进行了调整以更好地适应中国消费者。[5]

当被问及绫致时装（中国）取得巨大成功的原因时，Warburg 指出是公司的地点和价值链的配置。"在中国你必须把一切都当地化，"他说，"我们已经见过这么多的竞争对手来自欧洲来发展，然后两年后又撤出去。原因是他们坐在欧洲却试图管理中国。而我们是坐在中国，在中国生产所有为中国的市场准备的产品。"[6]

---

[1] Ibid, 2005, p. 52.
[2] Kinesere går i dansk modetøj, Jyllands-Posten, August 11, 2004.
[3] "绫致时装 åbner egne butikker i Kina," Børsen, May 27, 1997.
[4] Brink et al., 2005, p. 48.
[5] "Kinesere går i dansk modetøj," Jyllands-Posten, August 11, 2004.
[6] Brink et al., 2005.

宣传和销售

在中国市场用的也是类似于绫致时装 A/S 采用的多品牌策略。销售网包括特许专营店和直营店两种形式的混合，其长期目标是最终使得特许专营店成为主要销售方式。特许专营正在被慢慢引进，绫致时装集团（中国）1996 年进入中国时，这个概念还比较新。[1]2005 年，大约有一半的店面是特许专营店，分布在 Warburg 和 Friis 没想进入的城市，而另一半则为公司直营店。所有产品采购都由北京的总公司处理，然后再分配到不同的分公司，这些分公司只负责他们所在区域的销售。[2]此外，绫致时装集团（中国）在中国有三个旗舰店，坐落在北京、上海、天津；[3]虽然在著名购物商城里租金高到使收益变得十分有限。但这符合绫致时装集团（中国）接近其他国际品牌以建立自己的品牌的战略，对建立品牌认识度起着很重要的作用。[4]例如，公司在北京高档商场之一的国贸商场的店面，花费要高于在欧洲同样的店面。Friis 说："高租金限制我们在这个位置的利润，但重要的是，我们在这里建立我们的品牌形象。所有的国际大品牌都在这里——其中许多商店承受着巨额亏损运营……而我们没有。"[5]

另一在宣传上的核心要素体现在报纸杂志上大范围、活跃的广告宣传，以及由丹麦超级名模 Helena Christensen 代表东欧文化的大幅海报。德国超级名模 Claudia Schiffer 是绫致时装集团（中国）另一个重要的品牌代言人，她代表品牌进一步刻画了欧洲形象。[6]此外，绫致时装集团（中国）的营销还包括在夜店酒吧举办时装秀[7]，以及其他较小规模的创意活动中，例如将 ONLY 和 JACK&JOHNS 的标志印在星巴克和酒店的桌布上面。[8]虽然公司消耗很大的精力和投入在多种营销手段上，但公司认为店面才是最重要的。Warburg 解释说："我们确实在时尚杂志和时装秀上花了钱，但是我认为通过店铺建立品牌形象是最重要的途径。因为顾客

---

[1] "Dansk modetøj 绫致时装 i Kina," Børsen, February 4, 1998.
[2] Brink et al., 2005.
[3] "Dansk modetøj 绫致时装 i Kina," Børsen, February 4, 1998.
[4] "Kinesere går i dansk modetøj," Jyllands-Posten, August 11, 2004.
[5] Ibid.
[6] Ibid.
[7] "Dansk modetøj 绫致时装 i Kina," Børsen, February 4, 1998.
[8] "Kinesere går i dansk modetøj," Jyllands-Posten, August 11, 2004.

总要出来购物，当他们走过，看到我们的店面的时候才是我们建立我们的品牌形象最佳时机，远远超过其他任何方式。"①

绫致时装（中国）面对的竞争和挑战

▶ 在中国竞争的国际品牌

随着中国经济的持续增长和中产阶级的壮大，来自大型跨国时尚公司的竞争日益增多。例如，瑞典巨头 H&M 于 2007 年在中国开了第一家分店，旨在分得繁荣的时尚市场的一杯羹。"我们的业务以每年 10% 至 15% 的速度增长，每年会开 180 个分店。2000 年我们在美国起步，目前对于满足公司的需要已绰绰有余。不过进入中国市场在将来会是首要目标。"首席执行官 Rolf Eriksen 在谈到中国首家 H&M 店时评论道。②公司花了两年时间做进入中国市场的准备并得出没有必要为中国消费者定制特殊的尺码和款式的结论。因此，这家新开的 H&M 店里 80% 的服装和欧洲、北美销售的款式一致。公司认为，通过与麦当娜、凯莉·米洛、卡尔·拉格菲尔德等名人的合作而树立良好的公关形象加上公司本身的知名度，可以保证其顺利打入中国市场。西班牙品牌 ZARA 也对中国消费者非常感兴趣。③2008 年，在 15 家中国门店里，ZARA 实行销售全球统一标准服装的政策。④此外，据传美国品牌 Gap Inc. 也要同时进入中国市场。⑤

丹麦服装品牌 IC Companys 也曾在 2005 年以一笔较小的预算再次尝试进入中国市场。这次，他们试着学习绫致时装中国适应本地需求的营销策略，与一家中国的销售公司结盟。⑥IC Companys 的出口部经理 Steen Petersen 说道："我们已经做好了准备。我们仔细研究了竞争对手，要向他们看齐。Esprit 和绫致时装在

---

① Brink et al., 2005.
② "Kampen om de modebevidste kineserne," www.business.dk, April 15, 2007.
③ Ibid.
④ www.inditex.com.
⑤ "Kampen om de modebevidste kineserne," www.business.dk, April 15, 2007.
⑥ "IC Companys åbner butikker i Kina," Børsen, March 23, 2005.

中国都取得了巨大的成功，所以我们肯定可以从它们身上学到些东西。"① 例如，IC Companys 致力于所有服装都在中国生产从而保证对于中产阶级来说价格合适，服装类型也为了迎合中国消费者进行了修改。②

Friis 在评论持续增长的来自跨国公司的竞争时说："我们对新'同行'并不抵触。很多购物中心倒闭是因为当时没有足够的专业品牌经营专卖店和产品吸引更大的消费群。现在这种事不大会再发生了。"③ 但是，1996 年绫致时装（中国）成立后，市场越来越难进入。例如，营销费用大量增加，而且在中国 2001 年完全加入 WTO 后外国公司的数量激增。④Warburg 说道："及早进入中国绝对有很多好处，比如当时市场运行速度较慢，不需要投资这么多钱。"⑤

本地竞争

越来越多的总部设在香港的本地品牌开始希望在中国大陆寻找新的市场机遇。虽然它们并不是国际名牌，但已经在区域范围内小有名气。中国大陆消费者认为香港的服装设计新颖、质量上乘。⑥ 20 世纪 50 年代，第一批服装公司在香港落户，当时劳动力非常廉价。此后这里的服装产业经历了一次转折。由于服装越来越精致、价格越来越高，与包括中国的其他国家相比，香港失去了价格优势，代工生产 (OEM) 设备也开始紧缺。为了保持竞争力，服装产业开始瞄准品牌委托设计生产 (ODM)，即采购方既可以完整使用香港原公司的设计，也可以根据自己的需要加以修改。虽然品牌委托设计生产在 20 世纪 90 年代盛行，但在 21 世纪初期，自有品牌生产 (OBM) 明显能带来更大收益。事实上，有人估计自有品牌生产比品牌委托设计生产的收益率能高出 50%。⑦ 这使得如堡狮龙国际集团有限公司、佐丹奴国际有限公司等很多香港公司创立自己的品牌以获取更大利润。由于中国

---

① "IC Companys åbner i Kina," Berlingske Tiderne, March 17, 2005.
② Ibid.
③ "Kampen om de modebevidste kineserne," www.business.dk, April 15, 2007.
④ "IC Companys åbner i Kina," Berlingske Tiderne, March 17, 2005.
⑤ Brink et al., 2005.
⑥ "Sewing seam of gold in tough market," HK Edition, 2005.
⑦ Ibid, p2.

大陆缺乏国际品牌，这些香港公司虽然难以进入已开发市场，却在大陆市场看到许多机会。因此他们决定进入中国。①

截至 2007 年年底，堡狮龙在中国大陆已经开了 551 家专营店，占公司全球分店的一半以上。②佐丹奴的 1800 家分店中，有 827 家设在中国。③另一个重要的竞争者是中型企业 Esprit。它之前总部在美国，但后来重新把总部和设计部设在了香港。④在中国的中产阶级里，关注时尚，崇尚欧洲风格着装的消费群体与日俱增。为了吸引这些客户，Esprit 决定只修改 20%~30% 的服装款式以适应中国市场。⑤保留下来的服装和在世界范围内销售的款式一样。在 Esprit 扮演一个全球性的角色的同时，另外两家公司也渴望着在全球范围内销售，并已经进入世界各地的许多市场。其实，佐丹奴的愿景是"成为最好的和最大的世界级服装零售品牌"。对于主导中端市场的绫致时装中国，其他公司这方面的发展意味着 Warburg 和 Friis 不仅要与国际上的竞争者竞争以捍卫自己的市场地位，同时也要密切关注来自香港的新的竞争者。⑥

然而，在 Warburg 眼中，这些公司并不是绫致时装在中国市场的最大威胁。"很多香港品牌没有能力来到这个市场"，他说，"他们在香港很出名，也试图将品牌建立在中国内陆，但他们未能完成这个心愿。"⑦他解释道，虽然这些公司在中国内陆生产，但是公司所有的运营由香港办事处管理，所以他们的行动不能像绫致时装中国一样快。⑧

然而，来自中国大陆的企业则会不同。"目前有一些很好的中国本土企业，他们奉行低价策略，"Warburg 说道。⑨多年来，中国作为一个纺织品全球制造商，已建立了强势的地位，结果"中国制造"的标签一般被与廉价生产相关联。⑩低廉的单位成本意味着该行业吸引了大量国外公司的采购活动，但是中国的人口规模

---

① Ibid.
② www.bossini.com.
③ www.giordano.com.hk/web/HK/index.html.
④ www.esprit.com.
⑤ "China's Consumer Market—Opportunities and Risks," Deloitte, 2005, p. 6, www.bglegis.com/China_Consumer.pdf.
⑥ www.giordano.com.hk/web/HK/index.html.
⑦ Brink et al., 2005.
⑧ Ibid, p. 54.
⑨ Ibid.
⑩ Randall Frost, "China — dressed for success," 2007, www.brandchannel.com/features_effect.asp?pf_id=349.

和巨大的收入差距使得本土公司很难建立起他们自己的品牌。① 然而，由于生产的利润空间在减小，目前还不清楚这种价值链的组成部分是否可以充分地应对未来形势。② "我认为在未来我们的主要竞争对手将是中国本土企业"，Warburg 宣称。"他们已经开始他们的业务，并且随着他们在欧洲和美国建立设计工作室，他们有可能变得更大。因为他们大部分的开支是在中国，因此可以把成本降到最低。"③

Troels Holch Povlsen 和他的两个伙伴 Friis 和 Warburg，已毋庸置疑地享受着 1996 年早进入中国的好处。消费者对三个品牌很高的认识度以及将近 2000 家店面毫无疑问地证明了绫致时装在中国的成功。事实上，在公司成立十年之后，中国的销售额估计已超过绫致时装总销售额的三分之一。然而，一些国际大公司渴望挑战绫致时装在中国的市场，企图抢占一份在蓬勃发展的中国零售市场的份额。④ 此外，在 Warburg 和 Friis 时刻关注的中国新的企业，他们认为这些企业很可能对自己的市场地位构成威胁。率先在中国发展的十年，给公司提供了很多显著的优势。但是，对于绫致时装中国和绫致时装 A/S 是否能够建立最好的基础以抵御新的竞争对手并维持其在蓬勃发展的中国作为零售商市场先锋地位，仍需我们拭目以待。

案例习题

1. 论述跨国公司进行全球化扩展，尤其进入新兴市场时所采用的不同战略。
2. 按照 Bestseller 进入中国的进程，论述不同的市场进入战略。
3. 当进入一个新市场或新兴市场时，面临的主要的市场营销方面的挑战是什么？
4. 分析 Bestseller 在中国的所有权结构。
5. 分析中国制衣业的发展以及对 Bestseller 在中国的发展所带来的挑战。

---

① Ibid.
② "中国的时装产业需要重新考虑一下"，《人民日报》，2004.
③ Brink et al., 2005.
④ "Nyt rekord-resultat fra 绫致时装," Børsen, 2005.

附录1　绫致时装公司的愿景和十个基本准则

▶ 一个世界

我们的世界是建立在公平和机遇上的，文化的差异是一个优势，它可以提升品质、获得超常的结果和良好的价值标准。总是尝试做的比我们承诺的更好，我们努力对细微之处也精心处理。

▶ 一个哲学

我们要让绫致时装的十个基本原则保持活力。我们谦逊并且努力工作，我们的合作精神是建立在信任、伙伴关系和诚信上。我们尊重每个人的个性，但是我们以一个团队形式来思考和行动。正因如此，我们成功了。

▶ 一个家庭

绫致时装公司的基础是公司里拥有家一样温暖的感觉。我们彼此互相帮助，彼此建立无限的信任关系。我们在成功的案例中向他人展示我们的身份。我们以我们的这个家庭而自豪。这是我们联结过去和展望未来的基础。

▶ 十个基本准则

- 诚信
- 勤奋
- 忠诚
- 合作
- 商业思维
- 注重成效
- 去繁就简
- 从不掉以轻心

● 遵守承诺

● 追求卓越

资料来源：www.bestseller.com。

附录2　绫致时装A/S行为规范——总则

1.1.0　这个行为规范描述了绫致时装所期望推广的道德规范，这是建立在绫致时装的基本原则，这就是："我们说到做到，信守承诺。"

1.2.0　所有的供应商及为绫致时装 A／S 以及其他绫致时装的公司生产的分包商都应该遵守这份行为准则，供应商以及他们的分包商在以下都被称为供应商。所有生产绫致时装订单的公司或工厂都应为绫致时装所认可。供应商有责任与工厂进行行为准则的沟通和督促执行。

1.2.1　所有的供应商都应该同时遵守现时实行的法规。这包括符合所有欧盟产品的要求的一些相关的法律法规。

1.2.2　绫致时装认识到世界各地的立法和文化差异，因而供应商的运营环境也不尽相同。这份行为准则所列出的是基本要求，绫致时装的供应商必须遵守。

假如当地的法律比这份行为准则更全面，以现行的法律为主。如果这份行为准则比当地的法律更全面，则以此行为准则为主。

1.2.3　此行为准则同样是绫致时装持续地评估供应商是否达到要求的基础评估内容。

1.3.0　遵守此行为准则是成为绫致时装供应商的一个先决条件。绫致时装会不断改进其评价供应商是否遵守此行为准则的跟踪验证体系。

1.3.1　如果一个供应商不能完全遵守此行为规范，绫致时装有权要求供应商督促工厂进行改进。

1.3.2　如果绫致时装已经提供给其供应商一套改善方案，而其没有被执行，绫致时装有权利在没有任何通知的前提下终止与其的业务关系，和可能取消任何进行中的生产或是货物运送。

1.3.3　严重违反绫致时装行为准则的行为将导致与绫致时装合作的立即终止。

1.4.0　这些特殊要求都列在行为准则的以下标题里：

2.0.0　工作环境和住房条件

3.0.0　社会责任

4.0.0　环保生产

5.0.0　保护动物

1.5.0　递送和生产绫致时装 A/S 产品的供应商应该遵守其所在地区的法律法规，同时应遵守本行为准则。即：

1.5.1　供应商应该公平对待动物和人，给予尊重。同样应该尊重我们的环境。

1.5.2　供应商的商业活动必须遵守所有相关的和适用的法律法规，包括这些有关劳动者，以及他们的福利，安全和工作环境。

1.5.3　无论是否提前通知，供应商都应该允许绫致时装 A／S 和／或是代表绫致时装的任何一方自由地进出其相关设施（包括分包商），以及对其员工或任何相关资料进行采访或调查。

1.6.0　供应商应该确保与员工就行为准则的内容进行有效的沟通。沟通的方式应该是通过培训／举行相关课程，以及在工人经常经过的地方以本地语言张贴本准则。

源自：www.bestseller.com。

案例十五

彪马（PUMA）维持其在印度领导地位的挑战①

2014年9月，彪马续签了世界上跑得最快的男人，明星运动员尤塞恩·博尔特（Usain Bolt）作为品牌大使，并发起了一项新的宣传活动——永远更快——来传达彪马是并且将继续成为"世界上最快的运动品牌"的信息。②2015年8月，彪马用一条新的营销线发起了"永远更快"宣传活动的第二轮宣传。"你训练是为了什么？"该活动宣传了驱使运动员更加努力训练来取得更好成绩的想法。这项花费数百万欧元的宣传活动对品牌最新的鞋进行宣传，使用的广告展示博尔特和阿森纳足球俱乐部采取了挑战极限的训练计划，通过四个星期的课程来使他们的表现提高更多。③彪马希望向全世界清晰地传达"生活不只有阿迪达斯和耐克，他们也是主要的参与者"，一个体育赞助机构——英国Rapport公司的品牌总经理奈杰

---

* Sandeep Puri 和 Sanchita Krishna 写这个案例，仅仅是为了给课堂讨论提供材料。本文的作者并无意揭示在特定管理情境中处理方式的有效与否。为保密起见，作者隐去了部分名称和其他识别信息。

未经版权所有者允许，本材料禁止传播、影印、数字化或其他任何方式的复制。本材料的复制不包括任何已授权的具有复制权的组织。如需订购副本或申请获得复制许可，请联系：Ivey Publishing, Ivey Business School, Western University, London, Ontario, Canada, N6G 0N1；phone(519) 661-3208；(e)cases@ivey.ca；www.iveycases.com.

版权 @ 2016, Richard Ivey School of Business Foundation   版本：2016-03-22

① 本案例仅基于已出版的来源编写。因此，本案例中呈现出的解读和观点并不一定是彪马欧洲公司（PUMA SE）或者任何员工的观点。

② 彪马的使命宣言，于2013年被采纳并在宣传活动发布会上由当时的董事总经理拉吉夫·梅塔（Rajiv Mehta）重申，"战略，"彪马，2016年2月10日访问，http://about.puma.com/en/this-is-puma/strategy; Aprameya C；"彪马与博尔特一起追求'永远更快'的目标"，全印度网（OneIndia），2014年9月3日，2015年7月25日访问，www.oneindia.com/sports/puma-goes-forever-faster-with-usain-bolt-1514397.html.

③ 托尼·康纳利（Tony Connelly），"尤塞恩·博尔特和阿森纳是彪马最新广告的焦点"，The Drum，2015年8月10日，2015年8月18日访问，www.thedrum.com/news/2015/08/10/usain-bolt-and-arsenal-focus-latest-puma-ad.

尔·柯里（Nigel Currie）如此评价道。①

彪马的全球目标还扩展到提高其在印度的市场地位。尽管彪马从 2006 年起就出现在印度市场，但这一运动品牌并没有实现其获取领先地位的目标。在 2015 年 6 月，彪马的市场营销策略最终获得了回报，其品牌在印度的运动服销售量第一次超过了阿迪达斯、锐步和耐克，创造了经录（表 15-1）。② 彪马在印度的成功主要归结于公司的营销技巧、明智的扩张和获取客户的策略。③ 印度的消费者已经改变了他们的生活方式，以应对健康问题关注度的提高，以及健身项目日益受欢迎的情况。因此，运动服装零售业经历了前所未有的增长，公司借助这股追求健康的浪潮将投资回报最大化。

表15-1　前四大公司销售额　　　　　　　　单位：百万卢比

品牌	2011~2012财年	2012~2013财年	2013~2014财年
彪马	5234.2	6690.1	7667.5
耐克	3687.0	3854.8	6242.0
阿迪达斯	8405.6	6258.4	7199.2
锐步	6169.7	1254.1	3242.1

来源：作者根据拉吉夫·辛格《智能营销和审慎的态度把彪马推向运动鞋的顶峰》改编，经济时报，2015 年 6 月 10 日，2015 年 7 月 28 日访问，http://economictimes.indiatimes.com/magazines/brand-equity/smart-marketing-prudent-attitude-took-puma-to-the-top-of-the-sports-shoe-heap/articleshow/47599897.cms。

彪马在印度已经超越了阿迪达斯和耐克成为领先的品牌，但是面对国内如自由鞋业公司（自由牌）、Relaxo 鞋业公司（Relaxo）以及典范鞋业（典范牌）等鞋类品牌的持续扩张，彪马能够将自己的地位保持多久呢？为了获得可持续的市场份额，这些本地的品牌已经增加了他们的零售足迹，并且将他们的分销网络扩展

---

① Rapport 品牌后来被创意艺术家经纪公司（Creative Artists Agency）收购，变成 CAA 运动咨询公司：基南·梅奥，"彪马在速度变慢的尤塞恩·博尔特身上下了数百万美元的赌注"，彭博商业，2013 年 9 月 25 日，2015 年 8 月 18 日访问，www.bloomberg.com/bw/articles/2013-09-25/usain-bolts-puma-deal-is-the-worlds-fastest-man-worth-the-money。

② 拉吉夫·辛格（Rajiv Singh），"智能营销和审慎的态度把彪马推向运动鞋的顶峰"，经济时报，2015 年 6 月 10 日，2015 年 7 月 28 日访问，http://economictimes.indiatimes.com/magazines/brand-equity/smart-marketingprudentattitude-took-puma-to-the-top-of-the-sports-shoe-heap/articleshow/47599897.cms。

③ 拉吉夫·辛格，出处同前。

到他们所在的区域之外。① 彪马需要一个计划来加强其品牌和定价策略以避免与这些本土企业竞争。彪马能够在未来的几年中维持自己的领导地位吗？

世界各地的彪马

彪马欧洲公司（PUMA SE）（彪马）的总部位于德国，被认为是世界上领先的运动服装品牌之一。从1948年起开始设计、开发、营销和销售鞋类、配件和服装。公司将产品组合根据运动进行分类（例如，足球、健康和训练、跑步、赛车运动和高尔夫），并拥有其他受欢迎的品牌，如彪马、Dobotex、眼镜蛇高尔夫（Cobra Golf）和布兰登（Brandon）（表15-2）。彪马大约雇用了10000名员工并在世界各地超过120个国家分销其产品。② 为了在全球范围内获取领导地位，彪马于2013年将其公司使命改成"致力于成为世界上最快的运动品牌"，这意味着对新趋势的快速反应，减少市场创新的时间以及加速解决问题的过程。公司的重新定位计划，比如"永远更快"的宣传活动，反映了新修订的公司使命。③

表15-2 彪马受欢迎的品牌

品牌	细节
眼镜蛇彪马高尔夫	眼镜蛇彪马高尔夫为消费者提供全范围的高尔夫产品。已经通过满足消费者需求、动力和发展，获得了强劲的认知度。该公司的增长重点在日本、美国、英国、韩国和斯堪的纳维亚。
布兰登	布兰登，彪马的一家公司，生产、设计和分销企业以及特许制造商的著名品牌，如意大利足协和法拉利。布兰登使用体育营销促进彪马的利益。
Dobotex	Dobotex为彪马以及其他品牌公司开发、生产和分销紧身衣和袜子。Dobotex计划将业务扩大到包括其他顶级国际品牌。

来源："品牌"，彪马网站，2015年7月28日访问，http://about.puma.com/en/this-is-puma/brands。

---

① 欧睿国际（Euromonitor International），"印度鞋业——分类简报"，Passport，2015年7月26日访问。
② "彪马一览"，彪马官网，2015年7月26日访问，http://about.puma.com/en/this-is-puma/puma-at-a-glance。
③ "战略"，彪马官网，2015年7月26日访问，http://about.puma.com/en/this-is-puma/strategy。

彪马在印度

彪马首先于 20 世纪 90 年代通过与卡罗纳（Carona）的许可协议进入印度市场。该协议于 1998 年被撤销，在 2002 年，彪马通过分享其许可以及与星球运动（Planet Sports）分销渠道合作重新进入印度市场。在这种模式下，彪马负责质量和品牌的一致性，而星球运动负责采购、分销以及彪马产品在印度的零售。①

印度的月度人均国民收入预计在 2015~2016 财年将比 2014~2015 财年增长 10%。②印度消费者的生活方式经历了巨大的转变：可支配收入水平增加，人们开始购买国际品牌。③到 2006 年，在印度可以买到的国际配件和鞋类品牌数量增加了四倍。④

为了利用这种增长趋势，以及加强其在印度的品牌地位，彪马于 2006 年在国内建立了第一家经营性的品牌折扣店，在多个城市制造和分销服装、鞋类和配件。⑤经过三年半的运营，彪马报告在 2009 年实现盈利。⑥尽管彪马在其同行（耐克、锐步和阿迪达斯）之后进入印度市场，但彪马一直维持着高于行业平均水平的增长，并且最终在 2015 年超越了其竞争对手，取得领先地位。⑦2015 年，彪马创下了印度最高销售数量的纪录，第一次超越其竞争对手阿迪达斯、耐克和锐步。⑧

---

① 董里·高塔姆·萨克塞纳，"印度的国际鞋类和配件品牌——2012 年 3 月前的情况"，第三世界观察，2012 年 5 月 1 日，2015 年 7 月 26 日访问，http://thirdeyesight.in/blog/2012/05/01/international-shoes-accessoriesbrands-in-india-the-march-ahead-in-2012。

② 印度报业托拉斯（PTI），"今年人均国民收入有望增长 10%，达到每月 7378 卢比"，经济时报，2015 年 2 月 9 日，2015 年 12 月 7 日访问，http://articles.economictimes.indiatimes.com/2015-02-09/news/58967932_1_capitaincome-constant-prices-central-statistics-office。

③ "关于印度的社会经济学统计信息"，印度统计（IndiaStat），2015 年 9 月 23 日访问，www.indiastat.com/percapitaavailability/24/income/131/stats.aspx。

④ 董里·高塔姆·萨克塞纳，出处同前。

⑤ 苏尼拉·坦登（Suneera Tandon），"彪马如何实现全渠道改造"，Livemint，2015 年 4 月 14 日访问，2015 年 7 月 25 日访问 www.livemint.com/Companies/Dk0DiGz5AFyGtFPZOutxuL/How-Puma-is-getting-an-omnichannel-makeover.html。

⑥ 潘卡吉·潘迪（Pankaj Pandey），管理会议笔记：印度彪马运动公司（未上市），ICICI direct.com，2012 年 9 月 7 日，2015 年 7 月 26 日访问，http://content.icicidirect.com/mailimages/ICICIdirect_Puma_ManagementMeetUpdate.pdf。

⑦ 潘卡吉·潘迪，出处同前。

⑧ 拉吉夫·辛格，出处同前。

成功秘诀

彪马的营销策略、明智的扩张计划,以及对使用价格战的抵制导致了彪马在印度的领先地位。①

▶ 零售战略

彪马作为印度领先的运动服装品牌的定位主要是由于彪马的谨慎扩张战略以及明智的供应商约束制度。彪马关注长期的可持续发展,从不在同一位置开设多家门店。这一举措维护品牌免于遭受过度分销,并帮助彪马维持其门店间分销的质量。②通过这一策略,彪马稳固地建立起遍布印度 115 个城市 340 家门店的网络。在 340 家门店中,有 320 家门店是在特许经营模式下运行的。③彪马报告 2014 年与 2013 年相比,同一门店的销售收入增长了 13%。

除了对分销网络的扩张保持严格的控制之外,彪马还采取了明智的供应商约束制度。当锐步关掉了其 900 家门店中的 300 家的时候,零售业开始有缺位。彪马利用这个机会,逐渐扩展自己与瑞沙巴(Rishabh)运动站——锐步的最大供应商——以及其他供应商的合作关系,来填充由于锐步缺位而产生的市场空白。④

▶ 产品组合

随着可支配收入的增长、消费者偏好的改变以及健康意识的不断升级,运动服装和设备公司持续发布新的产品和型号来满足印度消费者日益提高的需求。为了利用这一机会,彪马于 2014~2015 财年向印度引入了其两种领先的鞋类品牌——Mobium 和 Faas。对于 Mobium 骑行来说,一双传统的、男性运动慢跑鞋标价为

---

① 同前。
② 同前。
③ 同前。
④ 山布哈维·阿南德和理查·马哈希瓦利,"尽管进入这个国家的市场较晚,彪马计时销售量与领导者阿迪达斯旗鼓相当",经济时报,2015 年 6 月 2 日,2015 年 8 月 18 日访问,http://economictimes.indiatimes.com/industry/cons-products/fashion-/-cosmetics/-jewellery/puma-clocking-sales-as-much-as-leader-adidas-despite-its-late-entry-into-thecountry/articleshow/47507827.cms。

138.04 美元；Faas 600s 型号定价为 122.70 美元①——与耐克和阿迪达斯的定价相当。彪马还在其 Mobium 品牌下发布了夜猫动力版本，并向印度消费者引入其跑鞋品牌"燃烧"，以及亚历山大·麦克奎恩（Alexander McQueen）时尚的全球收藏。②彪马计划在将来的几年，从其全球产品组合中向印度的产品组合增加其他的品牌。③

为了建立其强烈的品牌忠诚度，彪马致力于开发非常合适的产品，轻便并且能够随着穿着该产品的人运动。各种风格的份额一直是彪马产品组合中的一个关键参数。消费者位于彪马战略的中心；因此，在对拖鞋和凉鞋的需求进行评估之后，彪马引入一组专门为印度市场设计的时尚着装组合。在 2014~2015 财年，彪马售出超过 500 万双拖鞋和凉鞋。④

▶ **促销策略**

彪马品牌建立是以理想的产品组合和营销参与为支柱的。⑤除了以运动服装闻名，彪马逐渐建立起其带有动感设计和时尚产品的时尚灵感品牌形象。消费者们将时尚物品与运动毋庸置疑的激情、决心和信心联系在了一起。⑥

作为提高品牌意识倡议的一部分，公司与印度超级足球联赛特许经营合作推出了一项"永远更快"的宣传活动。⑦这一结盟计划与彪马专注于足球服装集合并且将营销努力集中于足球领域的计划非常匹配。⑧彪马由世界纪录保持者以及彪马的品牌大使尤塞恩·博尔特于 2014 年 9 月⑨在印度启动"永远更快"的宣传活动，标志着要将彪马打造成印度最快的运动品牌的庄重决心。

为了提高消费者参与水平，彪马投资了一家食品、饮料和娱乐场所——彪马社交俱乐部。俱乐部位于班加罗尔最豪华的地区，对于当地的千禧一代来说是一

---

① 除非特殊说明，所有货币金额都以美元 $ 来计价；Reghu Balakrishnan，"彪马通过门店扩张和新品牌瞄准印度最好的地点"，商业标准，2014 年 12 月 23 日，2015 年 8 月 13 日访问，www.businessstandard.com/article/specials/puma-eyes-top-spot-in-india-through-store-expansion-new-brands-114122300209_1.html。
② Reghu Balakrishnan，出处同前；山布哈维·阿南德，出处同前。
③ Reghu Balakrishnan，出处同前。
④ 山布哈维·阿南德和理查·马哈希瓦利，出处同前。
⑤ "印度瑜伽商业的繁荣"，出处同前。
⑥ "彪马将时尚风格引入男装设计"，印度汉斯（Hans India），2015 年 6 月 25 日，2015 年 7 月 25 日访问，www.thehansindia.com/posts/index/2015-06-25/PUMA-brings-style-to-mens-frames-159357。
⑦ Reghu Balakrishnan，出处同前。
⑧ "彪马的线上 - 线下历程"，印度时报，2015 年 6 月 3 日，2015 年 8 月 14 日访问，http://timesofindia.indiatimes.com/business/india-business/Pumas-online-offline-steps/articleshow/47521654.cms。
⑨ Reghu Balakrishnan，出处同前。

场轰动。① 此外，彪马在"彪马爱唱片"——一个在个人层面联系消费者的宣传活动中将音乐和音乐会系列汇编在了一起。②

▶ 定价

随着竞争的加剧，彪马为了进一步提升销售，有两种选择：公司可以像其竞争对手一样使用折扣模式，或者继续走可持续但缓慢增长之路。③ 公司决定坚持渐进增长战略，这为彪马带来了其追求的成功。为了让更多的消费者能够使用该品牌，彪马用低价格入门级产品降低了进入壁垒。彪马的产品价格从负担得起的 25 美元到 230 美元不等。④

▶ 顾客导向

彪马专注于持续监控和改善客户在实体店的体验。该品牌有一大群追随的粉丝，尤其是在年轻人中。以消费者为中心，彪马在识别这些消费者的需求后开发其产品。随后推出的专门为印度市场设计的拖鞋和凉鞋验证了彪马的努力和承诺。⑤2015 年夏天，彪马独家推出一款专门为女士设计的健身鞋——脉冲 XT，这与其聚焦印度的战略一致。彪马印度的董事总经理 Abhishek Ganguly 宣称，"我们在秋冬季有一份非常激进的计划，将继续推出源于全球技术创新并适合印度的产品。您会看到我们更多的产品。"⑥

▶ 电子商务模式

全世界范围内对智能手机和平板电脑访问互联网的使用推动了电子商务模式以前所未有的轨迹增长。所有的公司都试图在在线市场中分得一杯羹，彪马也不例外，通过亚马逊、Jabong、Snapdeal、Flipkart 等受欢迎的市场来产生影响。

在 2013 年年末，彪马印度前董事总经理拉吉夫·梅塔表示在网上销售彪马的

---

① Anshul Dhamija，"班加罗尔迎来彪马社交俱乐部"，印度时报，2013 年 7 月 12 日，2016 年 2 月 10 日访问，http://timesofindia.indiatimes.com/business/india-business/Bangalore-gets-Puma-Social-club/articleshow/21029617.cms。
② "彪马的线上 - 线下历程"，出处同前。
③ Reghu Balakrishnan，出处同前。
④ 山布哈维·阿南德，出处同前。
⑤ 出处同前。
⑥ Shruti Venkatesh 和 Rhea Bawa，"彪马用脉冲 XT 展示最好的一面"，印度福布斯，2015 年 5 月 20 日，2015 年 10 月 26 日访问，http://forbesindia.com/printcontent/40319。

产品是公司想要开发的市场优势。

许多年龄在 16~25 岁之间的人喜欢网上购物。正因为我们是一个生活方式品牌，消费者最终会购买多次生活方式产品，而不像功能产品要使用一段时间……①

在线市场更加变化多端，如果你想要推出一双新鞋，你要做的是确保其在你的仓库中，并且拍照，这些可以在两个小时内完成。我们的在线业务和班加罗尔的旅路店（Brigade Road store）一样好，并且在销售方面相当于最大的一家商店。此外，即使不考虑其他方面，这也是一项市场优势。②

为了遏制网上过度打折，彪马排除了在线特许经营模式。③彪马从 2014 年的在线市场获得了 15% 的收入份额。为了拓展其在线商店的覆盖面，彪马计划提高其在线业务和加强在线门户网站 Puma.com 提供的内容和产品。④

印度运动服装市场

运动服装市场被定义成性能、户外、运动灵感的服装和鞋类的集合。⑤各种各样的裙子、短裤、长裤、上衣、外套、夹克、田径服、运动套装、泳装、内衣、袜子、衣服和配件（包括手套、头套和围巾）都包含于服装类别下。儿童、男子和女子鞋类——运动鞋、凉鞋、帆布鞋等，都包括在鞋类中。⑥

2013 年印度的运动服装行业价值达 30 亿美元，预计到 2018 年将达到 49 亿美元。⑦该行业在 2013 年增长了 25%，预计在 2013~2018 年间将以 10% 的年均复合增长率增长。2013 年在运动服装类别下，机能性服装的销售额增长了 20%；户外

---

① 萨加尔·马尔维亚，"彪马计划在 2015 年成为印度最大的运动品牌"，ET 零售在线，2013 年 10 月 24 日，2015 年 10 月 26 日访问，http://retail.economictimes.indiatimes.com/news/apparel-fashion/sportswear/puma-plans-to-be-indiaslargest-sports-brand-by-2015/24642950。
② 萨加尔·马尔维亚，出处同前。
③ 出处同前。
④ "彪马将要在大城市、二三线城市扩张，聚焦于电子零售"，经济时报，2015 年 5 月 20 日，2015 年 10 月 26 日访问，http://articles.economictimes.indiatimes.com/2015-05-20/news/62413603_1_tier-ii-cities-ganguly-sportswear-firm。
⑤ 欧睿国际，"服装行业分类——定义"，印度服装和鞋类，2015 年 7 月 16 日访问。
⑥ "服装行业分类——定义"，出处同前。
⑦ 欧睿国际，"印度的运动服装——分类简报"，印度运动服装，2015 年 7 月 26 日访问。

223

服装增长了28%；运动灵感服装增长了18%（表15-2和表15-3）。①

表15-3 前四大公司的累计利润和亏损　　　单位：以百万卢比计

品牌	2011~2012财年	2012~2013财年	2013~2014财年
彪马	3.06	21.52	40.57
耐克	−295.30	−378.58	−439.61
阿迪达斯	−122.90	−239.08	−102.12
锐步	−1475.99	−2154.99	−2140.40

注　彪马的累计利润于每年底12月进行报告，而耐克、阿迪达斯和锐步的累计利润是在每年3月底进行报告的。

来源：作者改编自拉吉夫·辛格《智能营销和审慎的态度把彪马推向运动鞋的顶峰》，经济时报，2015年6月10日，2015年7月28日访问，http://economictimes.indiatimes.com/magazines/brand-equity/smart-marketing-prudent-attitude-took-puma-to-the-top-of-the-sports-shoe-heap/articleshow/47599897.cms。

主要竞争者

▶ 阿迪达斯

阿迪达斯已经在印度服装行业统治了超过十年。品牌在印度主要城市的存在感增加，以及与印度板球明星沙奇·德鲁卡的广告合作帮助公司成为运动服装的领导者。②为了进一步提高其在全世界的市场形象，阿迪达斯在2005年以38亿美元的价格收购了锐步。③然而，从2012年起，锐步印度分公司陷入各种商业违规行为。④由于印度分公司的违规行为，阿迪达斯报告其全球利润损失了1.25亿欧元（大约相当于2005年87亿卢比或1.35亿美元）。如果这种情况没有很快得到处理，预计还将造成7000万欧元（相当于2005年48.8亿卢比或1.35亿美元）的

---

①出处同前。
②出处同前。
③格雷厄姆·鲁迪，"阿迪达斯可能会出售锐步"，电讯报，2014年10月20日，2015年10月26日访问，www.telegraph.co.uk/finance/11174777/Adidas-may-sell-Reebok.html。
④路透社，"阿迪达斯在印度的惨败后大幅削减锐步2015年销售目标"，商业标准，2012年9月21日，2015年7月26日访问，http://www.business-standard.com/article/international/adidas-slashes-reebok-2015-sales-target-afterindia-fiasco-112092100137_1.html。

损失①。锐步品牌的失败增加了阿迪达斯的财务损失；在2015年，阿迪达斯失去了市场领导者地位。②为了开启新篇章，2015年9月，阿迪达斯任命兰维尔·辛格（Ranveer Singh）为其街头服装品牌阿迪达斯经典三叶草（Adidas Originals）的品牌大使③，利用演员的明星身份以及其与年轻人的联系。

▶ 锐步

尽管是一个相对较小的参与者，锐步在北美和印度等主要区域建立起市场。为了提高市场形象，锐步于2005年被阿迪达斯以38亿美元收购。在印度，锐步的目标客户群在15~50岁年龄段，并用以板球为目标的广告来促进其品牌形象。④然而，在2012年，阿迪达斯宣布其发现锐步印度分公司几件商业不规范的事件。因此，阿迪达斯关闭了大量锐步的门店。⑤锐步在2013年艰难地取得了惨淡的经营业绩。⑥在一次重新争取印度运动服装市场领导地位的竞标中，锐步计划推出超过100家"健康小站"⑦门店，目标是城市消费者。⑧

▶ 耐克

耐克已经建立起印度基地。公司2013年在收入与投资方面表现强劲。公司用目标广告和对印度板球队的官方赞助来提高品牌促销方面的投资。除了品牌促销，耐克还用更多的多品牌的奥特莱斯加强了其在小城市的分销网络。⑨为了进一步驱动销售，耐克提供各种季节折扣和报价来吸引消费者。耐克通过与几家在线零售网站，如Snapdeal、Flipkart、Jabong和Myntra合作来建立自己在网上市场的形象，而不是投资自己的在线零售网站。⑩尽管耐克没有在线上对自己的产品进行营销，他

---

① Binoy Prabhakar 和 Chaitali Chakravarty，"全球品牌阿迪达斯如何在印度走下坡路"，ET 局，2012 年 5 月 13 日，2015 年 9 月 26 日访问，http://articles.economictimes.indiatimes.com/2012-05-13/news/31680810_1_subhindersingh-prem-reebok-india-adidas。
② 路透社，出处同前。
③ "演员兰维尔·辛格将在印度代言阿迪达斯经典三叶草"，ET 零售在线，2015 年 9 月 27 日，2015 年 10 月 26 日访问，http://retail.economictimes.indiatimes.com/news/apparel-fashion/sportswear/actor-ranveer-singh-to-represent-adidasoriginals-in-india/49126640。
④ 路透社，出处同前。
⑤ 出处同前。
⑥ "印度的运动服装——分类简报"，出处同前。
⑦ 锐步的"健康小站"门店除了出售训练和健身产品之外，还对将来的事件提供信息和指导，这些工作室还提供各种健身课程，如瑜伽和有氧训练。
⑧ "印度的运动服装——分类简报"，出处同前。
⑨ 欧睿国际，"服装和鞋类领域的耐克印度私营公司"，Passport，2015 年 7 月 26 日访问。
⑩ "服装和鞋类领域的耐克印度私营公司"，出处同前。

们使用网站来使粉丝跟进最新的产品发布和门店开业信息。①

▶ **国内公司**

除了国际运动服装品牌，印度还存在着如自由、骑兵（Lancer）和 Relaxo 这些受欢迎的地方品牌。来自地方品牌的付得起的运动服装产品在印度消费者中越来越受欢迎。这些品牌通过引入新的设计和颜色作为产品组合的组成部分，逐渐跨越了国内和国际品牌销售的差距。主要的鞋类制造商，如 Relaxo 和自由，推出女性鞋类设计，目标是日益增长的市场需求。国内公司为了获得繁荣发展的机会，增加他们在印度的渗透率方面的投资，并在不同价格水平上发布多样化的消费者想要的品牌。②

变化中的印度消费者

印度的经济增长和日益提高的家庭收入预计到 2020 年会将消费者支出提高到 3600 亿美元。食物、住房、消费耐用品、交通和通信预计会占据大部分的消费者支出。印度消费者市场由年轻一代主导，并且正在变得日益复杂和具有品牌意识。年轻的中上层消费者对产品超越了实用性的需求，寻求品牌和与产品相关的生活方式的展现。③

印度的消费者信心继续保持全球最高，并且由于积极的经济环境和低通胀率，2015 年第二季度消费者信心进一步增长。④ 由于健康意识的提升，消费者对运动和健康的态度出现了明显的变化。⑤ 随着印度将日常体育锻炼纳入制度，许多州政府正在城市地区修建公园来迎合居民早晚散步的需求。⑥ 印度的体育馆和健身俱乐部利用这个机会提供各种健身项目，如瑜伽、舞蹈、动感单车、有氧运动等。⑦ 随

---

① 出处同前。
② "印度鞋类——分类简报"，出处同前。
③ S·P·乔希（S. P. Joshi），"印度消费者市场"，澳大利亚商业咨询和解决方案，2015 年 12 月 17 日访问，www.australianbusiness.com.au/international-trade/export-markets/india/indian-consumer-market。
④ "印度消费市场"，IBEF：印度品牌资产基金会（India Brand Equity Foundation），2015 年 11 月，2015 年 11 月 15 日访问，www.ibef.org/industry/indian-consumer-market.aspx。
⑤ "印度消费者市场"，出处同前。
⑥ 出处同前。
⑦ 出处同前。

着印度大城市和顶级城市的健身和健康俱乐部以及体育馆越来越多，① 运动服装行业面临前所未有的增长。② 此外，日益增加的体育赛事的数量，如印度板球超级联赛和马拉松比赛，也促进了体育在印度的发展。③

彪马的窘境

不断发展的消费格局，日益增加的电子商务机会，以及健康意识的提高推动了大规模的运动服装行业的增长。在经历超过8年的持续努力之后，彪马终于领先于阿迪达斯，在印度占据了品牌第一的位置。④ 然而，尽管彪马在总销售额上领先于阿迪达斯和耐克，这三者只有很小的差别。这意味着1-2-3的排位将来可能随时进行调整。⑤ 预计到竞争对手对彪马新成功的反应，彪马应该采取什么策略来维持其领先地位并将消费者变成品牌的忠实用户呢？国内鞋类品牌也在扩展他们的零售足迹和分销渠道，在他们所在的区域之外获得可观的市场份额。彪马应该采取什么战略、品牌和定价策略来战胜来自本土企业的竞争呢？

案例习题

1. 分析印度运动装产业发展的推动力。
2. 分析 Puma 品牌以及它成功的关键要素。
3. Puma 应该如何基于现有的品牌资产将顾客转化为品牌忠诚者？
4. 制定 Puma 品牌共振金字塔。
5. Puma 如何回应印度市场上外国品牌的竞争性反映？
6. Puma 可以采用何种策略以克服印度本土品牌的竞争，从而形成印度客户忠诚度？
7. 为了保持在印度运动品市场的领先地位，Puma 需要做些什么？

---

① 印度储备银行，"第23部分：1949年银行业监管法案：分公司授权政策放宽——附件二（基于人口的中心的分层分类细节）"，2015年10月28日访问，https://rbi.org.in/scripts/NotificationUser.aspx?Id=5398&Mode=0。
② "印度运动服装——分类简报"，出处同前。
③ 印度储备银行，出处同前。
④ 出处同前。
⑤ "印度运动服装——分类简报"，出处同前。

案例十六

香港 KOYO JEANS 的国际化

在香港刚刚举行完谭咏麟出色的 2010 年音乐会的体育馆外，媒体和歌迷们激动地欢呼："阿伦（谭咏麟），你的衣服好帅啊！"谭咏麟自豪地赞同："这是香港本地的服装设计师张国威先生设计的。"其实有很多国际知名品牌希望成为谭咏麟这场演唱会的赞助商，但是他选择了张国威设计的 Koyo Jeans，见下图。因为他发觉 Koyo Jeans 的风格和质量可以与任何国际品牌比肩，同时他也想要表达自己对本土设计师的支持。

张国威(左一)和香港歌手们在谭咏麟（左三）的 2010 演唱会上　　　香港沙田区新城广场的 Koyo Jeans 店

图　张国威和他在香港的店

＊本案例是由 Bernard Suen, Na Shen 和 Justine Tang 在 Kevin Au 教授的指导下编写。此案例仅作为课堂讨论的材料。作者无意阐明案例是否有效地应对了一个管理情景。为了保密，作者可能在案例中有意隐去了一些真实姓名或其他信息。未经书面授权，Ivey Management Services 禁止任何形式的复制、收藏或转载。本内容不属于任何复制版权组织授权范围。如需订购，复制或引用有关资料，请联系：Ivey Publishing, Ivey Management Services, c/o Richard Ivey School of Business, The University of Western Ontario, London, Ontario, Canada, N6A 3K7; phone (519) 661-3208; fax (519) 661-3882; e-mail cases@ivey.uwo.ca.

版权@ 2011, Ivey Management Services 版本：(A) 2011-09-23

注 Koyo Jeans 每年推出超过 300 款揉合了哥特摇滚和法式浪漫元素的牛仔裤设计。为响应不同的市场反馈，该品牌还持续不断地完善它杰出的时装系列。从产品设计到产品在店里的展出，旨在为顾客提供一个混合了潮流与成熟艺术且让人十分享受的购物体验。

来源：Koyo Jeans, www.koyojeans.com。

张先生在设计行业有着十年多的经验。在谭咏麟、张敬轩等许多引领时尚潮流的香港名人的支持下，从深水埗（香港的一个零售区）到巴黎的老佛爷百货，Koyo Jeans 这一品牌成功地进入了国际市场。毕业于香港专业教育学院，张先生一步一步地发展到拥有了自己的品牌（表 16-1）。Koyo Jeans 将哥特摇滚和法式浪漫的元素融合在一起，每年不断地创造出新设计。身着黑 T 恤衫，黑裤子和一副黑色太阳镜，张先生总是给人们一个与众不同的印象。在过去十年里打好了基础后，他雄心勃勃地要创建一个国际品牌，"我希望每一天都能看到我自己的品牌，就算在我退休之后我也要看到它的存在。"

表16-1 Koyo Jeans的发展里程碑

年份（年）	里程碑	香港办公室与直销店的雇员人数	大陆办公室与直销店的雇员人数	工厂雇员人数
1997	张国威在香港太子道的Union Square开了自己的精品店。	5	0	150
1998	张国威进入了中国大陆市场。他广州北京路开了一家零售店，收到了许多要求参与加盟的申请。由于公司尚未成熟的运营模式和张国威对于加盟认识的缺乏，他未能抓住这个机会让投资者们变成加盟者。这家店在挣扎了一年，损失了10万元人民币后倒闭了。			
1999	张国威与一个韩国设计师合作开了一家新公司，文君、国威有限公司，卖他们自己的品牌，M&G。张国威在香港的精品店也有销售这个品牌。			
2001	张国威和他的合作者参与了法国的"Who's Next"服装展。这让他发现了自己产品的质量并未与国际品牌的接轨。	8	0	150

续表

年份（年）	里程碑	香港办公室与直销店的雇员人数	大陆办公室与直销店的雇员人数	工厂雇员人数
2002	为了宣传发展出一个时尚品牌,张国威正式把Koyo注册为了自己的独立公司。他在商标里加入了视觉设计元素。			
2004	张国威建立了Koyo Jeans的品牌。他以Koyo William名义在香港举办了一个时装展,标立着Koyo正式进入高端男性品牌市场。市场反应良好,品牌的设计也被许多买家看中。但是高端品牌的设定和价格并没有被大众接受。这导致了第二条生产线,Koyo Jeans的开展。	10	3	150
2005	张国威接受了中国大陆一家在中国拥有2000家店的时装公司的顾问职位。在这段时间里,他学会了创立时装品牌所需的技巧与如何开展销售还有懂得了怎么管理加盟。			
2006	张国威在韩国政府的邀请下在韩国举办了一个Koyo Jeans时装展。			
2007	张国伟再次在法国"Who's Next"时装展上展出。他获得了包括法国著名百货公司——老佛爷在内的50个买家的订单。			
2008	Koyo Jeans在法国的老佛爷百货设立了一个代销专柜。	20	19	150
2008	张国威在香港推广Koyo Jeans。4月份在海港城建立了舰旗店。	20	19	150
2009年4月	在经济危机的时候Koyo Jeans扩张了。在沙田新城广场和香缇湾的时代广场的分店开业。			
2010	Koyo Jeans参与了中国国际时装与首饰展销会。公司决定更进一步地发展中国北部的市场。	35	45	150
2010	公司在欧洲巴黎的31 Rue Etienne Marcel开了Koyo Jeans的舰旗店。	35	45	150

来源：Koyo Jeans。

从深水埗到巴黎的老佛爷百货

20世纪90年代初,张国威在深水埗开始了他的事业。[①]他在一家名字叫Sun Lai Hong的时装批发公司当设计师。(表16-2)这家公司的老板十分信任他,给予了他很多做决定的空间。公司出口大量的时装,张国威一天能在布料、纽扣、拉链等诸如此类的物品上花超过100万。他表示:"在各个缝纫店之间采购了六七年之后,这片地区的地图已经印在他脑海里了。"

表16-2 香港潮流的演变

年份(年)	社会背景	潮流
1950	香港把注意力从转口贸易转移到了生产。当地的纺织和服装在一个稳定的基础上发展着。重点强调服装。	男士选择了西方风格。旗袍变成了女士的正装,西式礼服也开始流行。
1960	香港经济飞速上升,生产业也是跨越式地增长。许多著名的百货公司和时装买家从欧洲和美国来到香港大量购买面料和订购成衣。盛装设计师职业在香港开始逐渐成形。	青少年迫切地寻求西方潮流。男士对西方休闲装的需求量增加。女士喜欢穿着西式夹克,针织毛线衫和A字形礼服。
1970	香港成为了现代化国际大都市。经济增长赋予了中产阶级更高的消费力。服装业发展迅速,三分之一的产品会出口到欧洲。很多时尚人才得到认可。	裁缝仍然普遍,但是在服装店购买现衣有了上升趋势。男士喜欢喇叭裤,bellbottoms,随性的T恤衫和牛仔裤。女士喜欢窄腰连衣裙裙,迷你裙,超短裤,喇叭裤,粗布牛仔裤等。旗袍变成了高端的时尚物品。
1980	这是香港服装业的黄金时代。制造商开始生产高档时装。中国的改革开放政策,促使许多服装制造商转移到内地。香港负责把关质量、信息和联络过程。香港产生了几位著名的设计师。高收入给人们带来了对外国品牌的渴望。	潮流变得更加多样化,裁剪变得更加舒适而简易。日本风开始流行。健身热使牛仔裤和运动鞋变得很受欢迎。在80年代末,皮革和维纶成为了时尚。

[①] 当人们讨论起香港的服装市场,深水埗是绝不能被忽略的。早年,深水埗只是一个小型工业发展区,后来渐渐有众多服装批发公司汇聚于此。这些批发公司的产品中有些是由中国大陆制造再航运至香港贴上商标的,余下商品中的大多数则只是由香港制造的价格低廉的服装。买商来自东南亚、非洲和其他地区。每年从深水埗出品的服装的价值上亿美元。旺角也是香港的一大主要零售区。

续表

年份（年）	社会背景	潮流
1990	香港成为一个世界领先的金融，贸易和信息中心，香港的时装也赢得了国际声誉。香港贸易发展局每年举办两个香港时装周。更多拥有天赋的设计师涌现了出来。	全世界的时尚都切换为了以简易为主。设计更加注重舒适度与实用性，还专注于材料与工艺。美式休闲装十分受大众喜爱。当地的时装设计师尝试使用当地元素与中国风。
2000	香港被誉为最佳穿着的东南亚城市。遵循由敏锐地品牌和时尚趋势意识，上层市场的消费者们更加喜欢国际知名品牌。香港已经有许多本地的新人才。这正是抓住开拓中国市场的机会。为了保持其在亚洲的领导地位，香港的时装会要克服许多挑战。	极端的简易开始流行，混合和匹配为主体。年轻的外观是另一个鲜明的特点。运动装和休闲服饰主导了这个新千年。买家对于材料与环保也更加挑剔。人造面料创造了一个新的时尚维度。一些性感前卫设计获得了广泛的追从。

来源：www.heritagemuseum.gov.hk。

　　有一次，张国威买了大量盒装的残余耐克和阿迪达斯的商标。可是他很快发现他不能把这些放到衣服上去，因为这样会侵犯这些品牌的知识产权。他必须想办法处理这些商标，要不然他将会赔本很多。张国威花了很长时间找寻出路，凭他的小聪明，他决定把每个商标不同的地方缝起来。这样单个的商标看不出来，而层叠拼缝出来的短裤又十分鲜艳，并且正反面都有口袋。这些短裤既时尚又耐用。张国威最终从这个权宜之计中获得了双倍的利润，各大商城随后也争相模仿。他强调说这个事件给他上了一课，"这次经历是一个创意上的奇迹。批发产业在服装方面就是创造'潮物'①然后大量销售他们以达到客户需求。这次就是因祸得福，它可以验证一个人是否会轻易放弃。"

　　在担任全职时装批发设计师的同时张国威自己在旺角的 Union Square 开了一家精品店。这家店他只是想开来玩一玩，并没有期望会有很多收入。他兼任设计师和经理，并且自己负担房租、做会计的工作，独立运营这个店面。因为是兼职，张国威只在下班后才会开店。即使这样，精品店的运营还是十分优秀。顾客不停地问他什么时候会有新产品，促使他开始考虑延长营业时间。慢慢地，张国威的小店变成了 Union Square 卖得最好的一家店，房东也因此提升了租金。

---

① 原文此处的"burst model"指在短期爆发式的大量购买需求中迅速告罄的时尚商品——潮物。

张国威决定把精品店搬到尖沙咀（在加连威老道和利时商场之间）的一个小巷里，因为客人们声称个性设计的衣服应该是淘出来的，而不应该在大街上唾手可得。他在这个新店卖出了更多的个性物品。鉴于个性服饰更注重质量、好的材料、剪裁和统一的品牌风格，顾客们愿意付更多钱来支持他们喜欢的品牌。张国威回忆了这个大胆的决定："我们不知道这么做是不是对的，可是我们遵从我们的直觉迈出了这一步。"

1997年，Sun Lai Hong的老板移民出国了。老板愿意把她的批发店和在东莞的工厂低价卖给张国威，但是张国威当时没有足够的资金。虽然他有过许多设计以及在采购、工厂协调、批发以及零售方面的经验，张国威并没有试过运营一整个工厂。这是个令他左右为难的决定。幸运的是，工厂的主管梁有恒和张国威曾近距离的一起共事。在他的支持下张国威决定买下这个工厂。由于这家工厂被前老板注册名为"Koyo"，并且她慷慨的就像"妈妈把什么转交给孩子"一样地卖给了他，张国威接受了"Koyo"做他自己的品牌来纪念这段历史。

1998年，张国威把生意拓展到了中国大陆——在广州的北京路上开了零售店。然而这次尝试最终失败了。北京路客流量固然很多，可周边的店铺都只卖低端服饰。张国威在韩国生产的货肯定要比他们贵一些，一年来都几乎没有生意。在损失了超过10万元人民币后，张国威决定关掉这家店。可是不管这家店销售营业额如何不好，每天都还是有人给张国威打电话，"当时人们问我要怎么加盟，我没有抓住这个机会，因为我不知道加盟是什么。不过就算我想，我也没有一个团队能够管理加盟店"。

1999年，张国威与一个韩国设计师合作开了一家新公司，文君、国威有限公司，卖他们自己设计的新品牌，M&G。这个品牌在韩国十分成功，随后更名为亚洲D&G"。张国威在香港的精品店也会销售这个品牌。他表示，"是我把韩流带到了香港，我从东大门①带了第一批货到香港卖。"

Koyo Jeans持续地扩张，并且Jeffiny Yau和Grace Kwok在2001年加入了这家公司。Yau是学时装设计的，她变成了张国威的得力助手。Kwow负责的是公司的会计和销售工作。在同一年，文君、国威在韩国政府的赞助下参加了在法国的"Who's Next"展览会。除了韩国的合作伙伴外，Yau也陪同张国威一起出席了展

---

①东大门是韩国首尔钟路区一个大型的由传统市场和购物中心构成的商贸区。

览会。可惜这次的努力结果并不尽人意，张国威回忆说：

"过道对面那些知名品牌的展柜有三层楼高。他们有 DJ，大型派对，气氛十分欢乐。他们邀请所有客人一起玩。这个活动就是为了给人们一个好印象，并不是为了卖自己的产品。我们三人显得十分可怜，就像摆地摊的小贩一样。我们的产品还未到达其他人的水平。别人的牛仔裤款式符合潮流，水洗处理和布料都非常棒。我跟我的同伴说我们再也不应该来欧洲了。我们没办法跟人家比。"

虽然张国威那么说了，他却没有放弃。外国品牌是如何做出如此高质量的产品，而自己的工厂又为什么做不到呢？他当时买了价值几千美元的很多品牌的牛仔裤，并拆开来研究其中的剪裁和布料。他访问了许多家工厂去学习怎么把生产和优良的设计结合起来。从样品房到水洗房到缝纫房，张国威与工作人员交流意见并要求他们找到出路。在持续不断的努力下，张国威提高了产品的质量并且感觉"我们已经十分接近国际水准，可以重新返回市场了"。

从零售和批发到品牌

2002 年，张国威正式把"Koyo"注册成了一个独立公司。他期望这家公司可以闯入潮流与设计感的世界中去。同时他在自己商标中加入了独特的元素来保护自己的知识产权。Sun Lai Hong 时装批发则依旧是在"Croxx"商标下运营。同年，张国威也与他的韩国合作伙伴分开了。

2004 年，张国威用"Koyo Jeans"的牌子第一次做时装展览，Koyo 也正式以高端男士时尚品牌的形象进入了市场。工厂开始经历了明显的变化，从给批发市场生产低端产品到为高端 Koyo 产品另开了一条生产线。工厂主管 Leung 必须同时为 2 条截然不同的生产线培训 2 批掌握不同技术水平的工作人员来满足品牌的发展需求。2004 年时，Croxx 占了 70% 的生产量，相比下 Koyo 只用了大概 30%。到 2010 年时，Croxx 只使用大约 30% 而 Koyo 则占用了另外的 70%。与此同时，因为工厂提升了自身的生产品质，Koyo Jean 产品的外购量在 2010 年从 100% 降低到了 50%。

2005 年，张国威出任了中国的一家国际时装公司的顾问。公司的老板观看了 Koyo Jean 去年的时装展并且非常认可张国威的设计。他向张国威寻求帮助。该公司在中国大陆拥有 2000 家店面。张国威在供职期间学会了如何制作品牌：订货的时机、生产线的大小、应该邀请哪些买家、销售区的分布、分区经理的责任等，也认识了另一位同业商人。这位老板希望可以让自己的品牌转型，但是改变如此庞大的公司是一件很困难的事情，"虽然他的公司很大，但我发现了我自己的竞争优势。我对我自己的品牌变得更有自信了"。

张国威的本地创业和顾问经验让他认识到中国消费者喜爱品牌商品。他对创立品牌的认识又进一步加深了，也学会了利用加盟来扩大自己的品牌。"当我把产品卖给在同一条街不同的时装批发商的时候，竞争就在他们之间形成了。然后一个店主向我抱怨，'你能不能不给其他两家店供货啊？'于是我发现如果我只供应给一部分的店铺的话，我就可以向他们收取加盟费（在产品费用之外），"张国威清楚地知道一个好的口碑对于品牌的重要性，

"批发是大批量的销售，不需要太多的形象塑造和包装。问题是，如果今天你的货物卖得好，人们就会愿意帮你卖，如果它卖不出去就没人想要它。所以生意并不稳定。设计师不可能做到每一个时装系列都是完美的。那么拥有品牌会有什么区别呢？消费者就会想要买你所有的产品，好或者不好。关键在于优秀的产品质量和赢得消费者的信任。"

国际市场里的竞争

很多设计师都拥有雄心壮志却找不到方法来建立一个国际品牌。在 2006 年张国威重新返回了法国市场还取得了超过 50 位买家的支持。巴黎老佛爷百货就是其中之一。张国威成为了香港第一位进入这家著名法国百货公司的设计师。这样的成就要归功于他性格和坚持不断的努力。他解释说，

"因为我曾在牛仔裤上失败过，所以我必须在跌倒的地方站起来⋯我们不害怕竞争，就算输了，我也知道我是在哪里输得然后改进我们的品牌。如果你总是害怕和别人比较，你只会变得更加弱。在我参加法国时装展的时候我发现对手的产品达到了一个很高的水准。如果我没有走出去和他们比，我就没办法把自己的产品提高到那个高度。"

2008年，张国威在香港全力推出了 Koyo 品牌。表 16-3 显示了几个主要的与 Koyo 竞争的国际品牌。为了建立国际品牌形象，Koyo Jeans 申请了进入海港城——一个大型的高档购物中心的资格。很多世界著名品牌，像路易威登，香奈儿和迪奥，都在这里开了他们的舰旗店；所以海港城的管理人员不但要审核设计师是否够出名，还要看他们卖的货物的品牌形象符不符合整个海港城的其他品牌。张国威为了进入海港城努力拼搏了 8 个月。"我们的目标是建立一个国际知名品牌，"他解释道，"所以，我们必须进入世界级的购物商城。当我们在利时商场的时候，人们觉得我们的产品太贵了。现在，在海港城，他们觉得我们的价位是合理的。事实上产品还是一样的，但是因为商铺地点的不同整个感觉就不一样了。"

进入海港城的好处是使品牌形象得到了提升。很多中国内地的百货商城也都以海港城作为新商店品质的衡量标准。在海港城拥有一家店面为 koyoJeans 吸引了很多百货商城的邀请，也进一步帮助其向国际品牌发展。从销售额上来看，欧洲占总销售额的 20%~30%，中国香港占 30%，剩下的来自于中国内地。当前 Koyo Jeans 在内地已经有 30 多家了。

表16-3　国际牛仔裤品牌

品牌	总部	收入	商店位置	雇员人数
GUESS	美国加利福尼亚州洛杉矶	11.9亿(2006)源自:NASDAQ Online	19间加盟店，1,210家店分布在超过80个国家里 源自：www.guess.eu	8,800个职员 源自:www.industryweek.com
Levi's	美国加利福尼亚州旧金山	430亿美元(2008) 源自：www.hoovers.com	414家直销店 and 1,500 加盟店；拥有混合品牌的销售店 源自：Levi Strauss & Co.Annual Report http://www.faqs.org/secfilings/100209/LEVISTRAUSS-and-CO_10-K/	11,800雇员: 3,000名生产人员, 3,600名销售人员, 和1,500名分配人员(2009)Source: Levi Strauss & Co. Annual Report http://www.faqs.org/secfilings/100209/LEVISTRAUSS-and-CO_10-K/
G-Star	荷兰阿姆斯特丹	10亿美元 源自：www.g-star.com	有大约200家直销店分布在超过80个国家里源自：www.g-star.com	1,000个职员 源自：www.g-star.com

来源：作者自创。

从国际品牌到国际运营

"在国际化了之后,你不能为香港做一个设计,为欧洲做一个设计然后在大陆又做另一个设计,"张国威解释说,"店铺必须开在正确的城市中的合适的地点。定位必须正确。如果自己无法定位而只是跟随潮流,你就没办法建立自己风格。"

张国威坚持保持自己的风格。为了统一所有店铺的外观,他亲自监督了所有的装修工作,采取公司标志性的黑色调风格。在公司的电脑系统内有所有店铺的图片,店面的大小,对应的展窗的大小和其他的一些信息。每当有新产品发行,这程序便会模拟该如何摆放这些。随后,这些信息就会被发到各个店面。发展部门的视觉设计师和装修团队也会访问这些店铺。有时候为了达到良好的视觉效果,公司会花很多钱在装修和购置家具上。张国威说:"我希望变成顶尖的国际品牌,这会花很长时间并且花费也会很高。"

在创造品牌的时候也要考虑规模经济:

"我们有很多的时装系列,像羽绒服,羊绒和羊毛,而这些产品在香港并没有市场。由于季节性的差异,我们需要继续拓展我们的市场。我们需要很多的分店。我们现在先从北部(在中国)的市场开始。我在北京为此举办了一个时装秀。北方有雪,人也更高,与欧洲市场更为接近。当我要工厂做一共1000件的10种尺寸的产品时候他们会做,可是如果我要他们做一共100件的10种尺寸的他们肯定会拒绝。"

批发商的储货周期较短,而品牌则需要长期的引导计划。从2007年开始每年会进4次货。整个时装展的过程中买家们要观察每个时装系列。在介绍完所有潮流理念之后举行一个订货会议。每个订货会议后接下来还会有所有加盟人员的会议。会议上将要讨论提高品牌的不同方法,所有的提议都会被记录下来。当下销售对象都来自法国、德国、西班牙、中国香港、中国澳门和中国内地。在订货的时候,公司会告知买家什么样的货物应该多进还有如何搭配单品以增加销量。在2007年,公司介绍了一种可以自行衍生一份完整的分析报告的电脑系统给每一个买家(比如说去年定了多少货,需要进多少货来补充库存)。该系统可以帮助买家做一个精确的订货估算。

"我们为加盟者提供很多关于品牌和加盟的数据,"张国威解释道,"我们教他们如何管理。要想建立好品牌，你有帮助你的买家盈利的责任。如果你做不到这点，他们有很多其他品牌可选。"

Koyo Jeans 的运营变得越来越正规与国际化。公司在香港和大陆的办公地点已经雇佣了超过 100 人，还要加上一些零售店雇员。它有市场宣传、设计、销售、生产，开发等部门，以及负责不同区域的设计师们。"在这么大的公司里设计师的比例是很高的"，张国威说。由于总部在香港，所以所有的创意团队目前都住在那里。在广州也有一个办公室用来负责管理加盟店。生产和后勤则是在虎门工厂。不断地优化带来了质量过硬的产品，但是一部分生产过程在专业地判断后仍旧选择了外购。大部分的商品是直接从境内的港口运出去的，香港口岸也十分方便。然而公司主要担心的是货物的速度。通常一个物流周期只需要 10 天。

公司花了大量的物资在规划活动和展览，以及赞助歌星、演员、支持人的服饰上。张国威相信"宣传品牌是我们自己的责任。这会帮助我们给买家创造一个正面的形象"。他还知道"光靠名声是没用的。"Koyo Jeans 是为了给自己的产品开拓出一片市场。目前该公司名下有两个品牌：Koyo Jeans 和 Koyo William。后者定位在了一个高端的时尚品牌。

公司也同时经营 2 种店面：专有店面（直接拥有的）和加盟店面。从专有店面可以获得最快最直接的顾客回应。从这种店里，市场反应会立马得到判定。电脑会每分钟显示最新的营业额。从另外一面来说，加盟店才是扩张的根本。他们提供当地的市场咨讯及人脉来了解和运作内地市场。

回忆起在内地加盟的发展，Yau 说："在浙江温州的加盟者是一对夫妇。他们工作非常认真。五六年前，我们对加盟者的筛选条件并不是很高。他们从一个 200 平方英尺的小店做起，发展到了一个超过 1000 平方英尺的店面。他们现在拥有了三四个店了。就连出租车司机都知道 Koyo 专卖店在哪里。我想它真的很成功！"

2010 年前，Koyo Jeans 对加盟者的要求变得十分严格，只会选择有经验的和能够在当地拿到最好的铺面位置的公司。由于只有境内加盟店能处理业务上的关系，销售区[①]的选择十分重要。在获得了加盟权后，加盟者必须依照定好的店面布置和雇员培训大纲。

扩张不仅仅发生在真实的世界里，也发生在了虚拟的世界里。张国威认为网络

---

① 销售区参考批发和办公楼的中心地理位置。

购物是年轻客户的潮流，并叫一位同事开始全力负责这一块。如果公司提供了网上购物，它对技术上的需求也变大了。在2010年，公司在营销和存货订购方面都使用了系统管理软件。而生产却只用了Excel，两边的联系也不大。

然而缺乏有运营大型国际品牌经验人才对迅速的发展造成了阻碍。这些个体包括区域经理和视觉设计师。张国威的核心团队包括工厂主管Leung，Yau和Kwok，后两个都是在公司刚起步还不到10个雇员的时候加入的。随着品牌的扩大提升，Yau被从设计助理升职到了品牌管理经理，而Kwok就变成行政管理和人力资源管理负责人。

恰当的工作和职权的安排极度重要。考虑到内地和香港的文化差距，工厂里产生了很多小摩擦（例如是否安装空调和电扇，还有办公桌椅的购置）。在最开始的时候，张国威都亲自处理这些问题。后来当公司的发展步入了正轨后，张国威把精力从处理琐碎的乏味的工厂工作转移到了成本控制与自己的战术相吻合。不断地成功带来了员工们对跟随张国威洞察力的信任。"我们的老板有很多主意，我们的工作人员都没办法完全跟得上。有些时候我需要传达信息。这很难并且压力也很大"，Yau说。

前方的挑战

"我有超过200人的工厂，100多个销售点和商店以及一个100多人的公司，"张国威解释，"但我觉得最困难的时期还是当我完全靠自己开第一家店的时候。现在我发展出了一套系统要求中国的所有店面采取类似装潢风格的货架。当我设计好了第一家店后，我的下属会以我的为样本并效仿我开店的风格。在最开始的困难时期过去后，整个运营就顺畅多了。"

Koyo Jeans现在正处于高速发展时期。"曾经因为装修店门的昂贵，在大陆开新店十分困难。但现在，大批量的生产让成本降低了。我们希望能降低在大陆开店的门槛。我们希望能在下一年再开10到20家门店，之后发展还要更快。"

案例习题

1. Cheung 作为设计师出身的企业家，他具有什么样的特征。哪些特征使他成为一位成功的企业家？

2. 服装批发业有什么样的劣势？这是一个有创意的产业吗？

3. Cheung 是如何把 Koyo Jeans 这个品牌从批发发展成零售（提示：革新、供应链、品牌、团队建设、定标等）？

4. 请问 Cheung 能够把 Koyo Jeans 发展成一个国际品牌吗？他的挑战是什么？他该做什么？

案例十七

贝宁的"白金"：中国在贝宁棉花的投资

2011年6月中旬，中贝合资企业贝宁纺织公司（Sino-Benin Joint Venture of Benin Textile Corporation，简称CBT）董事长王齐建坐在贝宁科托努的办公室里，深感忧虑。自2009年以来，CBT面临着棉花供应方面的重大挑战。2010年，虽然公司已经下了棉花订单，但由于市场价格上涨，当地贝宁棉花公司不愿意以之前的协议价格交割棉花；CBT被迫停产5个月，导致大量合同搁置。CBT正面临着决策：是否要继续留在西非。如果留在西非，又如何改善这种状况。目前王总至少有四个选择：保持现状，希望有所改善；退出西非；从其他国家购买棉花合约，以满足CBT的棉花需求；或在贝宁投资棉花种植。

棉花

棉花是用来制造诸如服装等许多纺织品。棉花制作过程涉及种植和收获，棉花预处理过程，通过纺纱工艺制造纱线，通过编织工艺生产织物，最后制造出纺织品。棉花是集中化种植的，需要使用大量的化肥和杀虫剂，其中杀虫剂的使用量约占世界杀虫剂总用量的25%。2010~2011年，最大的棉花生产国是中国和印

---

* 赵晓康、费章凤、张科静和Alex Beamish撰写这个案例，仅仅作为课堂讨论提供材料。本文作者并无意揭示在一个特定的管理情境中处理方式的有效与否。为保密起见，作者隐去了部分名称和其他识别信息。

未经书面授权，禁止任何形式的复制、收藏或转载。本内容不属于任何复制版权组织授权范围。如需订购、复制或引用有关资料，请联系：Ivey Publishing, Ivey Business School, Western University, London, Ontario, Canada, N6G 0N1；电话：(519) 661-3208；电子邮件：cases@ivey.ca；网址：www.iveycases.com。

版权 @ 2018, Ivey Business School Foundation 版本：2018-01-17

度，它们分别生产了大约 3000 万包和 2500 万包①。这些棉花大部分被他们的纺织工业所使用。2007 年，最重要的原棉出口国为美国，销售额为 49 亿美元②，其次是非洲，销售额为 21 亿美元③。2010—2011 年，各国的棉花产量差别很大：澳大利亚每公顷 1550 千克，中国每公顷 1289 千克，美国每公顷 910 千克，印度每公顷 496 千克，贝宁每公顷 363 千克④。

棉花种植可能受到植物病、昆虫、水资源短缺或污染、土壤侵蚀或退化以及废弃物污染的伤害。如果杂草压倒棉苗，可能导致收成大幅下降。农场系统可以实现多样化生产，不仅种植棉花，还种植玉米和大豆。多样化生产可以帮助提高农民的经济福利，同时提高土壤肥力和整体生态恢复能力。转基因产品可以增加抗病能力，减少用水量。生物技术正在通过提高产量来改变棉花行业。

中贝合资企业贝宁纺织公司（CBT）的成立

中国纺织工业对外经济技术合作公司（China Textile Industrial Corporation for Foreign Economic and Technical Cooperation，简称 CTEXIC）是中国中央政府监管的国有企业的子公司。该公司成立于 1984 年，是中国最大的纺织机械技术和进出口企业。"作为中国高新技术企业集团公司的重点企业，它在 1998 年成为国家最重要的中央直属企业之一。"⑤ CTEXIC 已经在贝宁经营纺织工厂 30 多年，从 20 世纪 60 年代开始向该国提供援助，并于 20 世纪 80 年代在那里建立了工厂。

CTEXIC 的主要业务包括纺织机械、纺织产品、海外工程承包、工程纺织产品项目和对外合作。纺织工程机械是 CTEXIC 最具竞争力的产品。最近，CTEXIC 不仅面临国内需求饱和，还面临来自德国、印度等国际公司的压力。CTEXIC 致力于

---

① United States Department of Agriculture, Cotton: World Markets and Trade, December 2011, accessed August 31, 2017, http://usda.mannlib.cornell.edu/usda/fas/cotton-market//2010s/2011/cotton-market-12-09-2011.pdf.

② All currency amounts are in U.S. dollars unless otherwise specified.

③ G. Pascal Zachary, "Out of Africa: Cotton and Cash," The New York Times, January 14, 2007, www.nytimes.com/2007/01/14/business/yourmoney/14duna.html.

④ United States Department of Agriculture, op. cit.

⑤ China Textile Industrial Corporation for Foreign Economic and Technical Cooperation, "About Us: Company Profile", accessed August 31, 2017, www.ctexic.com/tm/second_exim/index.asap?nodeid=168.

成为纺织行业的主要国际公司之一。CTEXIC 承包了海外纺织工程项目，并已在亚洲、非洲、拉丁美洲和欧洲完成诸多项目。在 20 世纪 90 年代，CTEXIC 决定将其在西非的参与从援助改为当地投资。2000 年，CTEXIC 投资建立了一家纺织公司贝宁纺织公司（CBT）（中贝合资企业）[1]。截至 2011 年，王先生是 CTEXIC 副总裁兼 CBT 总裁。

贝宁纺织公司 CBT 的设立是为了满足本国和西非对印花织物的需求[2]。中国方面提供资本，贝宁方面提供土地、水和电力。CBT 由两家纺织公司（一家贝宁，另一家中国）共同管理[3]。它于 2002 年 10 月正式投入运营，注册资本为 10 亿西非洲法郎（约合 1250 万人民币）[4]。该项目包括总投资为 1.85 亿人民币，其中包括中国进出口银行 1.5 亿人民币的优惠贷款；股份构成是 CTEXIC 占了 51%，贝宁工业部占总资产的 49%。该项目由 2.4 万纱锭，768 台梭织机组成，年产坯布 1350 万米。CBT 的产品（印花布或坯布）主要在当地市场销售。CBT 成立后，由于竞争加剧，对非洲印花织物的需求下降。截至 2008 年，CBT 经营亏损；2010 年，仍然亏损。2011 年 CBT 开始生产高质量的棉纱，但主要是使用旧梭织设备。贝宁的服装部门基本上以手工操作为特色，在有限的工厂面积中使用老式家用缝纫机来扩大业务[5]。尽管面临这些挑战，CTEXIC 在西非的投资仍被认为是一个很好的学习经历。

贝宁

贝宁共和国位于尼日利亚西部的西非（图 17-1）。贝宁以前是法国殖民地，

---

[1] China Textile Industrial Corporation for Foreign Economic and Technical Cooperation, "Main Business: Foreign Cooperation—Economic & Technical Cooperation Cases", accessed August 31, 2017, www.ctexic.com/tm/content_exim/index.asap?nodeid=143.

[2] United States International Trade Commission, Sub-Saharan African Textile and Apparel Inputs: Potential for Competitive Production, May 2009, accessed August 31, 2017, https://www.usitc.gov/publications/332/pub4078.pdf.

[3] Katy Ngan Ting Lam, Chinese State-Owned Enterprises in West Africa (London, UK: Routledge, 2016).

[4] ¥ = CNY = Chinese renminbi; US$1 = ¥ 6.48 on June 1, 2011; CFA refers to CommunautéFinancièreAfricaine (African Financial Community); the West African CFA franc was pegged to the euro; 1 euro = 655.957 CFA francs. Membership in the CFA Franc Zone offered some currency stability and access to French economic support. Benin, Burkina, Mali, Senegal, and Togo shared a common currency.

[5] United States International Trade Commission, op. cit.Katy Ngan Ting Lam, op. cit.

1960年获得独立。1990年更名为贝宁共和国，实行多党制。虽然贝宁被认为是非洲民主转型的典范，但有人质疑贝宁是否在政治和经济结构上发生了根本性变化①。2011年，贝宁的人均国内生产总值（GDP）为720美元，是全球最贫穷的国家之一。薄弱的工业基础主要包括食品加工、纺织和建筑材料。农业对贝宁经济至关重要，棉花是重要的农作物，其出口贡献了贝宁出口收入的3/4左右。贝宁与尼日利亚关系紧密，尼日利亚为其提供大部分燃料。

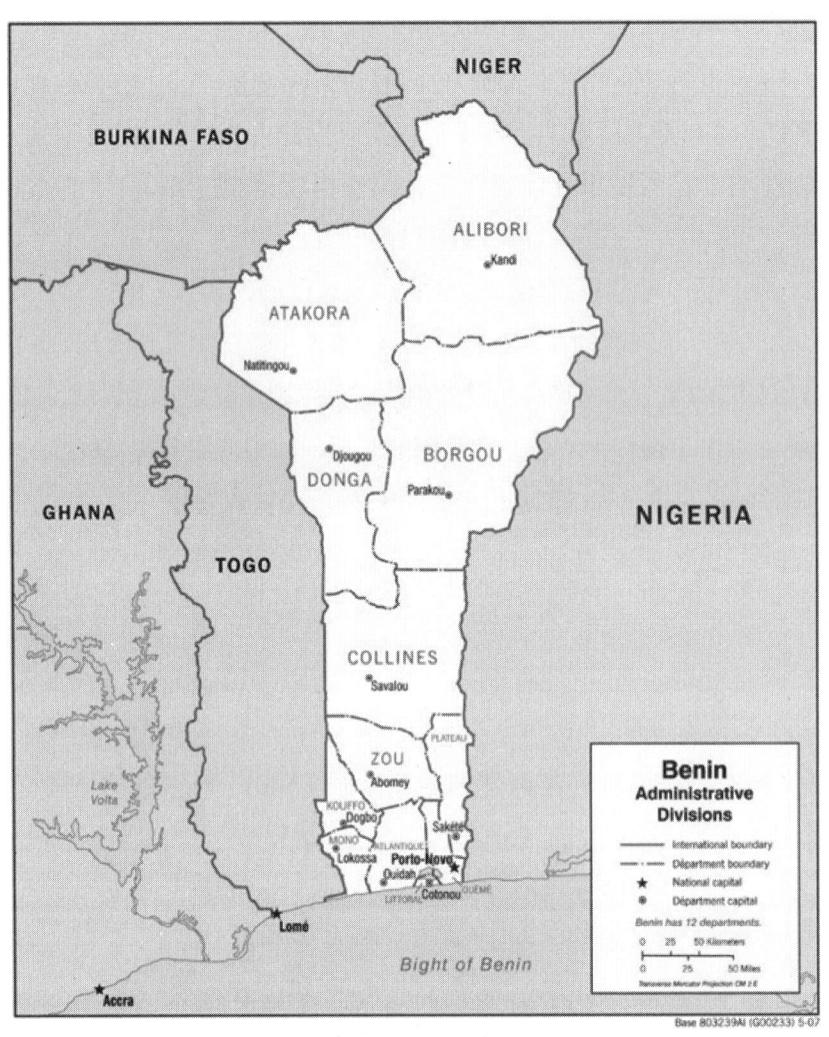

图17-1 贝宁在西非的地理位置

来源：Central Intelligence Agency, accessed August 31, 2017, https://www.cia.gov/library/publications/resources/cia-maps-publications/map-downloads/benin_transportation.jpg/image.jpg.

---

① Iam, op.cit.

贝宁的经济主要集中在农业和科托努港的港口业务。除棉花外，该国主要出口产品是腰果、乳木果油、纺织品、棕榈产品和海产品①。中国是其迄今为止最大的进口伙伴。贝宁的工会占正式劳动力的四分之三，但非正规经济占主导地位。妇女的工资平等和童工（包括棉花种植中）存在问题。贝宁在国有企业私有化方面进展也很缓慢。2009年，贝宁在"全球经营活动便捷性"排名第169位。通过向附近内陆国家提供国内和国际过境服务，贝宁是西非贸易的重要参与者②。

中国以及中非经济关系

2011年，中国有13.44亿人口，非洲全部人口10.51亿③。然而，随着非洲人口预期的上升，预计到2100年非洲人口将会与中国基本持平④。中国和非洲共同反对殖民主义，中国奉行不干涉、尊重非洲主权的政策⑤。中非合作论坛自成立以来，已成为中非对话的重要媒介，是加强中非合作的有效途径⑥。

2011年，中国为大量人口寻求资源，非洲国家寻求资金发展基础设施。中国面临原料短缺问题。事实上，作为主要原料的棉花所面临的短缺达到了需求的三分之一。国际原油价格波动较大，对中国纺织业也造成了负面影响。

非洲和中国在2011年的双边贸易额为1663亿美元。非洲最大的贸易伙伴在2009年由原先的美国转为中国⑦。中国向非洲出售了许多制成品，但非洲对中国的出口并不是如此。非洲对中国的出口主要包括矿物燃料、润滑油和相关材料，但非洲也出口铁矿石、金属和其他商品以及少量的食品和农产品。随后，中国又向非洲出

---

① One World Nations Online, "Benin," accessed August 31, 2017, www.nationsonline.org/oneworld/benin.htm.

② United States International Trade Commission, op. cit.

③ Population Reference Bureau, 2011 World Population Data Sheet, 2011, accessed August 31, 2017, www.prb.org/pdf11/2011population-data-sheet_eng.pdf.

④ Ashley Kirk, "What Africa Will Look Like in 100 Years," The Telegraph, March 11, 2016, accessed August 31, 2017, http://s.telegraph.co.uk/graphics/projects/Africa-in-100-years.

⑤ Eleanor Albert, "China in Africa," Council on Foreign Relations, July 12, 2017, accessed August 31, 2017, https://www.cfr.org/backgrounder/china-africa.

⑥ African Union, "Second Forum on China-Africa Cooperation (FOCAC) Summit," accessed August 31, 2017, https://au.int/en/newsevents/20151204.

⑦ Fred Dews, "8 Facts about China's Investments in Africa," Brookings, May 20, 2014, accessed August 31, 2017, https://www.brookings.edu/blog/brookings-now/2014/05/20/8-facts-about-chinas-investments-in-africa.

口机械、运输设备、通信设备和制成品。中国在非洲的能源、矿业和电信部门起着重要作用，资助道路、铁路、港口、机场、医院、学校和体育场的建设[①]。

中国的劳动力和原材料成本正在增加。由于行业的扩张，现在很难招聘到低成本劳动力。与周边国家相比，中国很多地区的劳动力成本缺乏竞争力，纺织品的竞争优势逐渐在降低。因此，许多纺织品订单已经转移到越南和印度等邻国。而西非的劳动力和土地成本则更低。

西非为了吸引新的投资，对来自中国的投资征税很低。西非国家也制定了全面的劳动法，保护雇主和雇员的权利。中国在非洲的投资深受非洲国家和人民的欢迎，然而，有些人把这些投资视为操纵经济和掠夺资源的行为。CTEXIC在西非的投资就是一个好样本，展现了中国如何通过投资增加当地就业机会和改善当地产业，体现了中国的软实力和友好的国际形象，可以很好地消减对中国投资非洲的偏见和误解（参见附录1）。

纺织工业[②]

纺织品制造涉及将纤维转化成纱线再将纱线制成织物；随后，将织物印花或染色并制成衣服。在用于制造纱线的各种纤维中，棉花是最关键的天然纤维。2009年，全球纺织品和服装出口总额分别为2110亿美元和3160亿美元。纺织和服装行业是买方驱动的，并受到影响全球生产网络和供应规格的重要零售商、品牌制造商和营销商的控制。买家在选择供应商时，越来越多地考虑生产成本之外的因素，如企业社会责任和环境标准等。社会责任包括结社自由、合理工资水平、工作时间和社会福利、禁止童工、就业机会均等和安全的工作环境。环境规制也引发了大范围的产品重构。

自20世纪50年代以来，世界纺织服装行业经历了几次生产中心迁移。第一次是从20世纪50年代到60年代初，从北美和西欧到日本，当时西方的纺织和服

[①] Albert, op. cit.

[②] A. H. H. Saheed, "What Is the Future of Global Textile and Apparel Industry?" PTJ, January 2011, accessed August 31, 2017, www.ptj.com.pk/Web-2011/01-2011/PDF-January2011/Apparel-and-Knitwear-AHH-Saheed.pdf.

装生产被日本的进口急剧上升所取代。第二次转变是从日本到中国香港、中国台湾地区和韩国。在 20 世纪 80 年代末和 90 年代，又有了第三次转移。20 世纪 80 年代，生产主要转移到中国大陆、几个东南亚国家和斯里兰卡。在 20 世纪 90 年代，新的供应商包括南亚和拉丁美洲的服装出口商①。

中国纺织行业

中国是世界上最大的纺织生产国和出口国。从 2000 年到 2010 年，该行业的平均增长率为 18.8%。但是，近些年来，中国纺织出口占工业总产值的比例大幅下降，从 2000 年的 30% 以上下降到 2011 年的 17% 以下，纺织品和服装不再是中国经济不可分割的一部分②。

2011 年 3 月，全国人大通过了"十二五"规划纲要。中国计划逐步增产先进纺织品，减少低附加值的服装生产。到 2015 年年底，服装业预计将占纺织服装业总产值的 48%，而 2011 年为 51%，技术纺织品的比例有望上升。为了防止工作岗位离开中国，中央政府要求东海岸的纺织和服装生产商把工厂迁移到内陆，内陆地区经济处于工业化的早期阶段，廉价劳动力更为丰富。提升当地纺织品和服装的需求是中国另一个重要的发展目标③。

中国纺织业对外直接投资的发展

中国纺织工业多年来一直拥有比较优势，特别是由于劳动力成本较低。近年

---

① Raphael Kaplinsky, "Export Processing Zones in the Dominican Republic: Transforming Manufacturers into Commodities," World Development 21, no.11 (1993): 1851-1865; Gary Gereffi, "Commodity Chains and Regional Divisions of Labor in East Asia," in The Four Asian Tigers: Economic Development and the Global Political Economy, ed. EunMee Kim (San Diego, CA: Academic Press 1998), 93-124.

② Sheng Lu and Marsha A. Dickson, "Where is China's Textile and Apparel Industry Going?" China Policy Institute, July 24, 2015, accessed August 31, 2017, https://cpianalysis.org/2015/07/24/where-is-chinas-textile-and-apparel-industry-going.

③ Sheng Lu and Marsha A. Dickson, op. cit.

来，面对资源和与污染相关的环境约束，同时由于国内生产成本的不断增加和行业发展的推动，越来越多的纺织企业开始寻找对外投资的机会。

中国纺织业的外商投资与世界纺织业的发展密切相关。中国纺织工业经历了三个阶段。第一阶段是从20世纪50年代到60年代，中国在这个行业的投资主要是通过对非洲国家的经济援助来发展他们的纺织项目。第二阶段是1978年中国经济改革开放至20世纪90年代的时候，随着大型纺织企业在国外投资和拓展，中国的纺织业得到了快速的发展。第三阶段始于2001年中国加入世界贸易组织。自从中国加入世界贸易组织以来，中国纺织企业已经积累了足够的经验，开始在国外投资。

西非纺织品与棉花

现代西非纺织工业起源于殖民时期，英、法等国在那个时期建立了纺织企业。在20世纪60~80年代，中国向马里、贝宁和尼日尔提供了援助，以建立纺织，织造和染色工厂。在21世纪，特别是21世纪的前五年，由于走私问题严重、地方市场混乱、缺乏政府支持、企业管理不善、西非纺织工业发展速度放缓，许多本地公司停止生产或关闭。

非洲是继亚洲和北美之后的世界第三大产棉大陆，占全球产量的7%。西非8个棉花生产国的棉花年产量约为85万吨。布基纳法索、马里、贝宁和乍得是四大棉花生产国，被称为"C-4"；布基纳法索是撒哈拉以南非洲最大的棉花生产国，其次是贝宁。随着非洲工业化的开始和发达国家价格优势的减弱，非洲在棉花市场开始显现出相当大的潜力。西非纺织品市场很大，棉织品是西非人民的首选，所以当地需求量很大（参见附录2）。西非一流的棉花种植商并不是纱线、织物和其他纺织品的重要生产商。用于制造非洲布的纺纱和织布，以及棉花打包装等纺织品的生产主要依靠过时设备。西非纺织工业的进展受到低水平基础设施的阻碍，特别是电力不可靠、价格昂贵、缺乏清洁的水资源。同时，纱线和面料生产商还遭遇来自中国低价印花布和旧服装进口商的强大竞争。

西非国家试图提高质量，减少国内棉花的污染，结果并不显著。2006年，美国启动了西非棉花改良计划,该计划努力提高西非棉花的产量和收入。西非国家可能在有利的市场环境下出口传统的印花布料①。

棉花贸易大大减轻了一些非洲国家的贫困。为促进经济增长,许多国家为改善棉花质量而进行了改革,并在国际上拥有了更强的竞争力。正如美国和其他一些国家所采取的措施,这些努力主要是进行棉花补贴;但是,过份补贴又会对世界棉花价格造成一定程度的扭曲。2001年12月发起的多哈发展议程的一个主要目标是使发展中国家更容易在富裕国家销售产品②。在2002年,巴西提出了对美国棉花补贴的投诉,贝宁和乍得也对此表示支持③。Oxfam认为取消美国的棉花补贴将使西非的平均家庭收入提高近10%,这些收入足以养活100万人④。

贝宁棉花 ⑤

棉花是贝宁的"白金",对于政治家来说是一种重要的政治和经济资源。贝宁出口额容易受单一商品的价格波动和全球需求冲击的影响。过去十年来,贝宁已经采取措施放宽棉花行业,然而,最近的措施导致该行业过度集中,棉花收成下降。

贝宁政府制定的棉花行业发展框架于2009年生效,是为期十年的棉花生产和贸易私有化改革的结果。在此期间,国家逐步退出组织、采购、轧棉和交易棉花。到2009年,国家的作用基本上减少为只在投入物(如肥料,除草剂和杀虫剂)提供补贴。私营部门对该行业的控制主要集中在棉花专业协会(AIC)上。棉花大部分是在小型家庭的土地上生产的,而且是由那些对金融体系最不了解的农民种植的。棉花产量从2004年至2005年的历史最高水平42.7万公吨逐步下滑。政府指

---

① United States International Trade Commission, op. cit.
② Zhou Siyu, "China Looks to Africa for an Alternative Source of Cotton," ChinaDaily.com.cn, December 16, 2011, accessed August 31, 2017, www.chinadaily.com.cn/business/2011-12/16/content_14278735.htm.
③ International Centre for Trade and Sustainable Development, "African Countries Call for Progress in WTO Cotton Negotiations," December 3, 2014, accessed August 31, 2017, www.ictsd.org/bridges-news/bridges-africa/news/african-countries-call-for-progress-in-wto-cotton-negotiations.
④ Fairtrade Foundation, The Great Cotton Stitch-Up, November 2010, accessed August 31, 2017, https://www.fairtrade.net/fileadmin/user_upload/content/2009/resources/2010-11_FT_cotton_policy_report.pdf.
⑤ International Monetary Fund, Benin: IMF Country Report, 13/9, January 2013, accessed August 31, 2017, www.imf.org/external/pubs/ft/scr/2013/cr1309.pdf.

出,该部门的私有化,没有促进竞争,反而导致棉花业的垂直整合,集中到一个集团手中,导致了私人垄断。

与其他西非国家一样,棉花在历史上占贝宁的国内生产总值和重要出口贸易额的很大一部分。除了棉花行业显著的经济实力外,其吸引政策制定者的原因有很多。棉花种植涉及许多没有参与经济活动的农民工,政府提供了大量的投入补贴,这些补贴不仅是作为支持棉花行业而分配的,还有对其他的农作物支持。银行业也受到严重的牵连,因为它提供了季节性信贷。最重要的是,政府在缓解生产过程中市场失灵方面发挥了关键作用,包括提供投入和信贷。

随着贝宁经济对棉花行业的依赖度下降,过去二十年棉花的经济重要性也逐年下降。棉花出口的最终价值几乎代表了贝宁棉花产品的总价值,从1995年的出口占比77%下降到2011年的17%,占同期名义国内生产总值的比例从8.4%下降到1.6%。这些趋势可以从棉花实际价格的长期下降,棉农收款长期延迟,以及与整体生产率的增长相比,每公顷棉花产量的停滞不前等现象中得到解释。贝宁的棉花只有2%在国内消费。2010年和2011年国际棉花价格大幅上涨,比2006~2009年的平均价格高出250%。然而,贝宁优质棉花的平均销售价格通常略低于中等质量棉花的国际价格(图17-2)。

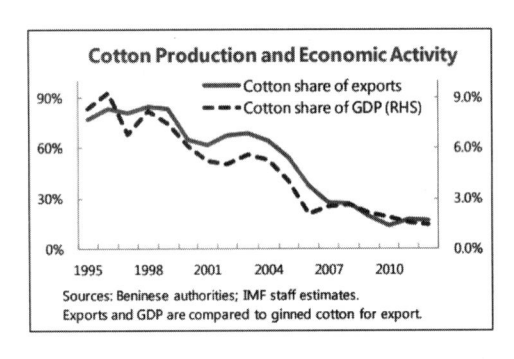

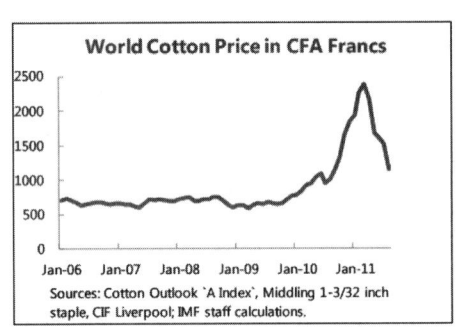

图17-2 1995~2010年棉花在贝宁的出口/GDP份额和2006~2011年国际棉花价格

注 GDP = gross domestic product; RHS = right-hand side; IMF = International Monetary Fund; the West African CFA franc was pegged to the euro; €1 = 655.957 CFA francs

来源:Created by case authors based on information from International Monetary Fund, Benin: IMF Country Report, 13/9, January 2013, accessed August 31, 2017, www.imf.org/external/pubs/ft/scr/2013/cr1309.pdf.

CBT 在西非的运作

CBT 于 1998 年启动，工厂于 2000 年开始建设，2002 年开始生产。最初几年 CBT 表现不佳，亏损严重。CTEXIC 一度向中国商务部和外交部提出申请，要求 CBT 停止生产并申请破产。但中国政府要求 CTEXIC 作为国有企业，尊重中国国家利益，否定了从贝宁撤回投资的请求。同时，中国政府还以零利率贷款和流动资本的形式提供支持。CBT 坚持到 2007 年，随着人民币大幅升值和中国工人工资的提高，投资西非的优势逐渐显现。从 2007 年开始，公司的订单增加，2008 年公司开始盈利。

CBT 成立初期，公司通过贷款方式购买本地棉花。当时，本地的棉花公司由贝宁政府所有，根据市场价格提供优惠的价格。CTEXIC 决定在西非投资时签署了棉花供应协议。2009~2010 年间，国际棉花价格从每吨 18000 元人民币上涨到每吨 3 万元人民币以上。CBT 于 2010 年年初签署了一整年的采购订单。然而，当地的棉花公司把所有的棉花以较高的价格卖给了国际棉花交易商，违反了合同。

近期发展

贝宁棉花行业曾经是国有体制，管理和经营相对完善。但在 2008 年左右，由于世界银行和其他外部力量的政治干预，行业私有化开始了。私有化后，农民的利益得不到有效保证，导致棉花产量大幅度下降。CBT 与其他国际私人棉花公司一样被市场化对待：根据预测的棉花产量签订棉花合同，并相应地减少了棉花供应。

2011 年国际棉花价格飙升，当时中国棉花价格达到每吨 3 万元人民币。CBT 面临着严重的棉花短缺，当年只得从科特迪瓦进口 1100 吨棉花来维持 5 个月的棉花供应量。那年，西非纺织业发生了很大的变化。Uniwax 是一个由荷兰 Vlisco 生产的品牌，在棉花行业占领了主导地位，该公司产品质优价高。相应地，CBT 也提升了产品的质量。CBT 和 Uniwax 这些公司还能够从汇率、物流和其他优势中受益。在贝宁棉花短缺的情况下，也可以从邻国购买棉花。当然，与在贝宁购买棉花相比，从邻国进口棉花会产生海关关税，显著增加了生产成本。

保证棉花的供应

王总清楚地记得，2000年CBT工厂建成后，棉花的供应得到了保证。然而，2009年贝宁政府对棉花行业施行了私有化改革，这一举措阻碍了棉花的供应。目前，CBT的棉花供应面临危机。考虑到贝宁政府的政策连续性、政治偏好（即亲中或亲西方）和行政效率，即使贝宁政府对中国政府很友好，CBT的风险也是相当大的。王总十分想知道如何摆脱这种棘手的局面。棉花供应的关键是控制棉花产业链的源头。但西非是否仍是一个可行的地区？该退出该地区吗？电力、棉花价格和劳动力成本持续上涨，劳动生产率仍然十分落后。CBT工会力量也很强大，有时工人罢工抗议导致临时关闭工厂、有时要求增加工资、有时被解雇的雇员要求被再次聘用或建立工人权利更高的委员会。除此之外，西非棉花产量也正在下降。当然，可以引入新的棉花品种和改良的杂交棉籽，提高农业产量。当地企业家也可以接受培训，提升棉花生产加工的商业化运作，从而逐步提高棉花资源的管控能力。

至于退出贝宁的前景，不仅要考虑经济因素，还要考虑贝宁与中国的两国政府关系。贝宁政府不太可能允许企业从当地转移资金和移除设备。王总现在至少有四个选择来应对这种情况：保持现状，希望有所改善；退出西非；从其他国家购买棉花合约，以满足CBT的棉花需求；或者在贝宁投资棉花种植生产。

案例习题

1. 分析CTEXIC在西非投资的动机。
2. 基于CAGE距离模型（culture, administration, geography, and economy），分析中国和贝宁环境的差异。
3. 对CTEXIC在西非投资进行SWOT分析。
4. CBT遭遇的关键问题是什么？有哪些可能的解决方案？你认为最好的解决方案是什么？为什么？

附录1 中国国有企业在西非

中国早在毛泽东时代就对非洲进行援助，特别是20世纪70年代，由此形成了中国诸多省份与非洲之间的初步联系。1978年以后，非洲成为中国省级建筑企业国际化的第一选择，而当时中国中央国有企业则把它们的国际化发展集中在20世纪八九十年代更富裕的地区。中国进出口银行（Exim Bank）成立于1994年，由中国政府全资拥有。由于提供优惠贷款，其被视为外交政策的工具，特别是在非洲。据估计，自2001年以来，中国进出口银行一半以上的贷款在非洲。在2001年实行中国外向型政策之后，尤其是在2006中非合作的北京峰会之后，越来越多的中国国有企业开始关注非洲市场。

虽然中国的国有企业是"国有的"，但是国家在所有制和管理方面的作为已经发生了很大的变化。中国政策制定的过程是中国中央政府和地方政府执行者之间的谈判。在加纳和贝宁投资的中国国有企业往往没有得到中央政府的资源支持。在非洲投资的中国国有企业主要来自内陆省份和不太富裕的省份，或者是有中央国有企业的内陆省份。

没有足够的资源和竞争力的省级国有企业可以在非洲发展，无须与大型中国央企直接竞争。

由于贝宁的经济发展水平比加纳低4倍，其吸引的中国企业较少。中国国企在贝宁的寿命往往很短。许多在贝宁和加纳活跃的轻工业国有企业已经退出。贝宁和加纳的中国国有企业的倒闭部分原因是中央政府的支持力度不够。

中国国有企业之间的激烈竞争反映出中国中央政府缺乏协调和控制。中国企业之间的价格战表明，中国政府并没有像预期那样，成为中国国企全球化的管控角色。中国的成本优势往往更多地成为当地人的优势，而并非中国人的优势。

在贝宁，中国国有企业经常在第一次或第二次合作项目后退出。中国企业大多与其他中国企业竞争，但是当竞争对手是本地的并获得政府支持时，中国企业最终往往会失败，就像贝宁的纺织行业一样。中国企业如果想赢得所在国政府业务，通常遭遇时间压力，业务完成时间十分紧迫。例如，他们可能会面临在选举或国家纪念日之前完成业务的压力。

在非洲开展业务需要耐心。贝宁和加纳的中国国有企业经常强调,他们不得不依靠自己,而不是中国政府。中国国有企业管理层经常与当地精英建立社会关系。即使中国国有企业得到所在国高层政治支持,项目的日常实施也可能面临地方政府的问题。腐败问题可能发生在道路检查和过多的文件检查中,虽然这些可能被当地人视为交易成本而不是腐败。

贝宁或加纳的中国国有企业留存的时间越长,就越发懂得如何在当地环境中更好地发挥作用。国有企业的成功使他们进一步依赖当地的资源。总的来说,对于第一次出国的中国企业来说,了解当地的法律、文化和宗教是关键。"多劳多得"的道理在非洲并不总是得到认可,也没有得到法律的支持;当地人的贫困也会给企业家造成压力。由于非洲之前曾经受过欧洲殖民统治,其法律和思想方式深受旧时殖民主权国家的影响。对工人单个人的管理很简单,但是他们工会化程度很高。

来源:Katy Ngan Ting Lam, Chinese State Owned Enterprises in West Africa (London, UK: Routledge, 2016).

附录2 服装和纺织品在贝宁的发展意义

有人说,非洲的历史可以从布匹中"被阅读""被讲述"和"被记录"。由于社会经济因素深深植根于贝宁文化中,纺织品成为贝宁最重要的产业之一。这也解释了纺织业对许多商人和公司都有吸引力的原因。其中一个重要因素是贝宁人有许多重要的社会文化庆祝场合,如出生、洗礼、婚姻和葬礼。通常,参加这些庆祝活动的贝宁人会精心选择服饰,而这些服饰有些会非常昂贵。

织布在非洲有着历史意义,如印染中使用天然染料,包括靛蓝(蓝色牛仔裤的颜色)。传统服装包括大喜吉装、长袍和缠腰布。非洲的蜡染(也称为荷兰蜡染)是西非流行的服装材料,它们是使用纯棉织物和鲜艳色彩的纺织品,工业上使用染料和蜡树脂制成。非洲的蜡染设计涵盖了流行文化和艺术、几何图案和日常用品。其设计成为一种讲述故事、表达情感和信仰的方式。非洲市场有本土的印花布设计,也有质量和成本都较低的来自尼日利亚和中国的印花设计。非洲有许多娴熟的纺织品设计师和制造者,但是在世界时装业中,他们仍然难以具有代表性。

来源:"A History of African Wax Prints," Mazuri Designs, February 4, 2016, accessed August 31, 2017, http://mazuridesigns.com/blog/2016/2/4/a-history-of-african-wax-prints; Chris Spring, African Textiles Today (Washington, DC: Smithsonian Books, 2012); Liam Freeman, "African Textiles in the Fashion Industry," Financial Times, March 3, 2017, accessed August 31, 2017, https://www.ft.com/content/3f02a48e-fda5-11e6-8d8e-a5e3738f9ae4?mhq5j=e7.

案例十八

SUITSUPPLY：扩张进入中国？

Suitsupply 于 2000 年在阿姆斯特丹由荷兰籍企业家福克尔·德·容（Fokke de Jong）创立。这个首先在已经因一些由高端奢侈品牌和低端低质量品牌而饱和的荷兰西装市场取得突破，以适宜定价提供高质量的定制西装。通过激发性的营销，挑战既有的零售管制以及法律，并且超过竞争对手的高定价来教育消费者。从 2007 年到 2010 年，Suitsupply 成功地在伦敦开设了 3 家门店，紧接着一家门店是开在纽约。在 2012 年，Suitsupply 在荷兰、美国、英国、意大利、德国、比利时、拉脱维亚、立陶宛和白俄罗斯经营了 41 家门店，见下表。Suitsupply 也从夹克衫和衬衫扩展到棉裤子、鞋子和袋子。这个公司在 2007 年到 2012 年之间，以（与前一年同期比较）30% 的平均增长率指数化地增长。到 2012 年，Suitsupply 已经将自己定位在高端男装产业市场，这个产业到 2014 年有望实现 4120 亿美元的市场价值。

表　Suitsupply扩张的时间线

2000年	阿姆斯特丹	A4公路——改建公路餐厅	由Suitsupply公司拥有
	兹沃勒		由Suitsupply公司拥有
	鹿特丹	在购物街Ment和购物大道Coolsingel之间的侧街	由Suitsupply公司拥有

---

* 塔尼亚·哈比玛娜（Tania Habimana）、卢卡斯·赫德（Lukas Held）和茱莉亚·巴布瑞（Julija Babre）在威廉·哈新科（Willem Hulsink）博士的监督下写这个案例，仅仅是为了给课堂讨论提供材料。本文的作者们并无意揭示在特定管理情境中处理方式的有效与否。为保密起见，作者隐去了部分名称和其他识别信息。

未经版权所有者允许，本材料禁止传播、影印、数字化或其他任何方式的复制。本材料的复制不包括任何已授权的具有复制权的组织。如需订购副本或申请获得复制许可，请联系：Ivey Publishing, Ivey Business School, Western University, London, Ontario, Canada, N6 0N1；phone(519)661-3208；(e)cases@ivey.ca；www.iveycases.com.

版权@ 2014, Richard Ivey School of Business Foundation　　版本：2014-11-25

续表

2001年	蒂尔堡A58	在A58高速公路旁边	由Suitsupply公司拥有
	海牙		由Suitsupply公司拥有
	鲁尔蒙德		由Suitsupply公司拥有
2002年	扎尔特博默尔	在A2高速公路附近的商业停车区	由Suitsupply公司拥有
2003年	阿姆斯特丹WP	在阿姆斯特丹豪华的购物街彼得科尼利厄斯的街道旁边	由Suitsupply公司拥有
2004年	阿姆斯特丹万佛圣城（个人裁缝店）	在阿姆斯特丹豪华的购物街彼得科尼利厄斯的街道旁边	由Suitsupply公司拥有
	莱利斯塔德		由Suitsupply公司拥有
	马斯特里赫特		由Suitsupply公司拥有
2005年	阿默斯福特		由Suitsupply公司拥有
	史基浦机场	在机场	由Suitsupply公司拥有
2006年	博世		由Suitsupply公司拥有
	罗森达尔		由Suitsupply公司拥有
	格罗宁根		由Suitsupply公司拥有
	维尔纽斯，立陶宛		特许经营
2007年	拉伦		由Suitsupply公司拥有
	安特卫普		由Suitsupply公司拥有
	维尔普		由Suitsupply公司拥有
	英国伦敦	在萨维尔街拐角处的地下室	由Suitsupply公司拥有
2008年	亨厄洛		由Suitsupply公司拥有
	乌得勒支		由Suitsupply公司拥有
	比利时马斯梅赫伦		由Suitsupply公司拥有
	比利时韦讷海姆		由Suitsupply公司拥有
	英国伦敦	在伦敦韦斯特菲尔德购物中心内	由Suitsupply公司拥有
2009年	布雷达		由Suitsupply公司拥有
2009年	阿纳姆		由Suitsupply公司拥有
	哈勒姆		由Suitsupply公司拥有
2010年	Wetering (A2)	在A2高速公路旁边	由Suitsupply公司拥有
	石灰街，伦敦，英国		由Suitsupply公司拥有

续表

2011年	哈瑟尔特比利时		由Suitsupply公司拥有
	莱顿		由Suitsupply公司拥有的特许经营
	里加，拉脱维亚		特许经营
	纽约，美国	在一个两层楼改建的阁楼LOFT中。到商店的入口要通过一个楼梯	由Suitsupply公司拥有
	布鲁塞尔，比利时	在一条大街的拐角处，有着重要的道路交通，并且靠近议会大厦和其他办公区。在500米半径内没有其他零售点。然而，这儿过去有一个繁华的购物区	由Suitsupply公司拥有
	米兰，意大利		由Suitsupply公司拥有
2012年	明斯克，白俄罗斯		特许经营
	杜塞尔多夫，德国		由Suitsupply公司拥有
	芝加哥，美国	被称为"屋顶阳台商店"。它坐落在老巴尼的大楼第三层，拥有壮丽的景色。这屋顶阳台有一个酒吧式的座位区和一个酒吧	由Suitsupply公司拥有
	华盛顿特区，美国	在四季大楼中	由Suitsupply公司拥有

来源：公司文件。

随着西方市场被征服，德·容选择了一个新的挑战：中国。中国经济的崛起已经带来了中国消费者中的一个新的集群："暴发户"群体这些消费者们清一色地对昂贵的国际化品牌感兴趣，以显示他们新获得的财富和奢侈的生活方式。有了这种想法，德·容想要知道荷兰西装是否在这个市场上被认为"定价适中"。Suitsupply对营销的刺激性方法和面临着零售管控和法律的大胆行为是否足够使其进入政府控制的、保守的中国市场？

企业家

福克尔·德·容，1973年10月6日出生于弗里斯兰省斯马林赫兰的一个荷兰小镇上，是一个天生的创业者。尽管他家世代从医，德容有了做买卖的天赋。到了18岁，他已经从弹球机到牛仔裤，甚至是直升机，样样都卖过了。他的成功部分缘于他的谈判能力。德·容胆子大是有名的，尤其是在他的谈判方法上，有时候提出比要价/售价低高达60%的出价。这个大胆，再加上德·容的人格魅力，在Suitsupply的成功中被证明是一个关键的要素。

聪明、快速以及有远见，这个企业家不缺乏这些导致成功的品质。在他的公司中，他被认为总是"有一个领先你的想法"。在少年时期，德·容便已设想到了移动电话的潜力以及如何在他的贸易中加以利用它们。例如，他意识到他可以随时随地地进行业务交易，从而最大化他的工作时间。在16岁，他成为在荷兰第一个拥有手机的青少年——在那时手机是一个真正的奢侈品。

这位创业者对细节明察秋毫、思维敏锐，头脑灵活。大家公认他有能力发现最细小的错误，或者是蛛丝马迹。在Suitsupply的早期，这位企业家会亲自拜访所有的门店，并且仔细检查所有领域的业务，从检查每一件衣服以及墙上每条领带有没有相应时尚的陈列，到确保所有的会计账目和客户订单都常新常准。

除了他在商业层面上洞察秋毫，德·容也流露出创造力。他总是在寻找新的解决办法以及创新设计。他坚持公司内部保持从营销活动发展到产品照片拍摄所有创新管理，并且在他的总体规划中他一直是关键决策者。

第一家Suitsupply的门店

就在从阿姆斯特丹大学毕业的6个月前，德·容确定了大学不是他未来的道路，并开始为宝洁公司（Procter&Gamble）工作。这个工作持续了一周。在他最后那天从办公室开车回家的路上，他在 A4 的一个加油站停了下来，那是一条连接阿姆斯特丹与其他荷兰的主要城市的公路，他回顾了过去的生活，开始展望未来。

德·容长期以来一直在考虑西装业务线上和线下的融合。他的想法是通过 Suitsupply.com 这个网站在线提供一个完整的服装产品系列，这为顾客提供了方便挑选的产品名录和零距离的奥特莱斯而现场可以为顾客修边改制。

因此，有关 Suitsupply 的想法诞生了。在 A4 公路的那个位置，他发现就在加油站的旁边有空的零售空间。他设想了一个与线上展示相结合的线下实体西装商店的盈利可能：这是荷兰最繁忙的公路，每天成千上万的商人开车经过。男士们将不再需要开车到繁华的城市中心购买一套西装或进行西装的修改，更重要的是，相比其他任何服装零售的地理位置，这个位置更便宜。

带着 20000 荷兰盾（相当于 9000 欧元）的储备资本，德·容着手开设第一家 Suitsupply 的门店。

2000 年，在为他的商业新理念发现第一个"黄金"位置后，德·容开始着手必要的融资。可以预见的是，没有一家银行愿意借给这个 27 岁的没有毕业的人所需要的资金，尽管他作为阿姆斯特丹红灯区脱衣舞夜总会安保的第一份也是唯一一份工资带来的存款惊人。

否决了银行融资后，德·容几乎没有足够的资金来支撑租赁债券发行和股票上市，从而无法成立公司，但是他仍然需要为门店的内部设计和招聘人员来支付报酬，所以他用自己的创造性思维去工作。他意识到，从意大利被批准的批发商那里进的西装是用内部有支架的装有十件或更多的套装的大纸箱子运输的。凭借创新设计以及成本节约的视角，德·容将这些箱子进行了特别设计以给奥特莱斯一个工场化的感觉。他把箱子粘在一起以形成在两边都有过道的长列架西装，见下页图。并且利用这些箱子的上部形成货架。

虽然从美学角度来看这对一个新开的服装店而言不是一个理想的选择，但德·容能够把它在他的顾客心目中转变成一种竞争的优势。他明确地指出，他的重点是以最好的价格提供最好的质量，而不是努力地使得周围的环境变得舒适或高档别致。这个真诚的声明赢得了客户的忠诚度和信任，转而通过口碑帮助了 Suitsupply 成长。

图　过道由纸板箱代替昂贵的店面陈设形成的陈列架

来源：由 Suitsupply 提供。

在短短的几个月内，业务开始火爆，并且德·容准备开第四家门店。正是在这个时间点上，他引起了荷兰高端时装市场最成功的麦克格雷戈时装集团的兴趣，德·容将他的新公司的三分之一出售给了这个集团，知道这个集团可以提供尽快在全球建立他的品牌所需要的关键零售网络，以及提供所需资本。对德·容而言至关重要的是，能够对他的业务维持一较高水平的控制的能力。有了这笔现金注入，德·容能够把他的业务推进到下一个阶段，并且建立他的竞争优势。

供应链模型——"拥有它……"

在确保了麦克格雷戈时尚集团的资金支持后，德·容对 Suitsupply 的制造工艺的技术发展投入了巨资。他的目标是组合一种类似垂直整合的高街风格模式，也就是该公司控制和拥有整个供应链和价值链，从设计到生产以及所有分销的方式。这个观点不同于其他奢侈品运营商，后者为了保持高质量，往往采用手工的、劳动密集型的以及成本驱动的生产技术。

德·容设想，他可以通过一个更机械化的生产体系以及消除"中间商"的方法，以达到像其他奢侈品运营商一样的质量水平和对细节以及服务的关注。到2003年，Suitsupply在8个直营店里提供了两种西装——成衣西装以及量身定制的套装。

▶ 成衣套装

在这条产品线上，面料是由来自意大利的比耶拉地区著名的米尔斯羊毛编织的，然后被送到中国和葡萄牙制成西装。其他奢侈品运营商直接从意大利采购他们的产品，往往来自于比耶拉地区的米尔斯相同的或相邻的地区，然后把它们外包给劳动密集型的第三方。然而，Suitsupply紧跟着快时尚，低端品牌模式，即用一个更自动化的生产流程配以对中间商完全的消灭。Suitsupply的所有商店都是全资拥有的子公司，其所有的物流和生产流程实施内部管理，所以与其他奢侈品牌相比较，Suitsupply能够提供价格相对更低的西装。竞争对手相同质量等级的西装通常售价大约为1000~1200欧元，Suitsupply的西装则从250欧元起售。此外，Suitsupply提供这些成衣西装的各种尺寸（短款、均码和长款），客户无须付任何额外费用。

▶ 量身定制的西装

量身定制的西装是针对每一个客户的特别体征制作的。每个客户进入Suitsupply的门店，都会被施以60次体征测量。这些信息将被输入一个内部的信息系统，并且将直接发送到工厂，工厂将立即开始生产。在5~6个星期后，这套衣服就可提供给顾客，是完全定制完成的，不仅贴合身形，而且款式如意。这个系统允许客户完全地定制，从成千上万的面料和板型，内部衬里，口袋，衣领等类型中进行选择。而且由于供应链的垂直整合带来的成本降低，Suitsupply其竞争对手的价格只能从3000欧元及以上起售，能够以299欧元起始的价格提供其产品和服务。

零售位置——"没想到……"

从第一家门店开始，德·容就明白，他的客户将主要包括忙得不停的业务单位的人：商人、律师、医生和其他专业人士。这些是每天都要穿西装的人，有经常性的购买行为，并且对西装和剪裁有广泛的知识。但是他们也很忙，几乎没有时间可浪费。这些客户因而将从一个他们可以很容易光顾的零售商那里受益，并且他们能够意识到物超所值。

德·容继续将 Suitsupply 的门店选在远离繁华街道的位置。他意识到这样做，他可以获得相当大的成本节约，然后他可以通过低价格提供高质量的西装让利给他的客户。这一战略还给他的客户提供了位置便捷和卓越的服务。事实上，他的商店所选择的位置类型意味着那些在繁华的商业街里常见的闲逛的客户。在 Suitsupply 门店里的销售人员能够集中他们全部的注意力在有资质的"会购买"的客户身上而不是取悦那些"只是看看"的客户。

多年来，Suitsupply 因为其古怪的零售选址声名鹊起，被称为"目的型购物。"从改建的教堂到三层楼的 LOFT（由旧工厂或旧仓库改造而成的，少有内墙隔断的高挑开敞空间），Suitsupply 更注重体验设计和服务。门店通常比零售商的门店面积更大，因此那儿能够提供更多品类和更大的剪裁空间。所有客户都知道这个品牌一般在其门店有现场裁缝。更大满足，较大的门店给原始的设计元素和附加客户体验更多的空间，如休息室和屋顶露台，它们保证客户等候店内剪裁的时候能够享受一段愉快的时光。

市场营销——"没听说过……"

德·容坚持内控所有具有创造性的管理，从营销活动策划到产品照片拍摄。尽管营销是 Suitsupply 成功的一个重要组成部分，但是公司并未采用很明显构想的营销策略，如传统的广告牌或者杂志广告。从开始的时候是出于次令的考虑，然后是作为商业模式的一个组成部分，在 Suitsupply 的营销活动始终是通过口碑和公共关系就采自发形式巨大的影响。举例而言，德·容给 Suitsupply 创作的早期广告之一的一个展示就是两个男人之间的对话："想买一套好的西装吗？那你得经过 Oger（一个竞争者）店……然后向左转，再后向右转，"这描述了到 Suitsupply 门店的实际路线。自然，Oger 对此进行了回应，这为 Suitsupply 带来了巨大的宣传效应。

伴随这种有意向为的挑衅性风格，Suitsupply 与著名的摄影师卡利·爱马仕（Carli Hermès）合作，策划了"无耻"和"不化妆的女人"营销活动。款式时尚，高光涂饰的广告以穿着西装的男人和部分裸体的妇女构图，有时有刺激的姿势。这些营销活动反响巨大。有些反馈是非常负面的并且导致了改革者 Facebook（脸书）和伦敦韦斯特菲尔德购物中心对这些活动的禁止。然而，这给 Suitsupply 带来了一个前所未有的关注度。此外，它使得 Suitsupply 的西装市场的形象，被其目标客户——对生活的美学方面很喜欢的年轻人，很好地接受了。

德·容认识到通过这个营销策略创造的口碑的动力只有在有物质支撑的时候才是持续的——意味着 Suitsupply 必须为其顾客提供优质的产品和服务体验。

企业结构——"客户是 CEO（首席执行官）"

提供高品质的商品，再加上如此优越的服务，使得客户会立即向别人推荐这个品牌，这是该公司成功的一个关键部分。这就让企业家能够通过客户来形成对自己公司的独特认识。德·容将他的公司看作是以客户为 CEO，门店及其雇员作为第二层的层级三角形。公司总部的人员（财务、销售、采购等）仅仅看作对销售员工的支持性部门。德·容解释道，"门店的经理应该能够影响在公司层面的决策；毕竟，他们是每日与客户面对面的人。"

与此想法相同，德·容也强调门店和总部之间的快速而有效的沟通；公司没有管理层，门店经理每月与董事会的董事直接开会。此外，为了确保客户找到他们想要的产品，对 Suitsupply 感到满意并且把它推荐给他们的同龄人，Suitsupply 要求他的员工与任何客户互动之前，要参与为期 3 个月的"西装学院（Suitschool）"培训。"西装学院（Suitschool）"是一个内部项目，皆在把 Suitsupply 的员工变为裁剪和男装的专家。他们从中将学习从编织缝纽扎钉到时尚造型的一切，所有的努力都是为了确保客户能获得最佳的服务和建议。

比荷卢经济联盟国家——"甜蜜之家"

在它成立3年后,德·容的公司已经完成了其商标生产流程的发展,并开始集中于在其国内市场(荷兰)扩张其竞争优势。到2007年,Suitsupply已经建立了超过25家门店,并且确立了其在荷兰西装市场的主要运营商地位。在此基础上,Suitsupply决定在邻国比利时开始其国际扩张。市场的相似性使得Suitsupply的进入相对顺畅,几乎不需要调整。在2008年,该公司实现了4000万欧元的营业额并且在比荷卢国家(比利时、荷兰和卢森堡)已经累计获得独立的男性西装市场20%的份额。

伦敦——"征服西装的堡垒"

德·容为自己和公司设定的下一个目标更加雄心勃勃。在2007年,他计划的正是进入世界上最古老和最具声望的西装市场之一:伦敦。英国西装市场核心的是伦敦中央萨维尔街。萨维尔·罗裁缝街(Savile Row)也是"裁缝黄金路段"的代名公司,"定制"一词便起源于那里。

为了能够在英国的西装市场被视作一个竞争对手,Suitsupply需要背弃其对新店选址的常规标准而在高房价的区域建立新的门店。裁缝街因位于伦敦西装市场的心脏地带而客流川流不息而Suitsupply不得不在这个高流量的地区瞄准其细分客户群。但由于裁缝街历史悠久,老牌的英国裁缝已经夺走了现有的零售空间的大部分。此外,1978年,针对萨维尔·罗的土地法通过了,以保存其传统的英式剪裁。该法案禁止非英国的裁缝在萨维尔.罗购买或租用土地。

经过长时间的搜寻,德·容终于发现了一个可以获得的零售店面,严格来说,不在萨维尔·罗,但就在它的角落——维戈街(Vigo Street),从而更加便宜。

令人遗憾的是，这个零售店的空间太小，不适合做一个西装的零售门店。德·容注意到隔壁建筑的地下停车场也可供出租。通过租用两个空间并且变通一些法律法规，以把这两个空间连接起来，德·容创造了足够的空间来建立英国的第一家Suitsupply门店。随后，Suitsupply通过在它的橱窗放置有争议的广告来吸引客户以及展示其独特的价值主张在伦敦复制了其在国内市场的成功故事。为了紧跟第一家门店的开业，Suitsupply在伦敦的韦斯特菲尔德（Westfield），一个高档的购物中心，开设了第二家门店。

东欧——"邂逅机会"

在一次休假时，德·容遇到了一个东欧的企业家，对Suitsupply很有热情并相信其在东欧有成功的潜能。在这一次邂逅和几次谈判之后，德·容给了年轻的创业者开绿灯。由于对东欧市场没有经验和了解，德·容认为公司需要拓展其业务模式。他决定通过一个特许经营模式进入东欧市场。由此公司详细的特许经营协议被制定出来，并且到2012年Suitsupply在立陶宛、拉脱维亚和白俄罗斯已经成功开业。

特许经营业务由Suitsupply的一个专门的团队高度控制，他们定期地监控业务全程以在国际范围内维护品牌形象和企业理念。东欧门店完全效仿原始的荷兰Suitsupply模式的文化、形象和门店设计。他们向雄心勃勃的东欧人售卖同样的故事和同样的西装。然而，轻微的变化是必要的，是为了适应当地的文化。举例而言，当它在2011年进入拉脱维亚市场时，在里加，它更应该按照当地市场的惯例将门店选在一个人流多，知名度高的购物商场，而不是某个远离主要街道的地方。Suitsupply传统的"目的型购物"战略在这个发展中消费者的市场上，仍然是一个难以被人接受的概念。

纽约——在这儿成功，到哪儿都成功

注意到来自美国在线商店订单量的不断增加，德·容开始考虑该国的市场潜

力。在2010年，他决定用公司行之有效的市场进入战略在这个高度竞争的新市场中试水。纽约的SOHO，是因其艺术家LOFT，画廊和时尚精品店而著名的一个区域。通过基于低零售租金的选址的常规博弈，他把美国第一家Suitsupply门店放在一个LOFT的二楼。由于这个地点没有直通街道进出口，所以比较实惠。

尽管已经成功地找到了一个租金实在的选址，Suitsupply进入美国男装消费市场的前景依然叵测。由于一个纯粹偶然的机会，在SOHO门店开幕的一周前，世界著名的美国刊物《华尔街日报》，发表了一篇文章，这甚至在Suitsupply隆重开幕之前帮助推动其走向高端市场。这篇文章报道了两个著名的专业裁缝师，在一个盲选研究中便发现一套600美元的Suitsupply西装和价值为3600美元的阿玛尼西装，竟拥有相同的卓越品质。在市场Suitsupply品牌也完胜其作品，如J. Crew, Hart Schaffner Marx以及H&M。[①]这篇文章在本质上吸引大众的效应甚至超过了成功的刺激性的广告；销售瞬间暴涨及口碑的广告效应像一把大火席卷消失。

2012年，Suitsupply在芝加哥和华盛顿哥伦比亚特区开设了新的门店，而且芝加哥将选址Suitsupply门店概念提到了一个新的高度。德·容选择了一个宽敞的有三层楼空间的零售门店，并且它因其精彩的视野、酒吧和酒吧风格的座位区被称为"屋顶阳台门店"。

西欧——"同时，归乡……"

与此同时，回到欧洲，零售商们在2008年巨大的金融危机持续上演的情况下，努力挣扎着活下去，这在很大程度上影响了消费者的习惯。作为应对，许多零售商已经开始稀释他们的业务，提供越来越多的产品和服务，目的是尽可能多地抓住客户。Suitsupply则刚好相反，仍然继续以每年超过15个百分点的稳定的速度在增长。

通过在其产品供应方面更加专业，精益求精，不断创新，深耕成衣领域，Suitsupply在欧洲范围内获得显著的市场份额，并且能够在2011年和2012年继续

---

① S.Nassauera："努力工作的西装，"《华尔街日报》，2011年4月14日，http://online.wsj.com/news/articles/SB10001424052748703385404576258671135584478，摘录于2014年8月1号。

其扩张计划。该公司努力保持其专门针对每个国家最具吸引力的时尚城市的进入战略。Suitsupply 通过在布鲁塞尔（欧盟实际首府）开设门店，在比利时培育它的羽翼。它又一次遵循传统的选址标准，选在了一个有着大流量的靠近欧洲议会的商业和办公区域，离下一个购物区有 50 米远。

被其伦敦的经验所鼓励，Suitsupply 在两个新的主要的时尚市场：杜塞尔多夫和米兰，开设了门店。出现在米兰是 Suitsupply 不惧与著名的意大利设计师和制造商同台竞争服务和质量的强烈信号。

中国的挑战——"新的市场前沿……"

正如每一个主要的时尚品牌所认识到的，在中国的出现现在对任何寻求全球认可的公司都是关键的。中国是世界上增长最快的经济体之一，其国内生产总值在 2011 年增长了 9.3%。凭借这一增长水平，国际品牌寻求进入这个新的消费市场就是自然的了。亚太市场份额的 47.7% 是男装，2011 年，男装行业增长了 2.6 个百分点，达到 498.8 亿美元的总市值。像阿玛尼、杰尼亚、雨果（Armani, Zegna and Hugo Boss）等行业佼佼者早在 2002 年就已经进入了该市场，其 55.6% 的销售额来自零售店，37.2% 的销售来自百货公司。

中国是一个有吸引力的目的地，因为能够从靠近高效的供应商的选址而获得规模经济。许多中小型企业从事服装制造，因此，一家公司可以通过与这个供应链靠近而减少交通、税收、运输和通信成本而获得利润。这也导致了和供应商之间更为密切和更加有效的合作，转而导致更快的创新和产品设计的改进。将这些因素都纳入考虑，Suitsupply 这一具有巨大潜力的公司，想要揭开在这经济体上的市场面纱也就不足为奇了。

2011 年，德·容试图进入中国市场，特别是因其大都会和市场地位而闻名的上海。然而，意想不到的复杂性和挑战出现了。德·容发现，中国的基础建设是受到政府的高度管制的。政府拥有绝大多数的基础设施，并且即使它不是直接业主，也拥有一个高度的控制。这就意味着，政府往往有选择地指定商业租户。零售租户不能简单地选在他们喜欢的地方——管制倾向于把零售商聚集在一起纳入明确界定的零售区域。此外,德·容还发现,为了维持"新中国"大都市的公共事业的保养,并且价格不便宜。在像北京和上海的中国大型城市里零售店选址平均租赁价水平位居世界前列。①

此外,尽管中国消费率在以惊人的速度增长,但德·容注意到了一个明显地将奢侈品或"昂贵"的产品,作为一种指示社会地位和财富地位的手段的消失趋势,而消失不再是为了质量的目的。这对Suitsupply而言是坏消息,作为象征其直接竞争对手的奢侈品牌,如杰尼亚、雨果和阿玛尼(Zegna, Hugo Boss and Armani),已经在消费者市场建立了对中国暴发户的心灵和钱包的所有权。用辛勤的劳动创造出一个足够大的市场利基让Suitsupply能够生存下去对Suitsupply这个品牌而言是困难的。

德·容还注意到了,另一个先前其他市场中从未遇到的竞争对手:仿冒产品。由于大部分的服装行业的生产流程都落户中国,中国的工厂已经发展了可以生产相同的替代和模仿品的技能和知识,往往可以得到更便宜的价格。

还有另一个问题是产品的成本增加。虽然Suitsupply的主要生产设施是位于中国的,这个流程的最后一步——细节的手工缝制和风格的定形——是在意大利进行的,以维护产品的意大利手工工艺的质量。这意味着,制成品将加上进口税后,重新进入中国进行最终的零售。况且,产品在商品化方面要接受中国法律法规的规制的(例如,在服装面料上的中文标签),以及海关清关法规的要求,增加了更多的成本并且意味着Suitsupply在中国维持其较低的价格将会是很困难的。

打入中国市场的问题是复杂的:政府法规使它难以占据诱人的商店位置;保守的政府和公众可能不欣赏Suitsupply的刺激性的广告;价廉物美产品可能对暴发户们没有吸引力;并且众多的政府法规对Suitsupply的定价模型构成了威胁——这是它主要的差异化竞争这个。经过多次调研考察后,德·容将所有的这些问题简化到了一个基本的问题:在地理、文化和经济水平显存不同市场上,Suitsupply的竞争优势应如何持续?

然而,市场本身的存在就是一个扩大到这个新的市场前沿的刺激因素。如果德·容计划在这个行业给他的公司一个真正的全球化,他需要思考策划很多。他

---

① "香港是世界上最昂贵的零售目的地,"www.cbre.com/en/aboutus/mediacentre/2012/pages/071212.aspx,摘录于2014年9月16号。

将如何进入这个非常不同的市场？在这个新的市场中，哪个传统的策略将是有效的，并且哪个要针对是中国重新调整？有一个像德·容这样的才华横溢的企业家，这个公司无疑会找到它的解决方式。

案例习题

1. Fokke de Jong 的个人特质是如何导致 Suitsupply 的成功？
2. 在国际市场上，Suitsupply 是如何保持其竞争优势的？
3. Suitsupply 在进入不同的市场时，所采用的市场进入方式是什么？
4. Suitsupply 的竞争优势在地理距离、文化距离和经济距离等遥远的中国市场上，将如何持续？在文化距离和制度距离都比较遥远的市场（比如中国），Suitsupply 可以采取何种战略以提升其竞争优势？